U0514038

史通文论研究

吕海龙 著

江苏省第十五批“六大人才高峰”教育行业高层次人才项目
（项目号：JY-026）资助成果

图书在版编目(CIP)数据

《史通》文论研究/吕海龙著.--上海:上海古
籍出版社,2022.11
ISBN 978-7-5732-0517-9

Ⅰ.①史… Ⅱ.①吕… Ⅲ.①史学理论-中国-唐代
②《史通》-研究 Ⅳ.①K092.42

中国版本图书馆CIP数据核字(2022)第209341号

《史通》文论研究
吕海龙 著

上海古籍出版社出版发行
(上海市闵行区号景路159弄1-5号A座5F 邮政编码201101)
(1) 网址:www.guji.com.cn
(2) E-mail:guji1@guji.com.cn
(3) 易文网网址:www.ewen.co

常熟市新骅印刷有限公司印刷
开本 890×1240 1/32
印张 13 插页 3 字数 290,000
印数 1—1,100
版次 2022年11月第1版
2022年11月第1次印刷
ISBN 978-7-5732-0517-9/I·3680
定价:68.00元
如有质量问题,请与承印公司联系

目　录

绪　论　*1*

第一节　刘知幾对《史通》文论的自我认知　*5*

第二节　由唐迄清于《史通》文论价值之体认　*23*

第三节　五四以来《史通》文论研究述略及本书研究要览　*36*

第一章　“文章世所希”的“刘舍人”考论　*48*

第一节　“文士之极任”的“中书舍人”　*49*

第二节　“刘舍人”并非刘允济或刘宪　*54*

第三节　“刘舍人”即刘知幾　*61*

第四节　需要补充的两个重要问题　*71*

第二章　《史通》的著述不朽观　*82*

第一节　刘知幾对孔子、司马迁及扬雄著述不朽观的继承　*83*

第二节　刘知幾对曹丕等人文章著述观的批评　*100*

第三节　刘知幾著述不朽观的独创之处　*108*

第三章　《史通》的文史分合观　*123*

第一节　刘知幾对史著“雅”化的要求　*123*

第二节　刘知幾对诗赋文学作品之“用”的认识　*135*

第四章　《史通》的文学虚构观　*144*

第一节　两晋“虚构观”之考察　*146*

第二节　刘知幾对“虚构”问题的阐释　*165*

第三节　刘知幾反对或支持的“虚构”　184
结　语　204
第五章　《史通》对《汉志》、《隋志》等的继承与发展　206
第一节　《汉志》、《隋志》的小说作者观及对《史通》的影响　206
第二节　由“小说”、“小说家”到《史通》的“自成一家”　228
第三节　《汉志》、《隋志》的小说分类观及对《史通·杂述》的影响　234
第四节　《史通·杂述》的小说史意义　241
第六章　《史通》对两《唐志》的影响　244
第一节　《史通》采《隋志》史部作品入“小说”　245
第二节　《史通》对《旧唐志》的影响　249
第三节　《新唐志》选录“志怪”、“因果”类作品入“小说”之考述　254
结　语　258
第七章　《史通》影响下的唐宋笔记文学观念与创作　260
第一节　刘知幾《史通》与刘餗《隋唐嘉话》　260
第二节　刘知幾《史通》与李肇《唐国史补》　281
第三节　刘知幾《史通》与欧阳修《归田录》　299
结　语　333
第八章　《史通》影响下的明清笔记文学观念与创作　336
第一节　胡应麟、纪昀对刘知幾的推崇　336
第二节　反对笔记文学记载“诬”或“淫”的内容　344
第三节　对笔记小说“体例”的重视　365
余　论　385
结　语　391
参考文献　397
后　记　411

绪 论

刘知幾（661–721），字子玄。彭城（今江苏徐州）人。因其名“知幾”和玄宗李隆基名讳音似，故以字行于后世。清代避康熙皇帝玄烨名讳，又称其为“刘子元”。

“知幾”，语出《周易 · 系辞下》：“知幾，其神乎！君子上交不谄，下交不渎，其知幾乎？几者，动之微，吉之先见者也。君子见几而作，不俟终日。”[1] 又见《后汉书 · 袁绍传》载郭图语：“监军之计，在于持牢，而非见时知幾之变也。”[2]“知幾”，意思是把握时机。“子”，在古代有男子美称或尊称之意。常用于男性表字。如颜回字子渊，张良字子房，晋玄学大师郭象亦字子玄，唐杜甫和北宋苏舜钦，都字子美。“玄”字，最早见于甲骨文。许慎《说文解字》第四篇下“玄部”云：“‘玄’，幽远也。象幽而入覆之也。黑而有赤色者为玄。”[3]“玄”，本义为赤黑色，象幽暗而有物覆盖着，引申为隐蔽而深远之意。

刘知幾生于初唐名门。其父刘藏器与长兄刘知柔皆为唐时官

1 〔清〕阮元：《十三经注疏》，中华书局 2009 年版，第 184 页。

2 〔南朝宋〕范晔：《后汉书》，中华书局 1965 年版，第 2391 页。

3 〔东汉〕许慎撰，〔清〕段玉裁注：《说文解字注》，上海古籍出版社 1988 年版，第 159 页。

僚，并以词章名世。“藏器”，语出《周易·系辞下》，其曰：“君子藏器于身，待时而动，何不利之有？动而不括，是以出而有获，语成器而动者也。”[1]意思是说，君子应身藏利器，伺机而动，则无往而不利。行动自由而灵活，则必有收获。这说明，一定要准备好工具，然后再行动。刘藏器生平，附于《旧唐书·文苑传上·刘胤之传》，其云：“胤之从父兄子藏器，亦有词学，官至宋州司马。”[2]

刘知幾长兄为刘知柔。与“知幾”相同，“知柔”亦出自《周易·系辞下》：“君子知微知彰，知柔知刚，万夫之望。”[3]言凡事之理，由微以至彰。凡物之体，从柔以至刚。君子既知初时之柔，则逆知在后之刚。知其始，又知其末，故为万人所仰望。《旧唐书·刘知幾传》载：“兄知柔，少以文学政事，历荆、扬、曹、益、宋、海、唐等州长史刺史、户部侍郎、国子司业、鸿胪卿、尚书右丞、工部尚书、东都留守。卒，赠太子少保，谥曰文。代传儒学之业，时人以述作名其家。”[4]

从刘知幾与其长兄的名字上，可以看出刘藏器对诸子寄予厚望。刘藏器希望他们能成为“吉之先见”、“万夫之望”的“君子”。在刘氏兄弟很小的时候，刘藏器就亲自教其读书。刘知幾因家学渊源，自幼博览群书，才兼文史。弱冠之年，登进士第。后任获嘉主簿。武则天圣历二年（699），刘知幾奉调长安，任定王府仓曹。并以此身份，参与修撰大型类书《三教珠英》，成为当时赫赫有名、

1 〔清〕阮元：《十三经注疏》，中华书局 2009 年版，第 183 页。
2 〔五代后晋〕刘昫：《旧唐书》，中华书局 1975 年版，第 4995 页。
3 〔清〕阮元：《十三经注疏》，中华书局 2009 年版，第 184 页。
4 〔五代后晋〕刘昫：《旧唐书》，中华书局 1975 年版，第 3174 页。

皆是一时之选的"珠英学士"之一，然此事由武则天男宠张昌宗主持。又，时定王乃武攸暨，为武则天堂侄、太平公主第二任丈夫。因太平公主谋逆，武攸暨死后第二年，其墓被平毁。定王府仓曹，是掌管仓库事物的小官。再加上刘知幾此官只是短期过渡一下。故刘知幾本人很少提及此任职及参修《三教珠英》一事。

刘知幾最为看重的是自己的史官履历以及在修史之余所完成的《史通》一书。《史通·原序》云：

> 长安二年，余以著作佐郎兼修国史，寻迁左史，于门下撰起居注。会转中书舍人，暂停史任，俄兼领其职。今上即位，除著作郎、太子中允、率更令，其兼修史皆如故。又属大驾还京，以留后在东都。无几，驿征入京，专知史事，仍迁秘书少监。
>
> 自惟历事二主，从宦两京，遍居司籍之曹，久处载言之职。昔马融三入东观，汉代称荣；张华再典史官，晋朝称美。嗟予小子，兼而有之。是用职思其忧，不遑启处。尝以载削余暇，商榷史篇，下笔不休，遂盈筐箧。于是区分类聚，编而次之。……凡为廿卷，列之如左，合若干言。于时岁次庚戌，景龙四年仲春之月也。[1]

从刘知幾的这段自序来看，《史通》一书的编著，始于唐武后长安二年（702），至唐中宗景龙四年（710）农历二月成书，前后大致花了九年时间。

---

1 〔唐〕刘知幾撰，〔清〕浦起龙释：《史通通释》，上海古籍出版社 1978 年版，第 2 页。

这里还要提一点，《史通》的部分内容，出现于中宗以后。刘知幾修撰国史，因与宗楚客、崔湜、郑愔等不和，而给监修国史萧至忠写了一封信。要求辞去史职，然最终未被允许。刘知幾于《史通·忤时》中提及此事：

> 至忠得书大惭，无以酬答，又惜其才，不许解史任。而宗楚客、崔湜、郑愔等，皆恶闻其短，共仇嫉之。俄而萧（按：即萧至忠）、宗等相次伏诛，然后获免于难。[1]

景龙四年（710）六月辛丑，李隆基发动唐隆政变，率兵诛韦后。宗楚客亦伏诛。先天二年（713），太平公主图谋不轨，意欲作乱。事情败露后，太平公主及其党羽萧至忠等被唐玄宗诛杀。是为先天政变。刘知幾提及萧至忠、宗楚客被杀之事，这说明《史通》于景龙四年成书以后，在很长一段时间内，刘知幾又对其进行了补充与完善。

《史通》一书，就主体而言，是部史论著作，体现了刘知幾关于史学的论断。然而，在文史难分、崇尚博洽多闻的传统学术大背景下，论史及文，其来已久。《史通》文论价值，从其书面世以来，一直都是人们的关注点之一。相关研究，其脉如缕，绵延不绝。下面对其历史与现状做个简要梳理。

---

1 〔唐〕刘知幾撰，〔清〕浦起龙释：《史通通释》，上海古籍出版社 1978 年版，第 594 页。

第一节　刘知幾对《史通》文论的自我认知

《尚书·舜典》云："诗言志。"[1]《毛诗大序》云："诗者，志之所之也，在心为志，发言为诗。"[2]《荀子·乐论》云："夫乐者，乐也，人情所必不免也。"[3]无论诗歌，还是音乐，都是作者内心思想与喜乐感情的表达。扩而大之，一切优秀作品的传世，都因其寄予了作者真挚的感情，甚至一生的心血在里面。《史通》亦是如此。刘知幾《史通·自叙》云：

> 长安中，会奉诏预修唐史。及今上即位，又敕撰《则天大圣皇后实录》。凡所著述，尝欲行其旧议。而当时同作诸士及监修贵臣，每与其凿枘相违，龃龉难入。故其所载削，皆与俗浮沉。虽自谓依违苟从，然犹大为史官所嫉。嗟乎！虽任当其职，而吾道不行；见用于时，而美志不遂。郁怏孤愤，无以寄怀。必寝而不言，默而无述，又恐没世之后，谁知予者。故退而私撰《史通》，以见其志。[4]

刘知幾明确告诉我们，其"道不行"、"美志不遂"，"郁怏孤愤，无以寄怀"，又"恐没世之后"而无人理解，故"退而私撰《史通》，以见其志"。这说明他创作初衷和目的，是希望后世读者通过《史

1 〔清〕阮元：《十三经注疏》，中华书局 2009 年版，第 276 页。
2 同上书，第 563 页。
3 〔清〕王先谦撰，沈啸寰、王星贤整理：《荀子集解》，中华书局 2012 年版，第 368 页。
4 〔唐〕刘知幾撰，〔清〕浦起龙释：《史通通释》，上海古籍出版社 1978 年版，第 290 页。

通》一书，来明晓自己的良苦用心。刘知幾“见其志”的说法与“诗言志”的传统一脉相承。

故而，对于我们今天的研究者来说，要充分认识进而准确评价刘知幾《史通》文论的价值与意义，首先必须要关注到刘知本人对《史通》的相关论断。详述如下。

一、书名中“史”、“通”二字的含义

由宋迄今，刘知幾《史通》与刘勰《文心雕龙》多被相提并论。谈到《文心雕龙》一书的取名原因时，刘勰说：“夫文心者，言为文之用心也。昔涓子《琴心》，王孙《巧心》，心哉美矣，故用之焉。”[1]“文心”是讲作文的用心。“文”主要指的是文学。而《史通》中的“史”，也就很容易被误判为是指史学。认为《史通》，顾名思义，即通于古今之史，就是通论史书体例与编纂方法，考镜史籍源流与前人修史得失。但事实上，可能没有这么简单。可从两个方面来看。

（一）《史通》与《白虎通》

按刘知幾本人的说法，《史通》的“史”指的是“史馆”。据《史通·原序》：

> 昔汉世诸儒，集论经传，定之于白虎阁，因名曰《白虎通》。予既在史馆而成此书，故便以《史通》为目。[2]

---

1 〔南朝梁〕刘勰著，范文澜注：《文心雕龙·序志》，人民文学出版社 1958 年版，第 725 页。

2 〔唐〕刘知幾撰，〔清〕浦起龙释：《史通通释》，上海古籍出版社 1978 年版，第 1 页。

刘知幾非常清楚地谈到，其作《史通》的命名是模仿《白虎通》而来。《白虎通》中的“白虎”指的是“白虎阁”（按：准确说，应该是“白虎观”）。而《史通》的“史”，则指“史馆”。意思是说，其书在史馆中完成，故取名为《史通》。

刘知幾给《史通》命名时，模仿了班固的《白虎通》。《白虎通》是汉代讲论五经同异，统一今文经义的一部重要著作。因辩论地点在白虎观而得名。

《后汉书 · 章帝纪》云：“于是下太常，将、大夫、博士、议郎、郎官及诸生、诸儒会白虎观，讲议《五经》同异，使五官中郎将魏应承制问，侍中淳于恭奏，帝亲称制临决，如孝宣甘露石渠故事，作《白虎议奏》。”[1] 对于“《白虎议奏》”，唐章怀太子李贤注曰：“今《白虎通》。”[2]《后汉书 · 儒林传》云：“建初中，大会诸儒于白虎观，考详同异，连月乃罢。肃宗亲临称制，如石渠故事，顾命史臣，著为《通义》。”[3] 对于“《通义》”，章怀太子李贤注曰：“即《白武（按：此处避高祖李渊祖父李虎讳，改“虎”为“武”）通义》是。”[4] 又，《隋书 · 经籍志一》载“《白虎通》，六卷”[5]，未题撰人。

由上大致可以推断，《白虎通》最早或应名为《白虎议奏》，后又称《通义》。至《隋志》以“《白虎通》”之名收录。“议奏”，意思是群臣讨论后，将处理意见向皇帝奏闻。“议”是商议，“奏”是

1 〔南朝宋〕范晔：《后汉书》，中华书局 1965 年版，第 138 页。

2 同上书，第 139 页。

3 同上书，第 2546 页。

4 同上书，第 2547 页。

5 〔唐〕魏征：《隋书》，中华书局 1973 年版，第 937 页。

封建时代臣子对皇帝陈述意见或说明。“议奏”一词，是对相关事件的客观描述。而“通”、“通义”，则有着非常强烈的价值判断色彩。“通”的字面意思，多指互相连接而无阻断。“通义”，指的是普遍适用的义理。[1]

要言之,《白虎通》的“通”是“通义”的简称。是指在白虎观议定，大家所要共同遵循的义理标准。事实也是如此，该书是在皇帝的主持下，以官方的形式，讲论五经同异，统一今文经义。“通”是一种为天下作规范，传之以后世的意思。这也是为什么刘知幾一定要用“通”，作为自己书名的原因。

（二）《史通》与“史通子”

为了让《史通》能用“通”字，刘知幾甚至不惜找到王莽对司马迁后人的封号，来作为辅证。又颇为隐晦地把“王莽”改成了“汉”。其意耐人寻味，不可等闲视之，甚或视而不见。刘知幾于《史通·原序》中谈道：

> 汉求司马迁后，封为史通子，是知史之称通，其来自久。博采众议，爰定兹名。[2]

刘知幾说,“史”、“通”二字可以联而用之。他辩解道，此非我作古，而是有汉之先例。“汉求司马迁后，封为史通子”。这里的

1 对于《白虎通》作者、书名及内容等问题，历代诸家，歧说纷纭，可参考刘师培《白虎通义源流考》一文。详见陈立撰，吴则虞点校《白虎通疏证》（中华书局 1984 年版）附录七。这里只采用主流说法。

2 〔唐〕刘知幾撰,〔清〕浦起龙释:《史通通释》，上海古籍出版社 1978 年版，第 1 页。

“汉”之所“封”云云，准确说既不是西汉皇帝，也不是东汉皇帝，而是王莽赐予的。班固《汉书·司马迁传》云：“至王莽时，求封迁后，为史通子。”[1]对于这个封号，应劭注曰：“以迁世为史官，通于古今也。”李奇注曰：“史通国，子爵也。”[2]应劭是东汉末期人，他是最早注解《汉书》的人之一，而李奇是三国时期人。距东汉未远。两个人的注解都有合理之处。结合他们的注解，大致可得出一个判断。“史通”者，史官通于古今之意。“子”，应是爵位。

葛洪《西京杂记》“书太史公事”条云：“宣帝以其官为令，行太史公文书事而已，不复用其子孙。”[3]王莽大权在握时，赐封司马迁后人。王氏篡汉自立，又很快身死国灭，声名狼藉而贻笑千古。从现存史料来判断，司马迁的后人，可能根本没有把王莽所赐的“史通子”封号给予多大的重视，甚至故意隐藏行迹，以至于后世无法详考其人其事。刘知幾亟须证明“史”和“通”能联用，不惜取这一封号来自证。其心情之急迫，可见一斑。

《史通》一书的命名，必是经过作者的慎重考虑后，才最终确定。其间，甚至经历过一番激烈的争论。刘知幾《史通·原序》说：“博采众议，爰定兹名。”“博采众议”，表面是广泛采集众人的意见，才定下这个名字。事实上，我们不妨大胆猜测一下，从另外一方面而言，众说纷纭，方定兹名，这又何尝不是力驳众议的结果呢。刘知幾《史通》一书，在当时并没有得到世俗甚至知己好友的认可。其《史通·自叙》云“余撰《史通》，亦屡移寒暑。悠悠尘

1 〔东汉〕班固：《汉书》，中华书局1962年版，第2737页。
2 同上。
3 〔东晋〕葛洪：《西京杂记》，重庆出版社2000年版，第139页。

俗，共以为愚”，“见者互言其短，故作《释蒙》以拒之”。最后，刘知幾还无奈地说：“初好文笔，颇获誉于当时；晚谈史传，遂减价于知己。”[1]

综上可知，刘知幾《史通》一书，在命名的过程中，争议是如此之大，以至于刘知幾不得不搬出班固《白虎通》以及王莽所封“史通子”的证据。为什么会争议这么大呢？或应是因为刘知幾将“史”与“通”联用，意指其书是一部在史馆中完成，而为天下立法则的著作。《史通》这个题目，仅有二字组成。然而，背后构思之精细缜密、曲折回环及寓意深远，是值得深究的。不可否认，刘知幾执意要用“史”、“通”二字为自己的著作为题名，其中潜含了为天下史家立法则的雄心。也要指出的是，仅凭题目中的“史”字，就将《史通》一书，简单视为一部史学著作，而无视它蕴含的为史立则、为文立规的内涵，这可能并不合适。

二、直承《文心雕龙》而来

《文心雕龙》，为南朝文论家刘勰（约465–约520）所作。是中国第一部有严密体系的文学理论专著。其书成于南朝齐和帝中兴元年前后。体大虑周，兼论文史。影响深远，享誉千载。然而，正如历史上众多的优秀作品一样，在最初并不为时人所普遍欣赏。称美者，仅沈约等寥寥数人而已。考《梁书·刘勰传》可知：

> 初，勰撰《文心雕龙》五十篇，论古今文体，引而次之。……

1 〔唐〕刘知幾撰，〔清〕浦起龙释：《史通通释》，上海古籍出版社1978年版，第293页。

> 既成，未为时流所称。勰欲取定于沈约。约时贵盛，无由自达，乃负其书，候约出，干之于车前，状若货鬻者。约便命取读，大重之，谓为深得文理，常陈诸几案。[1]

南朝时期，沈约之外，称赏刘勰者，并不多见。

初唐以后，《文心雕龙》越来越受到更多人的重视。太宗《荐举贤能诏》云："宁容仲舒、伯起之流，遍钟美于往代；彦和、广基之侣，独绝响于今辰？"[2]刘勰与董仲舒、杨震（按：字伯起）、郗诜（按：字广基）等人一起，成为重振儒学文化的人伦楷模。太宗《晋书·艺术传序》引用《文心雕龙·正纬》云："真虽存矣，伪亦凭焉。"[3]其意在文学领域确立自己的审美及价值标准。《文心雕龙》中的个别篇章，当时的史学家也有所关注。如谈及《颂赞》，颜师古《匡谬正俗》卷五云："刘轨思（按：此颜师古误记）《文心雕龙》，虽略晓其意，而言之未尽。"[4]此外，姚思廉《梁书·文学下》有《刘勰传》，李延寿《南史·文学传》亦给刘勰立传。

然而，纵观刘勰身后至唐的百余年间，对《文心雕龙》认识最为透彻且最为重视的文史大家，非刘知幾莫属。刘氏谈及《文心雕龙》时指出：

> 词人属文，其体非一，譬甘辛殊味，丹素异彩，后来祖述，

---

1 〔唐〕姚思廉：《梁书》，中华书局 1973 年版，第 712 页。

2 〔清〕董诰：《全唐文》卷五，中华书局 1983 年版，第 68 页。

3 〔唐〕房玄龄：《晋书》，中华书局 1974 年版，第 2467 页。

4 〔唐〕颜师古撰，严旭疏证：《匡谬正俗疏证》，中华书局 2019 年版，第 165 页。

识昧圆通，家有诋诃，人相掎摭，故刘勰《文心》生焉。[1]

刘知幾看来，文人之士写文章，体裁不一，就象苦、甜殊味，红、白异色。后人师法的时候，缺乏“圆通”的认识，以致不同流派互相攻击，不同个人互相指摘。为此，产生了刘勰《文心雕龙》。刘知幾的论断，是符合事实的。

刘知幾《史通·自叙》在谈到《史通》一书的学术渊源时，历数六部典籍。其中，最重要也是最直接的一部即是《文心雕龙》。刘知幾自言，其在写作《史通》的时候，将《文心雕龙》等几部作品，时时揣摩，融会贯通。他说：

自《法言》已降，迄于《文心》而往，固以纳诸胸中，曾不慸芥者矣。夫其为义也，有与夺焉，有褒贬焉，有鉴诫焉，有讽刺焉。其为贯穿者深矣，其为网罗者密矣，其所商略者远矣，其所发明者多矣。[2]

刘知幾说，《史通》对前人有评价，有褒贬，有鉴诫，有讽刺。它所贯穿的年代很久远，所涉及的事情很具体，所商讨的问题很深入，所阐明的观点有很多。之所以能如此，是因为从《法言》以下，直到《文心雕龙》之前的这些著作，刘知幾已然容纳于胸而没有一点隔阂。

1 〔唐〕刘知幾撰，〔清〕浦起龙释：《史通通释·自叙》，上海古籍出版社 1978 年版，第 291 页。

2 同上书，第 292 页。

这里要补充说明的是，将《文心雕龙》、《文章流别集》、《翰林论》三者在唐前的地位相较而言的话，更能看出刘知幾对于刘勰的重视。

饶宗颐曾撰《〈文心雕龙〉探原》一文，文章对《文心雕龙》在六朝时的接受与传播情况，有这样一个评价：

> 《文心》一书，梁时已不甚为时流所称；即唐宋之世，亦复如是。迹其原因，盖南北文论之作，非复一家。若张士简《文衡》，视彦和书虽未知孰为优劣，然正可相颉颃；而杜正藏之《文轨》，号曰新书，久沾溉于场屋，且仲洽《流别》，弘度《翰林》，其书具存，足供玩索。而彦和于齐梁之际，混迹缁流，亦非真能文章负时誉者也。[1]

刘勰《文心雕龙》在唐前，并不为时人所称。因为刘勰出身寒微、地位低下等原因，其书的名气可能不如同时期的《文衡》、《文轨》、《文章流别集》和《翰林论》等。

刘知幾颇具慧眼，异乎俗流，对《文心雕龙》推崇备至，奉为圭臬，甚至自言其《史通》就是继承《文心雕龙》而来。刘知幾对《文衡》、《文轨》等只字未提。对《文章流别集》、《翰林论》两书仅提到一次，亦不甚看重。见刘知幾《史通·杂说下》：

> 沈侯《谢灵运传论》，全说文体，备言音律，此正可为《翰

1　饶宗颐：《文心雕龙研究专号》，明伦出版社 1971 年版，第 11 页。

林》之补亡，《流别》之总说耳。（原注：李充撰《翰林论》，挚虞撰《文章流别集》）[1]

《翰林论》，东晋文学家、文论家李充所作。《隋书·经籍志四》“别集类”载：“《翰林论》，三卷。李充撰。梁。五十四卷。”[2]清人严可均从《初学记》、《太平御览》等类书中辑出佚文，留存至今。见《全上古三代秦汉三国六朝文》卷五十三“李充”条：

或问曰：“何如斯可谓之文？”答曰：“孔文举之书，陆士衡之议，斯可谓成文矣。”潘安仁之为文也，犹翔禽之羽毛，衣被之绡縠。容象图而赞立，宜使辞简而义正，孔融之赞杨公，亦其义也。表宜以远大为本，不以华藻为先。若曹子建之表，可谓成文矣。诸葛亮之表刘主，裴公之辞侍中，羊公之让开府，可谓德音矣。驳不以华藻为先。世以傅长虞每奏驳事，为邦之司直矣。研核名理，而论难生焉。论贵于允理，不求支离。若嵇康之论，文矣！在朝辨政而议奏出，宜以远大为本。陆机议晋断，亦名其美矣。盟檄发于师旅，相如《喻蜀父老》，可谓德音矣。[3]

从所存残文可以看出，李充《翰林论》简略地论说“书”、“议”、“赞”、“表”、“辞”、“让”、“驳”、“论”、“檄”等各种文体的不同

1 〔唐〕刘知幾撰，〔清〕浦起龙释：《史通通释·自叙》，上海古籍出版社 1978 年版，第 507 页。

2 〔唐〕魏征：《隋书》，中华书局 1973 年版，第 1082 页。

3 〔清〕严可均：《全晋文》，中华书局 1958 年版，第 1767 页。

特点。针对不同的文体，李充提出“远大”、“华藻”、“德音”、“允理”等不同的审美判断标准。同时从正反两方面，列出具体的作家、作品，以之为创作的借鉴。其观点有一定启发意义。只是谈论各体文章，多有重复交叉之处。如“表宜以远大为本，不以华藻为先”、“驳不以华藻为先”、“在朝辨政而议奏出，宜以远大为本”。故《文心雕龙·序志》批评其云：“《翰林》浅而寡要。”[1]

《文章流别集》，晋挚虞撰。《晋书·挚虞传》云：“撰古文章，类聚区分为三十卷，名曰《流别集》，各为之论，辞理惬当，为世所重。”[2]《文章流别集》包括两部分的内容。一为古代文章的分类选集。二是挚虞分类评论各体文章的内容。对于评论部分的内容，清严可均《全上古三代秦汉三国六朝文》卷七十七“挚虞”条，辑有《文章流别论》佚文。挚虞云：“文章者，所以宣上下之象，明人伦之叙，穷理尽性，以究万物之宜也。王泽流而诗作，成功臻而颂兴，德勋立而铭著，嘉美终而诔集。”[3]所论主要是强调文章的教化宣传与歌功颂德之用，同时也反对轻浮淫丽的文风。其内容正如刘勰所批评的那样，“《流别》精而少功”[4]。

综上，诚如饶氏所说，《文心雕龙》一书，虽然在唐前士流之中有一定地位。但因为刘勰出身低下等原因，总体而言，特别是将《文心雕龙》一书与《翰林论》、《文章流别论》相比较来说，《文心雕龙》显得不是特别引人注目。在这种大环境下，刘知幾《史

1 〔南朝梁〕刘勰著，范文澜注：《文心雕龙·序志》，人民文学出版社 1958 年版，第 726 页。
2 〔唐〕房玄龄：《晋书》，中华书局 1974 年版，第 1427 页。
3 〔清〕严可均：《全晋文》，中华书局 1958 年版，第 1905 页。
4 〔唐〕姚思廉：《梁书·文学下》，中华书局 1973 年版，第 711 页。

通》对《文心雕龙》推崇备至。刘知幾说自己的《史通》就是继承《文心雕龙》而来。将《文心雕龙》奉为圭臬。这一点，今人所论已多。有人甚至认为："刘知幾谈论任何一个古代文化史领域，均奉刘勰为圭臬。"[1]这个观点虽然有些绝对，但也不无道理。事实上，从某个方面来说，刘勰及其《文心雕龙》在唐代的异代知音与继承者就是刘知幾与其《史通》一书。

《文心雕龙》与《史通》二书都对文章诸体多有涉及。同时，《史通》对《文心雕龙》之类的文论之作，又有点评。这两方面的内容，都值得关注。《史通》的文论价值所在，又远远不限于此。

三、"虽以史为主"，然"上穷王道，下掞人伦，总括万殊，包吞千有"

刘知幾自小观书，就喜欢独立思考，探寻其中的道理是非，而不是人云亦云。进士及第后，游学京洛，时有数年。其间，公私借书，任意阅览。史著大典、杂记小书，异同之处，无不深究细研，穷尽得失。刘知幾《史通·自叙》中特意提到自己博观群书而有所心得之事：

> 旅游京洛，颇积岁年，公私借书，恣情披阅。至如一代之史，分为数家，其间杂记小书，又竞为异说，莫不钻研穿凿，尽其利害。加以自小观书，喜谈名理，其所悟者，皆得之襟腑，非由染习。……知流俗之士，难与之言。凡有异同，蓄诸方寸。[2]

---

1 汪春泓：《文心雕龙的传播和影响》，学苑出版社 2002 年版，第 454 页。

2 〔唐〕刘知幾撰，〔清〕浦起龙释：《史通通释·自叙》，上海古籍出版社 1978 年版，第 289 页。

刘知幾认为，这些心得体会，世俗之人，难以与之言说。故其蓄诸方寸，聚集于心。后诉诸笔墨，而成《史通》一书。

对《史通》所引典籍的考索，由明迄今，代有名家。明代焦竑《焦氏笔乘》卷三“《史通》所载书目”，整理出“古今正史及偏部短记”[1]为主的各类作品共147部。清代黄叔琳《史通训故补·序》即云：“其荟萃搜择，钩抓拍击，上下数千年，贯穿数万卷。”[2]余嘉锡《四库提要辨证》卷三“魏书”条则曰：“《史通》之所援引，自六家、二体以至偏记、小说，何止数千百卷?”[3]后又有王绍曾、张三夕、王春南、吴荣政等数家，对《史通》所涉书目，进行蒐辑整理。

近出成果中，2011年出版的马铁浩《〈史通〉引书考》一书，对《史通》引书，搜罗较为全面。以其书为参考，我们看下《史通》所引用的书籍和篇目，列表如下：

经部典籍，如下：

分类	作　品	分类	作　品
易类	《周易》、《京房易传》	孝经类	《孝经》
书类	《尚书》、《古文尚书》、《今文尚书》、王肃《尚书注》、刘向《尚书洪范五行传论》	论语类	《论语》、《孔丛子》、《孔子家语》、《尔雅》、扬雄《方言》、《白虎通》、陆德明《经典释文》
诗类	《诗经》、《韩诗外传》	谶纬类	《易纬》、《尚书璇玑钤》、《尚书中候》
礼类	《周官》、《礼经》、《礼记》、《大戴礼记》、刘芳《周官仪礼音》	小学类	胡毋敬《博学》

1 〔明〕焦竑：《焦氏笔乘》，中华书局2008年版，第128页。
2 〔清〕黄叔琳：《史通训故补》，上海古籍出版社2006年版，第430页。
3 余嘉锡：《四库提要辨证》，中华书局1980年版，第177页。

续表

分类	作　　品
春秋类	《春秋》、《春秋左氏传》、《春秋公羊传》、《春秋穀梁传》、《春秋邹氏传》、《春秋夹氏传》、贾逵《左氏长义》、杜预《春秋释例》、何休《春秋左氏膏肓》、何休《春秋公羊墨守》、《国语》、贾逵《国语注》、王肃《国语注》、虞翻《国语注》、韦昭《国语注》

史部典籍如下：

分类	作　　品	分类	作　　品
正史类	司马迁《史记》，谯周《古史考》，刘向、刘歆、冯商等《史记》，班彪《史记后传》，班固《汉书》，陆澄《汉书注》，班固等《世祖本纪》，蔡邕《十意》，刘珍等《东观汉记》，谢承《后汉书》，司马彪《续汉书》，华峤《汉后书》，袁山松《后汉书》，谢沈《后汉书》，范晔《后汉书》，王沈《魏书》，夏侯湛《魏书》，韦昭《吴书》，张勃《吴录》，陈寿《三国志》，裴松之《三国志注》，束皙《晋书》，王隐《晋书》，虞预《晋书》，何法盛《晋中兴书》，谢灵运《晋书》，臧荣绪《晋书》，沈约《晋书》，房玄龄《晋书》，徐爰《宋书》，沈约《宋书》，刘祥《宋书》，江淹《齐史》，沈约《齐纪》，萧子显《南齐书》，	古史类	《竹书纪年》、荀悦《汉纪》、袁宏《后汉纪》、张璠《后汉纪》、孙盛《魏氏春秋》、陆机《晋纪》、干宝《晋纪》、刘彤《干宝〈晋纪〉注》、曹嘉之《晋纪》、习凿齿《汉晋春秋》、邓粲《晋纪》、孙盛《晋阳秋》、王韶之《晋纪》、徐广《晋纪》、檀道鸾《续晋阳秋》、裴子野《宋略》、吴均《齐春秋》、萧方等《三十国春秋》、刘璠《梁典》、何之元《梁典》、姚最《梁后略》、萧韶《梁太清纪》、萧大圜《淮海乱离志》、邓渊《国记》、崔浩《国书》、高允《国记》、阳休之《齐纪》、杜台卿《齐纪》、祖崇儒《齐纪》、崔子发《齐纪》、王劭《齐志》、张太素《隋后略》

续表

分类	作　品	分类	作　品
正史类	谢炅《梁书》，姚思廉《梁书》，梁武帝《通史》，顾野王《陈书》，傅縡《陈书》，陆琼《陈书》，姚思廉《陈书》，李彪、崔光《国书》，魏收《魏书》，魏澹《后魏书》，杨素《魏书》，和士开《国史》，李百药《北齐书》，牛弘《周史》，令狐德棻《周书》，魏征、长孙无忌等《隋书》，李延寿《南史》，李延寿《北史》，姚思廉《国史》，长孙无忌、令狐德棻、顾胤等《国史》，许敬宗《国史》，李仁实、刘仁轨等《国史》，牛凤及《唐书》，刘知幾、朱敬则、徐坚、吴兢等《唐书》、《唐史》	霸史类	公师彧《高祖本纪》，和苞《汉赵记》，徐光等《上党国记》，徐光等《赵书》，田融《赵记》，王度《二石传》，常璩《汉之书》，常璩《华阳国志》，杜辅全《燕纪》，董统《后燕书》，申秀、范亨《燕书》，王景晖《南燕录》，韩显宗、高闾《燕志》，赵渊、车敬、梁熙、韦谭、董朏《秦史》，赵整、车频《秦书》，裴景仁《秦记》，马僧虔、卫隆景《秦史》，姚和都《秦纪》，索绥《凉国春秋》，刘庆《凉记》，索晖《凉书》，刘昞《凉书》，刘昞《敦煌实录》，段龟龙《凉记》，宗钦《蒙逊记》，郭韶《拓跋凉录》，赵逸、张渊《夏国书》，崔鸿《十六国春秋》，蔡允恭《后梁春秋》
杂史类	《三坟》、《五典》、《八索》、《周志》、《郑书》、《晋乘》、《楚梼杌》、《鲁春秋》、《逸周书》、《汲冢琐语》、《师春》、《战国策》、陆贾《楚汉春秋》、《越绝书》、乐资《春秋后传》、乐资《山阳公载记》、王粲《汉末英雄记》、司马彪《九州春秋》、王隐《蜀记》、孔衍《春秋时国语》、孔衍《汉尚书》、孔衍《后汉尚书》、孔衍	起居注类	《禁中起居注》，马皇后《明帝起居注》，刘道会《晋起居注》，徐光等《大将军起居注》，王景晖《南燕起居注》，邢峦《孝文起居注》，崔鸿、王遵业《孝文宣武孝明起居注》，温子昇《孝庄纪》，祖珽《黄初传天录》，陆元规《文宣帝实录》，王胄《大业起居注》，温大雅《大唐创业起居

续表

分类	作品
杂史类	《汉魏尚书》、韦昭《洞纪》、陶弘景《帝代年历》、皇甫谧《帝王世纪》、张缅《晋书抄》、虞溥《江表传》、谢绰《宋拾遗》、孔思尚《宋齐语录》、裴政《梁太清实录》、鱼豢《魏略》、王嘉《拾遗记》、温子昇《魏永安故事》、宋孝王《关东风俗传》、王劭《隋书》、虞世南《帝王略论》
杂传类	赵岐《三辅决录》、杨戏《季汉辅臣赞》、陈寿《益部耆旧传》、周斐《汝南先贤传》、圈称《陈留耆旧传》、张方《楚国先贤传》、习凿齿《襄阳耆旧传》、虞预《会稽典录》、士燮《交州人物志》、梁鸿《逸民传》、嵇康《高士传》、皇甫谧《高士传》、徐广《孝子传》、郎馀令《孝子后传》、赵采《忠臣传》、戴逵《竹林七贤论》、皇甫谧《玄晏春秋》、荀伯子《荀氏家传》、梁元帝《怀旧志》、卢思道《知己传》、梁元帝《同姓名录》、刘向《列女传》、杜预《女记》、刘向《列仙传》、刘敬叔《异苑》、干宝《搜神记》、祖台之《志怪》、东阳无疑《齐谐记》、刘义庆《幽明录》、郭宪《洞冥记》、梁元帝《研神记》
起居注类	注》，敬播、房玄龄、许敬宗《高祖实录》，敬播、顾胤、长孙无忌、许敬宗等《太宗实录》，许敬宗、令狐德棻等《高宗实录》，魏元忠、徐坚、刘知幾、吴兢等《则天实录》
刑法类	贾充等《晋令》
地理类	《山海经》、《三辅黄图》、朱赣《风俗记》、扬雄《蜀王本纪》、杨终《哀牢传》、辛氏《三秦记》、沈莹《临海水土异物志》、陆机《洛阳记》、《晋宫阙名》、《建康宫殿簿》、周处《风土记》、山谦之《南徐州记》、盛弘之《荆州记》、潘岳《关中记》、罗含《湘中记》、《邺都故事》、陆澄《地理书》、郦道元《水经注》、杨衒之《洛阳伽蓝记》、阚骃《十三州志》、祖鸿勋《晋祠记》、姚察《西聘道里记》、《东都记》

续表

分类	作　　品	分类	作　　品
		谱系类	《世本》、扬雄《家牒》、王俭《百家集谱》、元晖业《辨宗室录》、《后魏方司格》、挚虞《殷氏家传》、《孙氏谱记》、殷敬《殷氏家传》、陆景献《吴郡陆氏宗系谱》
簿录类	刘向《别录》、刘歆《七略》、郑默《中经》、阮孝绪《七录》		

子部典籍如下：

分类	作　　品	分类	作　　品
儒家	《晏子春秋》、虞卿《虞氏春秋》、《孟子》、《荀子》、陆贾《新语》、贾谊《新书》、刘向《新序》、刘向《说苑》、扬雄《法言》、扬雄《太玄》、桓谭《新论》、曹丕《典论》、陆景《典语》、梅陶《梅子新论》、王劭《读书记》	道家	《老子》、《列子》、《庄子》、苻朗《苻子》
		法家	《管子》、《韩非子》
		名家	刘劭《人物志》
		墨家	《墨子》
杂家	《吕氏春秋》,《淮南子》,王充《论衡》,应劭《风俗通义》,张俨《默记》,傅玄《傅子》,葛洪《抱朴子》,沈约《俗说》,王象、缪袭等《皇览》,徐勉等《华林遍略》,元晖《科录》	小说家	葛洪《西京杂记》、裴启《语林》、顾协《琐语》、邯郸淳《笑林》、阳玠《谈薮》、刘义庆《世说新语》、刘孝标《世说新语注》、殷芸《小说》、刘炫《酒孝经》、姚察《辨茗酪记》
五行家	许负《相经》	医方家	《神农本草经》、陶弘景《本草经集注》、李勣《新修本草》、《房中志》

集部典籍如下：

分类	作　品	分类	作　品
楚辞类	《楚辞》、王逸《楚辞章句》	别集类	《司马相如集》、《李陵集》、《班固集》、《张衡集》、《范晔集》、《殷铿集》
总集类	挚虞《文章流别论》、李充《翰林论》、刘勰《文心雕龙》		

《史通》涉及的篇目如下：

分类	作　品	分类	作　品
赋	宋玉《高唐赋》、韦孟《讽谏》、贾谊《鹏鸟赋》、司马相如《子虚上林赋》、司马相如《美人赋》、枚乘《七发》、扬雄《甘泉赋》、扬雄《羽猎赋》、扬雄《长杨赋》、班固《两都赋》、班固《幽通赋》、班固《答宾戏》、《七章》、张衡《七辩》、赵壹《刺世疾邪赋》、曹植《洛神赋》、宋孝武帝《拟李夫人赋》	论、赞、议	贾谊《过秦论》、班彪《王命论》、夏侯湛《东方朔画赞》、张辅《班马优劣论》、干宝《史议》、刘炫《自赞》
难	东方朔《答客难》、扬雄《解嘲》、陆机《文赋》、陆机《豪士赋》	叙、志、记	东方朔《自叙》、司马相如《自叙》、扬雄《自序》、刘峻《自叙》、刘峻《山栖志》、王绩《醉乡记》、刘知幾《释蒙》
文、铭	司马相如《封禅文》、张载《剑阁铭》、袁淑《鸡九锡文》	书、表	李陵《答苏武书》、司马迁《报任少卿书》
颂、表	史岑《出师颂》、马融《广成颂》、诸葛亮《出师表》、裴松之《上三国志表》	诫、箴	王昶《家诫》、张华《女史箴》
诏、哀策文	宋文帝《除徐傅官诏》、颜延之《宋文皇帝元皇后哀策文》、颜竣《讨二凶檄》、孔熙先《罪许曜词》	诗	沈约《八咏诗》

由上面这些表格可以看出，《史通》涉及书目数量之多、范围之广，实为惊人。这一点，刘知幾本人于《史通·自叙》中早已进行了说明：

> (《史通》) 其书虽以史为主，而余波所及，上穷王道，下掞人伦，总括万殊，包吞千有。[1]

刘知幾指出，《史通》以史为主，但内容又涉及方方面面。“上穷王道，下掞人伦”，总括包涵千万种不同现象。

这里要进一步指出的是，既然“总括万殊，包吞千有”，其书当然亦有谈论文学作品的内容。这一点，刘知幾自己已经讲得很清楚了。

第二节　由唐迄清于《史通》文论价值之体认

《史通》问世之后的很长一段时间里，只有刘知幾的少数几位知己好友，对其书青眼有加。刘知幾去世数年后，唐玄宗看到《史通》且大为赞赏。五代刘昫编《旧唐书·经籍志》未收录《史通》一书。北宋欧阳修《新唐书·艺文志》将《史通》收入“集部”的“文史类”。至此，《史通》在正史《艺文志》中有了一席之地。北宋黄庭坚首次将《史通》与《文心雕龙》相提并论，认为它们大中文病，不可不读。明代学者主要关注刘知幾及其《史通》的史学成

---

1 〔唐〕刘知幾撰，〔清〕浦起龙释：《史通通释·自叙》，上海古籍出版社 1978 年版，第 292 页。

就。清以后，注意到《史通》文论价值者渐夥。概言之，由唐迄清，《史通》文论价值逐步为更多学者所重视。其间之境况，述略如下。

一、唐及五代，对《史通》的肯定与褒扬

《史通》其书，历十余年之久，才得以完成。其间，刘知幾体悟颇多，却常恨时无同好。可与言者，仅东海徐坚、永城朱敬则、沛国刘允济、义兴薛谦光、河南元行冲、陈留吴兢、寿春裴怀古等七人而已。刘知幾同几位好友，言议见许，道术相知。所有扬榷，得尽怀抱。对之，刘知幾既感到无奈，又觉得非常幸运。他颇有感悟地说："德不孤，必有邻，四海之内，知我者不过数子而已矣。"[1]

《史通》问世之后，当时流俗，赞赏者不多，而批评者甚众。《史通·自叙》载：

> 夫以《史通》方诸《太玄》，今之君山，即徐、朱等数君是也。后来张、陆，则未之知耳。嗟乎！傥使平子不出，公纪不生，将恐此书与粪土同捐，烟烬俱灭。后之识者，无得而观。此予所以抚卷涟洏，泪尽而继之以血也。[2]

《史通》书成，仅有徐坚、朱敬则等至交好友，慧眼识珠。而后世知音，不知还有没有。想到这里，刘知幾不禁抚卷累欷，悲伤之

---

1 〔唐〕刘知幾撰，〔清〕浦起龙释：《史通通释·自叙》，上海古籍出版社 1978 年版，第 289 页。

2 〔唐〕刘知幾撰，〔清〕浦起龙释：《史通通释》，上海古籍出版社 1978 年版，第 293 页。

极，泪流不止而继以血出。

“抚卷涟洏，泪尽而继之以血也”。典出《周易·屯》“上六”：“乘马班如，泣血涟如。《象》曰：‘泣血涟如，何可长也。’”[1]意思是，驾着马车原地回旋，啜泣无声而血泪长流。《象传》说，这种情景怎能长久下去呢。此卦比喻不能摆脱困境，又孤独无援，因而骑在马上盘旋，忧惧交加，血泪横流。此处之境有两种可能：或者归于灭亡，或者绝处逢生。不管出现哪一种可能，目前的困境都不可能长久地继续下去，所以《象传》说“何可长也”。这话里也有穷极应思变的意味。

此外，还要注意到《屯卦》“六三”提出的一个重要命题：“君子几，不如舍。往，吝。”[2]意为君子知幾而动，知难而退。这和刘知幾名字相契合的同时，又折射出刘氏忧惧彷徨的深层心态。刘知幾此处用典，可谓其心良苦。《史通》书成，知音难觅而为世俗所不容。知幾思之，悲从中来，血泪涟涟。惟祈变“屯”为“通”，千载留名。

幸运的是，唐玄宗读过《史通》后，对之大为赞赏。据《新唐书·刘子玄传》：

> （子玄）殁后，帝诏河南就家写《史通》，读之称善。追赠工部尚书，谥曰“文”。[3]

1 〔清〕阮元：《十三经注疏》，中华书局 2009 年版，第 37 页。

2 同上书，第 35 页。

3 〔北宋〕欧阳修、宋祁：《新唐书》，中华书局 1975 年版，第 4522 页。

唐玄宗观《史通》而“称善”，追赠知幾为工部尚书，赐谥曰“文”。何谓“文”？唐时，“诸职事官三品以上，散官二品以上身亡者”[1]获朝廷所赠的极美之谥。“文”，列《唐会要》卷七十九“谥法上”条第一字。考《唐会要》“谥法上”可知，上官仪、韩愈、令狐楚、李翱等皆谥曰“文”。白居易去世三年后，其弟白敏中在担任中书侍郎、平章事时，才为白居易争取到一个“文”的谥号。刘知幾死后，朝廷追赠其为工部尚书并赐谥曰“文”。梁肃曾引《谥法》称：“‘文’之义有六：经天纬地曰文，道德博厚曰文，愍人惠礼曰文，不耻下问曰文，慈惠爱人曰文，修德来远曰文。”[2]又誉刘知幾曰“文公允文，辟儒门兮”，“儒为天下表”[3]。后晋刘昫所编《旧唐书》在论及刘知幾、徐坚等人时，曾云：

> 刘、徐等五公，学际天人，才兼文史，俾西垣、东观，一代粲然，盖诸公之用心也。然而子玄郁结于当年，行冲彷徨于极笔，官不过俗吏，宠不逮常才，非过使然，盖此道非趋时之具也，其穷也宜哉！
>
> 赞曰：学者如市，博通甚难。文士措翰，典丽惟艰。马、褚、兢、述，徐、元、子玄。文学之书，胡宁比焉！[4]

刘昫认为刘知幾等人“才兼文史”；其作品，“文学之书，胡宁

1 〔北宋〕王溥：《唐会要》，上海古籍出版社 2006 年版，第 1720 页。

2 〔清〕董诰：《全唐文》卷 517《代太常答苏端驳杨绾谥议》，中华书局 1983 年版，第 5254 页。

3 〔清〕董诰：《全唐文》卷 520《给事中刘公墓志铭》，中华书局 1983 年版，第 5291 页。

4 〔五代后晋〕刘昫：《旧唐书》卷 102，中华书局 1975 年版，第 3186 页。

比焉”。

由上可见，刘知幾在文学、文德方面的贡献，已为朝廷上下及五代史家所认可。就某些方面而言，可比肩上官仪、韩愈等。这和《史通》一书在文学、文论方面的贡献，或应有一定关系。

二、欧阳修将《史通》归入“集部”及后世学者的大力推扬

刘知幾卒于玄宗开元九年（721）。考《旧唐书》刘知幾本传可知，在其死后未久，玄宗下令河南府有学识者抄写《史通》以进献。具体何人抄录、何时进献，并没有说明。宋王应麟《玉海》卷四九“唐《史通》”条云：“景龙二年作，开元十年十一月，刘餗录上。”[1] 王应麟认为，开元十年（722）十一月，《史通》由刘知幾次子刘餗抄录后献给朝廷。《旧唐书·刘知幾本传》载，刘知幾死后数年，“玄宗敕河南府就家写《史通》以进”[2]。两个说法基本一致。可以基本断定，《史通》一书，于开元十年后，上呈朝廷。

唐玄宗朝著名目录学家、藏书家毋煚历时三年成《群书四部录》二百卷。开元九年（721）十一月，由右散骑常侍元行冲奏上。其后不久，毋氏认为《群书四部录》收录藏书不甚完备，分类、解题亦有错误。称其兼“事有未周”、“理有未宏”、“体有未通”[3] 等许多缺陷与不足。于是在《群书四部录》修订、补充和简化的基础上，又修成《古今书录》。唐代官修目录《群书四部录》、《古今书录》皆散佚无存。

1 〔南宋〕王应麟：《玉海》，上海古籍出版社 1992 年版，第 2 册，第 337 页。

2 〔五代后晋〕刘昫：《旧唐书》卷 102，中华书局 1975 年版，第 3174 页。

3 同上书，第 1964 页。

后晋刘昫《旧唐书》卷四十六志第二十六上《经籍上》，是根据《古今书录》完成。对于开元九年之后的书籍，刘昫并没有将《史通》收录《经籍志》[1]。他说：

> 臣以后出之书，在开元四部之外，不欲杂其本部，今据所闻，附撰人等传。其诸公文集，亦见本传，此并不录。[2]

《旧唐书·经籍志》没有收录《史通》一书，只是在《刘知幾本传》中提及了这本书，这是《旧唐书》的修撰体例所决定的，并非《旧唐书》的编撰者不重视《史通》。

现知《史通》最早的刻本，出现于五代十国之南唐。明朝书法家、篆刻家、藏书家丰坊《真赏斋赋》（藕香零拾本）云："暨乎刘氏《史通》、《玉台新咏》（原注：上有"建业文房之印"），则南唐之初梓也。"[3]"建业文房之印"是五代时南唐内府收藏印。彼时，《史通》一书，虽有刻本，但仍未被目录著作所收录。

《史通》撰成于唐中宗景龙四年（710）。书成之后迄北宋，人们对《史通》究竟是文集还是史著抑或是史评之作没有统一的认识。五代后晋史家刘昫等撰写《旧唐书·经籍志》"录开元盛时四部诸书，以表艺文之盛"[4]，但却没有收录《史通》一书。北宋王尧臣编撰《崇文书目》，把《史通》置于"杂史"类。北宋欧阳修、

---

1 本书中，《汉书·艺文志》、《隋书·经籍志》、《旧唐书·经籍志》、《新唐书·艺文志》，一律省称为《汉志》、《隋志》、《旧唐志》、《新唐志》，后文不再另加说明。

2 〔五代后晋〕刘昫：《旧唐书》卷 102，中华书局 1975 年版，第 1966 页。

3 〔清〕缪荃孙：《藕香零拾》，中华书局 1999 年版，第 624 页。

4 〔五代后晋〕刘昫：《旧唐书》，中华书局 1975 年版，第 1963 页。

宋祁等人，因对《旧唐书》有所不满，重新修撰唐史时，于《新唐书·艺文志》“乙部史录”中没有收录《史通》，把《史通》与李翰《翰林论》、刘勰《文心雕龙》、颜竣《诗例录》、钟嵘《诗品》等文论著作附列于“丁部集录”的“总集类”。

直到宋代，《史通》方被官修目录《新唐书·艺文志》所采录。《新唐书》卷六十《志》第五十《艺文四》在“丁部集录”第三大类“总集”类的结尾部分，新设一小类“文史类”，将《史通》等书收录。其曰：

> 凡文史类四家，四部，十八卷。（刘子玄以下不著录二十二家，二十三部，一百七十九卷）[1]

《新唐书》将“文史类”归于集部“总集类”，然而其对“总集类”及“文史类”的收录标准及其用意，并无相关说明。对其收录标准，可从如下两个方面做出推断。

首先，参考《隋志》、《旧唐志》的“总集类”收录标准。《隋志》以经、史、子、集四部，分门别类著录中国古代图书。确定了四分法在古代目录，特别是官修目录中的绝对地位。其对“总集”的定义，影响了两《唐书》的目录分类。《新唐书》集部“总集”一类，继承的是《隋志》、《旧唐志》等的分类方法。先看下《隋书·经籍志》对“总集”类的定义或说明：

---

1 〔北宋〕欧阳修、宋祁：《新唐书》，中华书局 1975 年版，第 1625 页。

总集者，以建安之后，辞赋转繁，众家之集，日以滋广，晋代挚虞苦览者之劳倦，于是采摘孔翠，芟剪繁芜，自诗赋下，各为条贯，合而编之，谓为《流别》。是后文集总钞，作者继轨，属辞之士，以为覃奥，而取则焉。今次其前后，并解释评论，总于此篇。[1]

《隋志》认为，“总集”主要是指建安之后多人文学作品的合集及编者所作的相关评论内容。再看《旧唐书·经籍志》“序”中的观点：

丁部为集，其类有三：一曰楚词，以纪骚人怨刺。二曰别集，以纪词赋杂论。三曰总集，以纪文章事类。[2]

《旧唐书·经籍志》“序”视“总集”为“楚词”、“词赋杂论”外的文章合集。似乎和《隋志》的说法有异。但从《旧唐书·经籍志》具体收录的作品来看，其“总集”仍然是诗赋类文学作品及其相关评点内容的合集。

其次，除了借鉴《隋志》、《旧唐志》的观点外，我们还可以从《新唐志》“总集”下“文史类”收录的作品，来窥探欧阳修的本意。其“文史类”收录的作品如下：

李充《翰林论》三卷

1 〔唐〕魏征：《隋书》，中华书局1973年版，第1089页。
2 〔五代后晋〕刘昫：《旧唐书》，中华书局1975年版，第1964页。

刘勰《文心雕龙》十卷

颜竣《诗例录》二卷

钟嵘《诗品》三卷

刘子玄《史通》二十卷

《柳氏释史》十卷（柳璨。一作《史通析微》）

刘餗《史例》三卷

《沂公史例》十卷（田弘正客撰）

裴杰《史汉异义》三卷（河南人，开元十七年上，授临濮尉）

李嗣真《诗品》一卷

元兢《宋约诗格》一卷

王昌龄《诗格》二卷

昼公《诗式》五卷

《诗评》三卷（僧皎然）

王起《大中新行诗格》一卷

姚合《诗例》一卷

贾岛《诗格》一卷

炙毂子《诗格》一卷

元兢《古今诗人秀句》二卷

李洞集《贾岛句图》一卷

张仲素《赋枢》三卷

范传正《赋诀》一卷

浩虚舟《赋门》一卷

倪宥《文章龟鉴》一卷

刘蘧《应求类》二卷

孙郃《文格》二卷[1]

这26部书，主要都是文论之作。其中史论之作仅《史通》等5部。其中，《史通析微》是对《史通》的评价。而《史例》是刘餗创作。这两部书和刘知幾及其《史通》有关。

由上，欧阳修设立“文史类”，并收录《史通》于其中。在主观上，应是对《史通》文论价值的某种认可。同时在客观效果上，又启发了后来学者对《史通》文论价值的关注与发掘。

刘知幾在文论方面的贡献，早在宋代已经引起了有关学者的注意。最早明确提出要向《史通》学习作文之法的著名文学家，当为黄庭坚。他在《论作诗文》中说：“作文字须摩古人，百工之技，亦无有不法而成者也。”[2]在谈到具体的学习对象时，其《与王立之四帖·其二》曰：

刘勰《文心雕龙》，刘子玄《史通》，此两书曾读否？所论虽未极高，然讥弹古人，大中文病，不可不知也。[3]

黄庭坚特意向王立之推荐了刘勰的《文心雕龙》与刘子玄的《史通》这两部书。因为黄庭坚认为，这两部书所评述的虽然不是极为高深，但非常准确地评论了古人文章的各种缺点，所以不能不

1 〔北宋〕欧阳修、宋祁:《新唐书》，中华书局1975年版，第1626页。

2 〔北宋〕黄庭坚著，郑永晓整理:《黄庭坚全集辑校编年》，江西人民出版社2011年版，第1627页。

3 同上书，第597页。

知道。

宋代以后，刘知幾在文论方面的价值，一直都有人关注。其中，明代中期以后的研究成果更为突出。其间，虽有偏失，又不乏贡献，总体上来说，推动了《史通》文论研究的进一步发展。

明代，一些学者带有自己的倾向性，篡改黄庭坚的原话。使得原本皆“讥弹古人，大中文病”的《文心雕龙》、《史通》分道扬镳。杨慎（1488–1559）可谓始作俑者。他说：

> 黄山谷尝云：“论文则《文心雕龙》，评史则《史通》，二书不可不观。实有益于后学焉。”[1]

杨慎将《史通》局限于评史范畴之中，此语一出，也影响到了其他一些学者。明王惟俭《史通训故·自序》说明其书撰写缘起时，即云：

> 余既注《文心雕龙》毕，因念黄太史有云：“论文则《文心雕龙》，评史则《史通》，二书不可不观，实有益于后学。”复欲取《史通》注之。[2]

王氏照录杨慎改造后的所谓黄庭坚之语。刘知幾关于史学的贡献当然不容降低，但是对文学、文论的贡献，既不应该，也不可能完全

1 〔明〕杨慎：《丹铅总录》卷 26，上海古籍出版社 1992 年版，第 655 页。

2 〔明〕王惟俭：《史通训故》，上海古籍出版社 2006 年版，第 247 页。

被忽视。

明清两代，亦有学者，对刘知幾《史通》文论价值进行发掘。数量不多，难能可贵。

明代，有蒋之翘（1596–1659）《七十二家评楚辞》一书，辑有唐人评论楚辞者九人，为李白、韩愈、李贺、柳宗元、杜牧、颜师古、刘知幾、贾岛、皮日休等。唐代对楚辞作出评论者，数量超过以往诸朝。刘知幾就是其中非常值得注意的一家。

明代朱荃宰的《文通》，也需要提到。从文体研究的角度出发，对前人的文体研究成果进行了汇总。此书将文体研究和文学批评联系在一起，是一部比较周密的文体学著作。罗万爵为之作序，其云："朱子之为《文通》，其义况诸彦和之论文，而名取诸子玄之读史。"[1]

明末清初文学家毛先舒（1620–1688年），西泠十子之一。有《诗辨坻》一书，其卷三云："古人善论文章者，曹丕、陆机、钟嵘、刘勰、刘知幾、殷璠、释皎然、严羽、李涂、高棅、徐祯卿、皇甫汸、谢榛、王世贞、胡应麟，此诸家最著，中间刘勰、徐、王，持论尤精榷可遵，余子不无得失。亦有自摅独欣，不可推放众制者，如子桓'诗赋欲丽'，士衡'绮靡'、'浏亮'语是也。"[2]在毛先舒看来，魏晋至晚明可以称得上为"古人善论文章者"的诗赋评论家仅仅有15位，而刘知幾位居其中，堪与曹丕、陆机、钟嵘、刘勰等相提并论。

1　转引自汪春泓《文心雕龙的传播与影响》中的《对刘知幾〈史通〉与〈文心雕龙〉相关性之考辨——看〈文心雕龙〉在史学领域的影响》一文。学苑出版社2002年版，第444页。

2　郭绍虞：《清诗话续编》，上海古籍出版社1983年版，第71页。

清时还要提到的是陈衍。陈衍（1856–1937），字叔伊，号石遗老人，是福建侯官（今福州市）人，近代著名文学家。陈衍《石遗室诗话》卷五指出，韩愈“同工异曲”之说即刘知幾《史通·模拟》所谓“貌异心同”者也。其曰：

> 昌黎“同工异曲”之说，即刘子玄《史通》所谓“貌异心同”者也。但“貌异心同”所“同”者，以用意言，“同工异曲”所“同”者，以用事、隶辞言。[1]

陈衍将“俗”作为作诗第一要害。其云：“诗最患浅俗。何谓浅？人人能道语是也。何谓俗？人人所喜语是也。”[2]克服“俗”弊端，需要救之以新意，补之以用事、隶辞。如何有新意呢？刘知幾《史通》中的“貌异而心同”，陈衍认为，是值得一提的。陈氏所言甚是。《史通》的叙事理论被后世文学家化用于诗文创作。随着王水照《历代文话》等大型文献的问世及张寅彭《清诗话全编》等国家社科重大项目的推进，《史通》的这方面的文论价值也有待于得到更深刻的揭示。

从唐至清，《史通》文论价值的有关论述，多是只言片语，类似于评点，而不够深入。其中，胡应麟和纪昀二人的观点，最值得关注，本书第八章有专门论述。这里不再赘述。

---

1 〔清〕陈衍：《石遗室诗话》卷5，中华书局2004年版，第72页。

2 〔清〕陈衍：《石遗室诗话》卷23，中华书局2004年版，第358页。

第三节　五四以来《史通》文论研究述略及本书研究要览

五四以来，伴随着中国现代学科的建立，《史通》文论价值，也进入更多文论研究者的视野。《史通》文论研究的推进，几与所谓现代学术体系的建立与开启同步，日渐勃兴，并取得了引人瞩目的显著成就。相关研究，可以大致分成如下两个方面。

一、从文史分合（主要是合）的角度总体上谈

《史通》文论价值早在上世纪二十年代就引起诸多学者的注意。迄今已历百年之久。阮元《十驾斋养新录序》曰："学术盛衰，当于百年前后论升降焉。"[1] 辨章学术，世纪回眸。可以发现，对《史通》文论的研究最初多着眼于刘知幾对文史分合问题，特别是从合的角度，作出相关论断。研究成果，可以分为三个小类。

（一）文学批评史方面的研究

20 世纪 20 年代以后，关于刘知幾《史通》文论研究的相关成果，最初是发表于期刊上的单篇论文。1924 年《晨光》第 2 卷发表王家吉《刘知幾文学的我见》一文。1928 年《燕大月刊》第 2 卷发表李振东《刘知幾的文论》一文。1933 年《师大月刊》第 2 期发表宫廷璋《刘知幾〈史通〉之文学概论》等。同时或稍后的研究成果，有文学批评史著作以专章或者专节的形式，对刘知幾《史通》文论予以介绍。1927 年，上海中华书局出版陈钟凡《中国文学批评史》。其书"盛唐文评"其三"刘知幾史评"重点介绍了

1 〔清〕钱大昕：《十驾斋养新录》，上海书店出版社 2011 年版，第 1 页。

其文学观。1934 年，商务印书馆出版郭绍虞《中国文学批评史》。其书第五篇“隋唐五代——文学观念复古期”的“刘知幾之《史通》”，对刘知幾和《史通》的文学观念亦有阐述。1943 年商务印书馆出版罗根泽《隋唐文学批评史》。其书第五章“史学家的文论及史传文的批评”之“刘知幾的意见”，从文史分合的角度关照刘知幾。1944 年开明书店出版朱东润《中国文学批评史大纲》。其书第十八“刘知幾”等都专节介绍了刘知幾《史通》的文学观。建国前的研究，取得了比较大的成就。为后世研究开先河。

新中国成立后，《史通》的文学研究价值再次回到文学批评史研究者的视野。1961 年 4 月 18 日《文汇报》发表白寿彝《刘知幾论文风》一文。1964 年，中华书局上海编辑所出版刘大杰主编《中国文学批评史》。其书“隋和唐代前期的文学批评”之“刘知幾”一节，持论较为公允，关注到了刘知幾文学观对古文家的影响。相对来说，建国后直到二十世纪六七十年代的三十年左右的时间，《史通》文论研究经历了一段较为漫长的沉寂阶段。

2002 年，由王运熙、顾易生主编的新版《中国文学批评史》，于上海古籍出版社出版。该书在前辈学者刘大杰等人的观点之上，又作了进一步阐发与完善，指出《史通》一书主要论点有五：一、重有用之文；二、反对华丽辞藻；三、叙事崇尚简要；四、主张采用当代语言；五、善于学习古人。该书后出转精，论述最为系统深入。

（二）断代文学史方面的研究

唐代文学史的研究值得一提。2007 年 12 月，中华书局出版的聂石樵《唐代文学史》一书。其第三章“赋”写道：“（刘知幾）长于史学，著《史通》二十卷，为史学史之重要著作。其中《言语》、《浮词》、《叙事》、《品藻》等篇，对文章之修辞问题作了精细的探讨，可见他非常重视文章写作与表现技巧。今存赋三篇，即《常玄赋》、《慎所好赋》和《思慎赋》。”[1]第四章“骈文”再次提到：“其中之《言语》、《浮词》、《叙事》诸篇，亦即文学批评，表现了对六朝骈俪文风之不满。但他的创作实践与他的文学主张却不同，仍沿用着俪词偶语之骈文。一部《史通》从序文到全书终了，都是用典雅的骈文写成。”[2]该文学史对刘知幾的研究主要关注点在刘知幾的三篇赋等具体文学作品。对《史通》的研究关注点在《史通》的行文风格，对《史通》文论的其他内容则简略几句带过。

（三）相关专题史方面的研究

这方面的成果主要是修辞学史方面的研究。1984 年，新加坡华裔学者郑子瑜《中国修辞学史稿》第五篇《中国修辞学发展的延续期——隋唐时代》专节谈到“刘知幾的《史通》论华约、辞格及其他”[3]。1995 年，袁晖、宗廷虎主编的《汉语修辞学史》第四章《汉语古代修辞学的发展期——隋唐五代时期》第一节“刘知幾《史通》的修辞理论”，认为《史通》为“史学修辞理论的代表作”[4]。2004 年，周振甫《中国修辞学史》“唐初史书中的修辞说”一节从“论词语”、“论辞格”、“论文体”、“论风格”四个方面，重

1　聂石樵：《唐代文学史》，中华书局 1984 年版，第 305 页。笔者按：“《常玄赋》”应为“《韦弦赋》”。

2　聂石樵：《唐代文学史》，中华书局 1984 年版，第 415 页。

3　〔新加坡〕郑子瑜：《中国修辞学史稿》，上海教育出版社 1984 年版，第 100–108 页。

4　袁晖、宗廷虎：《汉语修辞学史》，山西人民出版社 1995 年版，第 89 页。

点介绍了“刘知幾论史文的修辞”。[1]这些研究成果，对《史通》文论研究有一定的启发意义，但是相对来说，并没有特别直接的关系。

总的来看，这些观点基本上都认为《史通》的关注点主要是史学理论。不能把《史通》中的某些理论简单地作为文学理论来论述。1995 年 6 月，北京大学出版社出版张少康《中国文学理论批评发展史》一书。一方面，其说《史通》所提到的“实录精神”、“对小说创作和小说理论的启发”与“文、史的异同”等三点，“对文学理论批评产生了影响”[2]。另一方面，又无奈地发出感慨：“刘知幾的《史通》虽然和后来文学理论发展中的某些方面有密切关系，但它毕竟不是文学理论批评著作，因此对初盛唐文学思想和文学理论批评的发展，并没有多少直接影响。”[3]这似乎意味着，从文、史两科的互动角度，对《史通》文论进行研究，似乎陷入了有无“直接影响”的纠结。然正因如此，《史通》文论研究就有了进一步深入的必要，即从文学分体的角度进行审视与判断。

二、从诗文、小说、史传文学等角度分文体进行论述

20 世纪八九十年代以来，学界《史通》对《史通》文论所涉及的各种文体进行细化研究。成果主要集中在小说、史传文学与诗文等几个方面。

---

1 周振甫：《中国修辞学史》，商务印书馆 2004 年版，第 103–113 页。

2 张少康：《中国文学理论批评发展史》，北京大学出版社 1995 年版，第 304 页。

3 同上书，第 308 页。

（一）小说方面的研究

2000 年第 4 期《湘潭师范学院学报》发表肖芃《〈史通〉的散文观与小说观述评》。2001 年第 2 期《西南师范大学学报》发表韩云波《刘知幾〈史通〉与"小说"观念的系统化——兼论唐传奇文体发生过程中小说与历史的关系》。2007 年第 3 期《江汉论坛》发表王齐洲《刘知幾与胡应麟小说分类思想之比较》一文。王齐洲等人的论文既关注到《史通》中小说观念、小说功能、小说分类方面的相关理论阐述，又对《史通》的散文观有所涉及；是值得充分肯定的。

2012 年，中华书局出版董乃斌先生《中国文学叙事传统研究》一书。观照《史通》文学观在整个文学史上的意义。从叙事学、文体学角度对《史通》文学观展开更为宏观的研究。2013 年，山西教育出版社出版谭帆先生《中国分体文学学史（小说学卷）》一书。对《史通》小说叙事观进行专章论述，多有新见。惜篇幅所限，未暇展开。

（二）史传文学、比较文论方面的研究

传记文学发展史等专题史方面的研究。1982 年第 2 期，《江汉论坛》发表吴文治《刘知幾〈史通〉的史传文学理论》。除单篇论文外，有专著的章节也有所涉及。1999 年，陈兰村《中国传记文学发展史》第四章《唐代史传文学和碑志传记的繁荣》第六节《唐代的传记文学理论与批评》专门谈到"刘知幾的史传文学理论与批评"的问题。主要论及"史传作者的条件"、"史传文学的真实性原则"、"史传文学的叙事方法"等三点。[1] 所论颇有新见。

1　陈兰村：《中国传记文学发展史》，语文出版社 1999 年版，第 215–223 页。

比较文论方面。1987年，中国台湾文史哲出版社出版《唐代文学研讨会论文集》，收录中国香港陈耀南《〈史通〉与〈文心〉之文论比较》。1992年第1期《西南师范大学学报》发表汪杰《论刘知幾、章学诚关于历史文学的理论》。1999年，《台湾师范大学国文系第六届研究生学术论文研讨会论文集》收录中国台湾林淑慧《〈史通〉与〈文史通义〉史传文学批评观探析》等单篇论文。相关成果除关注《史通》自身外，还将《史通》与他书进行比较以探讨其文学观。从而对刘知幾《史通》在文学批评发展史上的贡献，有了更为深入的研究。

（三）散文、诗歌方面的观点

对于散文观方面的研究价值，大陆和台湾学者皆有所关注。1982年，台湾师范大学林时民的硕士毕业论文《刘知幾及其〈史通〉》第四章“刘知幾之文学观”，从“时代之风气”与“史文之形式与目的”两个方面探讨了刘知幾的文学见解，但内容不多，资料有限，所论不深。发表于1990年第1期《文学评论》的李少雍《刘知幾与古文运动》等文，论及《史通》对韩愈等古文家的影响，然研究时限囿于唐代，未能充分展开。诗歌方面的现有研究成果，为数不多，主要有2013年9月《齐鲁学刊》发表的吕海龙《刘知幾的“实录”诗学观》一文。概言之，从诗文方面的研究对《史通》文论进行的研究成果，数量不多，又较零散。

总体而言，现有研究，从时间上看，可以改革开放为界，分成两个大的阶段。两个阶段分别大致对应两种不同类型的研究成果。改革开放前，多是从总体上谈《史通》的文学观。主要是围绕“崇真”、“尚简”及反对“藻饰”等探讨文史二者之关系。改革开放后，则从诗歌、散文、小说、史传文学等文学分体角度来论及《史通》的文学观。当然，这两个阶段所进行的研究及相关成果，不可能随着时间的断限而泾渭分明，而有所交错。

最后要提到的是拙著《刘知幾及其〈史通〉文学观研究》一书。该书考证梳理了刘知幾生平及文学创作的一些重要问题。深入考辨了刘氏的进士及第时间、游学地点及其后所任官职等。系统考论了《京兆试慎所好赋》与《安和诗》的作者等问题。从圆融文史的角度出发，初步阐述《史通》所包含的诗文理论、小说观念与叙事方法等。这是从文学价值方面对《史通》进行研究的第一部著作。具有一定的开拓意义。不足在于，该书对《史通》文学价值的发掘，看似全面却未突出重点。特别是对于刘知幾及其《史通》小说理论方面的相关阐述，浅尝辄止而未能深入。

对现有成果进行全面分析以后，我们认为，《史通》文论研究的下一步工作，应主要聚焦于《史通》的小说观研究，且以之为抓手，展开深入探讨。同时兼及其他文体，并关注文史二者的分合关系等。

三、本书研究的缘起、方法、思路与主体框架

回顾五四以来《史通》文论研究的百年历程，我们隐约可以发现文论研究的背后是对文学观相关认识的转变与发展。正如董乃斌先生等学者所指出，百余年间，研究者所持的文学观大致可分为（亦或可以说先后存在）“泛文学观”、“纯文学观”、“大文学观”三种样态。“泛文学观”将文学和国学混同，经史子集皆在其视野在内。失之于庞大、混沌。“纯文学观”囿于西方文学思想的

影响，似乎只有合乎西方标准的诗歌、散文、小说、戏剧才能称之为“文学”。“大文学观”后出转精，兼容二者之长。于纯文学观的基础上，又将在情感表达、文章表述、修辞技巧等方面有一定审美价值的作品，都视为中国传统文学之作。[1]现有《史通》文论研究的相关成果，从文史分合角度进行研究的，大致可以对应“泛文学观”；从诗文、小说、史传文学分体角度进行论述的，则可以对应“纯文学观”。当然，这里的“对应”只是研究表述的需要，是大致而言，不是一一对应。此外，由于观念先行，所以“对应”的发生既是指同时，但更多的情况是略为滞后。和现有研究成果不同，本书所进行的研究，是在坚持“大文学观”的前提下进行的。

（一）研究缘起

历史撰述在中国起源早，发达也早。钱锺书《管锥编》曾引黑格尔之言曰：“东土惟有中国古代撰史最夥，他邦有传说而无史。”[2]汉字的发明应当就跟古人记录史事的需要有关。许慎《说文解字》云：“黄帝之史仓颉，见鸟兽蹄迒之迹，知分理之可相别异也，初造书契。”[3]故传说中文字的发明者仓颉，身份便是“黄帝之史”。此虽系传说，却也不无缘由。然而，著史既需文字，既需成文，则文与史从一开始便结有不解之缘。

然长期以来，受西方文艺思潮影响，丰富的中国文学被化约为诗歌、散文、小说、戏剧四类。实则古人文学观既泛而杂，如对包括史著在内的诸多文类的研究实即文学研究、文论研究。故《史

1　董乃斌：《文学史学原理研究》，河北人民出版社 2008 年版，第 273–280 页。

2　钱锺书：《管锥编》，三联书店 2001 年版，第 418 页。

3　〔东汉〕许慎撰，〔清〕段玉裁注：《说文解字注》，上海古籍出版社 1988 年版，第 753 页。

通》文论研究，符合中国古典文论实际，并将激活古代文论长期掩蔽的大块空间，形成可持续性的学术生长点。

历代名家，皆有论及刘知幾及其《史通》文论者。然由唐迄清，多为只鳞片羽式的评点。五四以后现代学术体系建立以来，则多为单篇论文或著作中的某一章节。篇幅和关注点所限，未能较为全面、深入、系统地发掘《史通》文论价值。当前学界对《史通》的相关研究成果，特别是研究专著，仍大都集中在其史学价值方面，对《史通》文论价值的研究却不是很充分。尤其是对其叙事文学观方面的研究，亟待深入挖掘与系统整理。

（二）研究方法

1. 文献整理。普查《史通》提及的所有历史人物及文史原典，整理出《史通》所提及的《书名、篇名索引》、《人名索引》等资料汇编。以此为基础，考察《史通》文论之渊源。揭示《史通》在先唐文学史、文学批评史、史著文学等领域的研究价值，整合其富含的文学、文论史料资源。《史通》提及唐前历史人物达 1200 余位，文史原典 300 余种，其中论及大量的文学家及文学作品。这既显示了《史通》论述范围之广，也显示了刘知幾掌握资料之丰。其中的一些书籍在今天或遗佚，或流变。如《汲冢琐语》等书，自唐代以来，史籍书目屡有著录，诸家辑本却歧异颇多，刘知幾《史通》中的相关论述就成了重要的研究对象和依据。本书首次对相关资料穷搜博采，爬梳洗剔。力图作定量分析，以察刘氏文论之渊薮。期冀重绘先唐文学图谱，构建《史通》文论研究新体系。

2.“大文学”观研究视野下的《史通》文本分析。在融通古今的“大文学”观研究视野下，对《史通》进行精细的文本分析。将文献考证与艺术分析相结合，文献与理论并重。于文学史、文论史、文学批评史、史学著述史的历时系统中精读文本。适度借鉴西方叙事学研究方法，以期有所创新。同时，立足《史通》持论与刘知幾实际创作的契合与矛盾处，论证《史通》过滤掉的、隐而未明的及有待完善的诸方面文论内容。此外，亦关注《史通》文论对当下文史互动研究的现实意义。

3. 将《史通》放在文学批评史坐标系中，从历时与共时两个维度，对其文论价值展开研究。文学批评史坐标的两条主线，横轴为《史通》自身的文献、文论成就，纵轴为《史通》在史著文学系统及批评史、文学史之价值。纵横之间，文学图景、文艺思潮、文史互动之关联，则较然可见。质言之，关注《史通》文论自身，并从“承”、“变”两方面考察其对前代之继承与对后世之影响。既以《史通》为文论文本，又以之为文献史料，含涉史著文学、文学史、文学批评诸方面。希冀能以《史通》为样本解读文、史关系，探索发掘传统史论作品的文献价值及文学资源。

（三）研究思路

近年来，无论中西，从理论上思考文、史关系日益深入，但切实具体的研究尚未见。本书坚持“古代史论之作同时也是文论文本，也是文学史料”的基本观念，在文学史、文学批评史坐标系中考察史论著作。运用文学学的整体思维，不局限于仅从写作、叙述、语言等方面考虑问题，而要全面发掘刘知幾及其《史通》的文论资源，从文献、文学、文论、文学史、文史互动诸方面展开系统研究。

首先，发掘《史通》所涉及的作家、作品的文献学价值。清理

《史通》文学资源，以之为文学史料，进行深入研究。并在后续的研究中，拓展到其他史论之著。同时也要在后续扩展性（系列的史论著作）研究没有全面展开的情况下，避免出现以偏概全的问题。

其次，以《史通》为样本，打通史学与文学界限，以文学叙事研究关合二者。通过对刘知幾及其《史通》文论的个案研究，考察文史二者性征的表露、互动及其得失，使文、史之辩由空而实，切实而有针对性。

最后，深挖《史通》文论资源，广涉相关文、史资料，提炼其文学思想、文学批评的理论价值。坚持本土文学观，突破现代纯文学文论局限，贴近古代文学实际，扩大文论研究视域。在大文学史观、文学学的整体视野下，将史学理论与文学理论相贯通。

（四）主体框架

本书研究的主体框架，按照前后顺序，大致将《史通》文论细化为“著述不朽观”、“文史分合观”、“文学虚构观”、“小说观”、“笔记文学观”五大板块。“著述不朽观”主要谈论“散文观”或者说是“文章学”的内容。“文史分合观”从“散文观”过渡到探讨“诗赋观”的内容，又以后者为侧重点。“文学虚构观”以刘知幾关于经史子集的相关论述为主要研究对象，又为其后的“小说观”作铺垫与导引。本书主体研究的最后是“笔记文学观”，这部分内容既承续“小说观”之余脉，又与文史二者有分有合的观念相呼应。

本书的主体研究，既参照“纯文学观”之“散文”、“诗赋”、“小说”、“戏剧”等的文体分类及权重布局。又暗合“泛文学观”之文史二者由合而分又分中有合的基本法则。力图呈现出博采众家之长，又自成一体的研究格局。然而，《史通》就总体而言仍然是史论之作。其对文论的阐述，相对史论而言，确实有些支离零散。更由于笔者才疏学浅，精力有限，故在研究中常有捉襟见肘、顾此失彼之感。不过也有值得欣慰的地方，虽历数年篝灯呵冻之辛，但也饱尝灵光闪现、豁然开朗之片刻欣愉。沙海淘金，本也是作为研究者求该有的信念与追求。

当下的社科研究，愈来愈重视中国学术的本土化。《光明日报》刊发《科研政策导向：社科研究应重视本土化》一文指出“本土化研究应加强中国特色以作出世界性贡献”，“在引进和运用西方学术时，必须充分考虑我国国情与历史文化传统”[1]。中国古代文论研究中，诗歌、散文、小说、戏剧四大文体，相较而言，尤以小说观念的中西差异、古今差异更为巨大。小说等叙事文论方面的研究工作，更应重视乃至实现“本土化”。回归古代文学现场，原原本本，看下刘知幾《史通》等所谓传统史论作品，探讨其涉及的文论价值到底为何，或应成为一条必经之路。

坚持本土立场，将是21世纪中国古典文论研究的主要趋向。本书预流顺势、诚惶诚恐，谨为抛砖之论以求教于大方之家。

---

1 吕景胜、郭晓来:《科研政策导向：社科研究应重视本土化》，见2014年12月22日《光明日报》第七版。

第一章 “文章世所希”的“刘舍人”考论

唐初著名诗人徐彦伯有《赠刘舍人古意》诗一首，其云：“女床阌灵鸟，文章世所希。巢君碧梧树，舞君青琐闱。或言凤池乐，抚翼更西飞。凤池环禁林，仙阁霭沉沉。璇题激流日，珠缀绵清阴。郁穆丝言重，荧煌台座深。风张丹戺翮，月弄紫庭音。众彩结不散，孤英跂莫寻。浩歌在西省，经传恣潜心。”[1] 全诗盛赞一位“文章世所希”的“刘舍人”。

《赠刘舍人古意》一诗，唐时即入选《初学记》。该书为唐玄宗“敕撰”，用作皇子诗文写作的材料来源及摹仿对象。北宋李昉《文苑英华》卷二四九、南宋计有功《唐诗纪事》卷九、明代高棅《唐诗拾遗》卷一、清代彭定求《全唐诗》卷七十六等皆有收录。纵观整个中国文学史，被誉为“文章世所稀”[2] 者，仅“晏殊”等数人而已。然诗中“刘舍人”具体为何人的问题，尚未有令人信服的答案。对之详加考论后，我们认为“文章世所希”的“刘舍人”即刘知幾。

---

1 〔清〕彭定求：《全唐诗》卷 76“徐彦伯”条，中华书局 1960 年版，第 821 页。

2 〔北宋〕王珪：《赠司空侍中晏元献公挽词二首》，见王珪《华阳集》卷二，新文丰出版公司 2017 年版，第 15 页。

第一节 “文士之极任”的“中书舍人”

唐初，“中书舍人”的权力及影响力都非常大。唐代宗朝之前，宰相甚至要主动找中书舍人咨询政事。当时，“政事堂有后门，盖宰相时到中书舍人院，咨访政事，以自广也”。常衮任宰相后，方“塞绝其门，以示尊大，不相往来”[1]。据杜佑《通典》卷二十一“职官三·中书省”下“舍人”条：

> 自永淳已来，天下文章道盛，台阁髦彦，无不以文章达。故中书舍人为文士之极任，朝廷之盛选，诸官莫比焉。[2]

高宗永淳年间以后，文学氛围日炽。朝廷英才，皆因擅于文章而受重用。在这种情况下，执掌起草皇帝诏书大权的“中书舍人”，就成了“文士之极任，朝廷之盛选，诸官莫比焉”。

徐彦伯《赠刘舍人古意》诗所赠之“舍人”，即是指“中书舍人”。这里有两个内证、一个外证。

内证之一，“舍人”任职官署为“中书省”。徐彦伯其诗，有数句在描述刘舍人工作地点。如“或言凤池乐，抚翼更西飞”、“凤池环禁林，仙阁雾沉沉”、“浩歌在西省，经传恣潜心”等。“凤池”、“仙阁”、“西省”，指代的皆为中书省。考两《唐书·武则天本纪》可知，则天一朝，中书省又称“凤阁”，中书舍人为“凤阁舍人”。杜佑《通典》卷二十一“职官三·中书省”下“舍人”条云：“大

---

1 〔五代后晋〕刘昫：《旧唐书》卷 119《常衮传》，中华书局 1975 年版，第 3446 页。

2 〔唐〕杜佑：《通典》，中华书局 1988 年版，第 564 页。

唐初，为内史舍人，至武德三年，改为中书舍人，置六员。龙朔以后，随省改号，而舍人之名不易。”[1]“西省”是中书省的别称。《南史·王韶之传》：“晋帝自孝武以来，常居内殿。武官主书于中通呈，以省官一人管诏诰，住西省。”[2]与“西省”之名相类，龙朔年间，“中书省”又被称为“西台”。初唐以前“中书省”名称改换的具体情况，《旧唐书》志第二十三“职官二”的记载较为详细，刘昫于“中书省”三字下注曰：

> 秦始置中书谒者，汉元帝去“谒者”二字。历代但云中书。后周谓之内史省，隋因为内史省，置内史监、令各一员。炀帝改为内书省。武德复为内史省，三年改为中书省。龙朔改为西台，光宅改为凤阁，神龙复为中书省。开元元年改为紫微省，五年复旧。[3]

要言之，从徐彦伯诗中所提到的舍人任职官署来看，可大致得出结论，徐诗中的“舍人”应为“中书舍人”。

内证之二是诗中提到的“舍人”工作职责。李林甫《唐六典》、杜佑《通典》、《旧唐书·职官志》、《新唐书·百官志》等，对唐代官制的记载较为可靠且详细。唐初含“舍人”之名的官职大致有两套系统，分别为朝廷中书省的官员和太子属官。前者有“中书舍人”、“起居舍人”、“通事舍人”。后者有“中舍人”、“太子舍人”、“右春坊通事舍人”。诸书说法大致相同。其中，《新唐书·百官志》

1 〔唐〕杜佑：《通典》，中华书局 1988 年版，第 564 页。
2 〔唐〕李延寿：《南史》，中华书局 1975 年版，第 662 页。
3 〔五代后晋〕刘昫：《旧唐书》，中华书局 1975 年版，第 1848 页。

后出转精，最为详备，故我们以之为据。

《新唐书》卷四十七志第三十七“百官二”，清楚记载了唐时中书舍人的员额、品级与职责。中书舍人，六人，正五品上，中书省骨干官员，“掌侍进奏，参议表章。凡诏旨制敕、玺书册命，皆起草进画；既下，则署行”[1]。中书舍人参与诏令的草撰与政务的决断等。起居舍人与通事舍人，亦在中书省。考《新唐书·百官志二》可知，起居舍人，两人，从六品上，“掌修记言之史，录制诰德音，如记事之制，季终以授国史”[2]。通事舍人，十六人，从六品上，从事的是一些礼仪方面的事务。“掌朝见引纳，殿廷通奏，凡近臣入侍，文武就列，则导其进退，而赞其拜起、出入之节”[3]。蛮夷纳贡，也由通事舍人接受呈进。军士出征，则受命劳遣，并每月慰问将士家属。如果军队凯旋归来，则负责到郊外迎接。

除上述中书省诸官外，东宫太子属官中，也有三种官职带有“舍人”二字者。对之，《新唐书·百官志四》记载的较为详细。有中舍人，二人，正五品下。“（右庶子）掌侍从、献纳、启奏，中舍人为之贰”。太子舍人，四人，正六品上。“掌行令书、表启。诸臣上皇太子，大事以牋，小事以启”。右春坊通事舍人，八人，正七品下。“掌导宫臣辞见、承令劳问之事”[4]。

徐彦伯《赠刘舍人古意》云：“璇题激流日，珠缀绵清阴。郁穆丝言重，荧煌台座深。”“丝言”本指帝王之言。缘起于《礼

---

1 〔北宋〕欧阳修、宋祁：《新唐书》，中华书局 1975 年版，第 1211 页。

2 同上书，第 1212 页。

3 同上。

4 同上书，第 1296 页。

记·缁衣》："王言如丝，其出如纶"。郑玄注："言，言出弥大也。"孔颖达疏："王言初出，微细如丝，及其出行于外，言更渐大，如似纶也。"[1]南朝梁刘勰《文心雕龙·诏策》："皇王施令，寅严宗诰。我有丝言，兆民尹好。"[2]又，唐白居易《祭李侍郎文》："西阁丝言，内庭密命，公实出入，迭操二柄。"[3]就是说的中书侍郎领导中书舍人，负责诏书的草拟事宜。《赠刘舍人古意》诗中的"郁穆丝言重"之"丝言"，代称诏书。指的是中书舍人的主要工作之一是草拟诏书。

再来看下外证。徐坚所编《初学记》卷十一，将徐彦伯《赠刘舍人古意》一诗收录于"中书舍人"条。这是徐诗中"舍人"为"中书舍人"的有力外证。刘肃《大唐新语》卷九"著述第十九"，最早载及徐坚编撰《初学记》之事：

> 玄宗谓张说曰："儿子等欲学缀文，须检事及看文体。《御览》之辈，部帙既大，寻讨稍难。卿与诸学士撰集要事并要文，以类相从，务取省便，令儿子等易见成就也。"说与徐坚、韦述等，编此进上，诏以《初学记》为名。赐修撰学士束帛有差，其书行于代。[4]

徐坚等奉敕撰写《初学记》一事，见《大唐新语》"著述"门，而

---

1 〔清〕阮元：《十三经注疏·礼记正义》，中华书局 2009 年版，第 3577 页。

2 〔南朝梁〕刘勰撰，范文澜注：《文心雕龙注》，人民文学出版社 1958 年版，第 361 页。

3 〔清〕董诰：《全唐文》卷 681，中华书局 1983 年版，第 6963 页。

4 〔唐〕刘肃：《大唐新语》，中华书局 1984 年版，第 137 页。

非“谐谑”门，其内容是真实可信的。

唐刘肃在《大唐新语》的序言中，直接称自己的著作秉承《尚书》、《春秋》传统，选择“起自国初，迄于大历”，“事关政教，言涉文辞，道可师模”者，加以收录，其志在“存古”。所载内容多是可靠的。宋元之时，《大唐新语》被视为“史部”之作。如《新唐书·艺文志》著录于“杂史”类。《宋史·艺文志》列入“别史类”（书名作《唐新语》）。《四库全书总目》等将刘肃《大唐新语》列入“小说家”，这并不是说刘氏一书全无可信之处。而是因其“谐谑一门”，“繁芜猥琐，未免自秽其书，有乖史家之体例，今退置小说家类，庶协其实”[1]。正如四库馆臣所言，《大唐新语》的“谐谑一门”，内容琐碎、庸俗，有悖史家雅正之体例。然而，记载徐坚编撰《初学记》之相关内容者，在“著述”第十九。故其内容是可信的。

唐玄宗为方便他的儿子学诗作文，故命集贤院学士徐坚等编辑《初学记》一书。这是真实存在的历史事件。此事又见《唐会要》卷三十六“修撰”：

> （开元）十五年五月一日，集贤学士徐坚等纂经史文章之要，以类相从。上制名曰《初学记》。至是上之。（自注：欲令皇太子及诸王检事缀文）[2]

由上，我们认为，《初学记》中“中书舍人”条的记载，也是可信

1 〔清〕永瑢：《四库全书总目》，中华书局 1965 年版，第 1183 页。

2 〔北宋〕王溥：《唐会要》，上海古籍出版社 2006 年版，第 768 页。

的。因之，可以推出结论，徐彦伯《赠刘舍人古意》诗中的“舍人”是指“中书舍人”。

徐彦伯生平，主要见于两《唐书》本传，然本传中并未提及刘姓中书舍人。徐彦伯卒于开元二年（714 年）。考现有文献可知，知徐氏去世前，唐代所有担任过中书舍人的刘姓官员，概凡七位。以其任中书舍人的时间先后为序，列表如下[1]：

姓　名	任职时间	卒年时间	《旧唐书》卷次	《新唐书》卷次
刘林甫	武德初	贞观三年	卷 81	卷 58
刘祥道	永徽初	乾封元年	卷 81	卷 106
刘祎之	仪凤中	垂拱三年	卷 87	卷 117
刘允济	长安中	中兴初	卷 190（中）	卷 202
刘　宪	万岁通天二年后	景云二年	卷 190（中）	卷 202
刘子玄	长安四年	开元九年	卷 102	卷 132
刘幽求	景云年间	开元三年	卷 97	卷 121

考上表可知，上述七位“刘舍人”中的刘允济、刘宪及刘知幾三人，与徐彦伯有交游的可能。徐氏诗中的“刘舍人”是指三人中的哪一位呢？

第二节　“刘舍人”并非刘允济或刘宪

苏渊雷《中国史学家评传》“刘知幾”条认为：“考《三教珠英》及《武后实录》，知幾与徐彦伯均预其事，《全唐诗》徐彦伯

1　主要采自孙国栋《唐代中央文官迁转途径研究》、宋靖《唐宋中书舍人研究》等相关统计资料。并结合两《唐书》进行了详细考校与必要补充。

《赠刘舍人古意》中有‘众彩结不散，孤英跂莫寻。浩歌在西省，经传恣潜心’之句。刘舍人即知幾，以刘在长安中曾擢拜凤阁舍人也。”[1] 徐彦伯和刘知幾一起参与过《三教珠英》的修撰，且刘知幾担任过凤阁舍人。据此，苏渊雷认为徐氏《赠刘舍人古意》诗中的刘舍人是刘知幾。很明显，其逻辑论证的推理是不周严的。

天授元年，武则天在达到称帝的目的后，渐热衷于文事，君臣唱和日盛。久视元年，令张易之、张昌宗监领，引文学之士同修大型类书《三教珠英》于内殿，时称“珠英学士”。考《新唐书·徐彦伯传》可知，“武后撰《三教珠英》，取文辞士，皆天下选，而彦伯、李峤居首”[2]。又据《旧唐书》卷一〇二《徐坚传》：

> 坚又与给事中徐彦伯、定王府仓曹刘知幾、右补阙张说同修《三教珠英》。时麟台监张昌宗及成均祭酒李峤总领其事，广引文词之士，日夕谈论，赋诗聚会，历年未能下笔。[3]

此时，刘知幾以“仓曹”的身份，参与了《三教珠英》的修撰工作。作为珠英学士的刘知幾与张说、李峤、徐彦伯、徐坚等文词之士“日夕谈论，赋诗聚会”。

关于珠英学士的具体人员问题，北宋初年的史学大家王溥，于《唐会要》卷三十六“修撰”条，较早列出一个共二十六人的预修者名单：

---

1 陈清泉：《中国史学家评传》“刘知幾”条，中州古籍出版社 1985 年版，第 405 页。
2 〔北宋〕欧阳修、宋祁：《新唐书》，中华书局 1975 年版，第 4202 页。
3 〔五代后晋〕刘昫：《旧唐书》，中华书局 1975 年版，第 3175 页。

> 大足元年十一月十二日，麟台监张昌宗撰《三教珠英》一千三百卷成，上之。初。圣历中。以上《御览》及《文思博要》等书。聚事多未周备。遂令张昌宗召李峤、阎朝隐、徐彦伯、薛曜、员半千、魏知古、于季子、王无竞、沈佺期、王适、徐坚、尹元凯、张说、马吉甫、元希声、李处正、高备、刘知幾、房元阳、宋之问、崔湜、常元旦、杨齐哲、富嘉谟、蒋凤等二十六人同撰。于旧书外更加佛、道二教，及亲属、姓名、方城等部。[1]

指出有“二十六人同撰”，并一一列出姓名。徐彦伯和刘知幾，皆在其中。

我们要指出的是，王溥《唐会要》中的所提到的26个参与者的珠英学士名单，是不够完整的。南宋著名目录学家晁公武很早就注意到了这个问题。其《郡斋读书志》卷二十“总集”类“《珠英学士集》五卷”条，曾云：“唐武后朝，尝诏武三思等修《三教珠英》一千三百卷，预修书者凡四十七人。崔融编集其所赋诗，各题爵里，以班官为次，融为之序。”[2]可见，珠英学士群体不是《唐会要》所说的26人，也可能还有其他人。

《新唐书》人物传记中的相关内容，可以为我们补充一些线索。据《新唐书·李适传》：

> 武后修《三教珠英》书，以李峤、张昌宗为使，取文学士缀

---

1 〔北宋〕王溥：《唐会要》，上海古籍出版社2006年版，第767页。

2 〔南宋〕晁公武：《郡斋读书志》，上海古籍出版社2011年版，第1059页。

集，于是适与王无竞、尹元凯、富嘉谟、宋之问、沈佺期、阎朝隐、刘允济在选。[1]

将《新唐书》与《唐会要》，两相对照。很明显就可以看出，《李适传》列举的“珠英学士”中，有李适和刘允济二人，在王溥《唐会要》所列名单中并没有提到。对于《新唐书》与晁公武的说法，南宋著名学者王应麟《玉海》予以认可：“李适：修《三教珠英》，与刘允济在选。《志》‘总集’有《珠英学士集》五卷，崔融集学士李峤、张说等四十七人诗总二百七十六首。”[2]《新唐书·李适传》认为刘允济被选珠英学士，这是符合事实的。这一则材料，对本文考证刘舍人为谁的问题，意义非常重要。

我们还要提到的是，除了参与《三教珠英》的修撰外，徐彦伯、刘允济与刘知幾，三人活动轨迹的交集，还在于中宗时代，都任职修文馆。据《新唐书·李适传》记载：

初，中宗景龙二年，始于修文馆置大学士四员、学士八员，直学士十二员，象四时、八节、十二月。于是李峤、宗楚客、赵彦昭、韦嗣立为大学士，适、刘宪、崔湜、郑愔、卢藏用、李乂、岑羲、刘子玄为学士，薛稷、马怀素、宋之问、武平一、杜审言、沈佺期、阎朝隐为直学士，又召徐坚、韦元旦、徐彦伯、刘允济等满员。其后被选者不一。

1 〔北宋〕欧阳修、宋祁：《新唐书》，中华书局1975年版，第5747页。
2 〔南宋〕王应麟：《玉海》卷五十四“唐《三教珠英》”条，上海古籍出版社1992年版，第451页。

景龙二年，唐中宗听从上官昭容的建议，复置修文馆学士。敕李峤、赵彦昭等四人为修文馆大学士，崔湜、李适、李乂、刘知幾等八人为学士，薛稷、宋之问、杜审言、沈佺期、阎朝隐、徐坚、韦元旦、徐彦伯、刘允济等十二人为直学士。修文馆学士们的主要职责就是陪伴在唐中宗的周围，终年飨会游乐，诗酒唱和。刘知幾为修文馆学士，而徐彦伯、刘允济同为修文馆直学士。这一点，后世多有提及。可见于《唐会要》卷六十四、《唐诗纪事》卷九等。

综上，徐彦伯在修撰《三教珠英》过程中，和刘知幾、刘允济可能都有交游。刘允济也参与过《三教珠英》的修撰，同时做过中书舍人。此外，三人都曾任职修文馆。刘知幾任修文馆学士。徐彦伯和刘允济任修文馆直学士。

至此，我们可以得出一个结论，仅从徐彦伯和刘知幾共修《三教珠英》一事，不能断定《赠刘舍人古意》诗中的“刘舍人”就是刘知幾。因为“刘舍人”也可能是刘允济。对于苏渊雷的观点，我们需要补充新的材料并在此基础上作进一步的论证，才能得出更有说服力的结论来。

一起来看下面三则材料。首先，据刘昫《旧唐书·文苑中·刘允济传》载：

> 中兴初，坐与张易之款狎，左授青州长史，为吏清白，河南道巡察使路敬潜甚称荐之。寻丁母忧，服阕而卒。[1]

1 〔五代后晋〕刘昫：《旧唐书》，中华书局 1975 年版，第 5013 页。

又欧阳修《新唐书·文艺中·刘允济传》亦云：

> 坐二张昵狎，除青州长史，有清白称，巡察使路敬潜言状。以内忧去官。服除，召为修文馆学士，既久斥，喜甚，与家人乐饮数日，卒。[1]

其三，考南宋计有功《唐诗纪事》卷十“刘允济”条可知：

> 河南人，与王勃齐名。武后明堂成，奏赋述功德，除著作郎。迁凤阁舍人，坐二张昵狎，除青州长史。以内忧去官。服除，召为修文馆学士，既久斥，喜甚，与家人乐饮数日，卒。[2]

从上述记载，我们可以推断出三点认识。其一，刘允济和武则天男宠张昌宗、张易之二兄弟交往过密，并因之而被贬谪。这里《旧唐书》的“款狎”与《新唐书》、《唐诗纪事》的“昵狎”，大意相同，指行为过分亲昵，甚至暗含放荡的意思。都是在批评刘允济与二张之交往，实为不当。其二，两《唐书》中对刘允济和二张交往过密而获罪之事的记载，在后世是盖棺论定的。这一点从宋计有功《唐诗纪事》相关内容可以看出。其三，这里还要注意到一个细节，就是刘允济得到任修文馆学士的消息后，过于高兴，饮酒数天，死掉了。刘允济将官位看得太重，以至于高兴过度，乐极生悲，丢掉了

1 〔北宋〕欧阳修、宋祁：《新唐书》，中华书局 1975 年版，第 5749 页。
2 〔北宋〕计有功撰，王仲镛校笺：《唐诗纪事校笺》，中华书局 2007 年版，第 328 页。

性命。这样的记述很明显是对刘允济品行的不满。可见，刘允济的行事与名声，在当时以及后世，皆为人所讥讽。如果《赠刘舍人古意》中的“刘舍人”是指刘允济，徐坚断不会将这首诗选入《初学记》的。

我们还注意到第三位中书舍人刘宪。刘宪（655–711），字元度，宋州宁陵人。《旧唐书》卷一百九十中列传第一百四十《文苑中》有传。弱冠举进士。天授年间，受诏推按来俊臣罪，反为俊臣所构，贬潾水令。后，来俊臣被杀，宪擢为凤阁舍人。神龙年间，刘宪为太仆少卿，兼修国史，加修文馆学士。唐睿宗景云二年卒。有集三十卷。

唐中宗景龙二年（708 年），朝廷复置修文馆。修文馆学士的主要职责就是陪伴在唐中宗的周围，终年飨会游乐，诗酒唱和。《新唐书》列传卷一百二十七《文艺中》记载：“凡天子飨会游豫，唯宰相及学士得从。春幸梨园，并渭水祓除，则赐细柳圈辟疠；夏宴蒲萄园，赐硃樱；秋登慈恩浮图，献菊花酒称寿；冬幸新丰，历白鹿观，上骊山，赐浴汤池，给香粉兰泽，从行给翔麟马，品官黄衣各一。”[1] 一年四季，到处游玩。其中，“帝有所感即赋诗，学士皆属和。当时人所歆慕”。彼时修文馆学士，无裨政事，却受到丰美的物质赏赐和占据“唯宰相及学士得从”的政治待遇。《新唐书》的修撰者批评说“然皆狎猥佻佞，忘君臣礼法，惟以文华取幸”[2]。此时，刘宪任修文馆学士，徐彦伯任修文馆直学士。两人也有产生

1 〔北宋〕欧阳修、宋祁：《新唐书》，中华书局 1975 年版，第 5748 页。

2 同上。

交集的可能。但是，刘宪本官为太仆少卿，为从四品上。品级上早已超过正五品上的中书舍人。徐彦伯再以“刘舍人”来称呼刘宪，明显是不可以的。从这个角度上，徐彦伯《赠刘舍人古意》中的“刘舍人”就将刘宪排除在外。此外，徐彦伯诗中“刘舍人”的事迹，也和刘宪不符。

最大也是唯一的可能，“刘舍人”应是刘知幾。

第三节 “刘舍人”即刘知幾

我们之所以认为徐彦伯诗中的“刘舍人”即刘知幾，除了刘知幾曾经担任过中书舍人，且刘、徐二人在担任珠英学士时，日夕谈论，赋诗聚会外，更主要是基于下面三方面的认识。一为刘知幾的仕宦履历。刘知幾担任中书舍人前后的事例，可与徐诗内容可互相印证。又，刘知幾曾任崇文馆学士。这是《赠刘舍人古意》诗被选入《初学记》的原因之一。二是刘知幾颇受唐玄宗赏识。三是刘知幾和徐坚二人为至交好友。

首先是刘知幾仕宦履历之考查。相关内容分为两部分。一是刘知幾担任中书舍人前后的履历和徐彦伯诗中内容相契合。二是刘知幾等担任过崇文馆学士。先来看第一点，刘知幾《史通·原序》云：“长安二年，余以著作佐郎兼修国史，寻迁左史，于门下撰起居注。会转中书舍人，暂停史任，俄兼领其职。”[1] 刘昫《旧唐书》卷一〇二《刘子玄传》记载得更为详细：

---

1 〔唐〕刘知幾撰，〔清〕浦起龙释：《史通通释》，上海古籍出版社 1978 年版，第 1 页。

知幾长安中累迁左史，兼修国史。擢拜凤阁舍人，修史如故。[1]

长安二年，以秘书省“著作佐郎”兼修国史，寻升迁为门下省“左史”，负责撰写起居注。后擢升为中书省“中书舍人”，其负责的修史任务暂停后又给予恢复。刘知幾在担任中书舍人的同时，也在撰写史著。如宋王溥《唐会要》卷三十六“氏族”曾载：“长安四年，凤阁舍人刘知幾撰《刘氏》三卷。”[2]是为证。

徐彦伯《赠刘舍人》诗，正是对刘知幾这段宦历的概括。诗歌开头四句：“女床�灵鸟，文章世所希。巢君碧梧树，舞君青琐闱。”说的是刘知幾先在地方任职，后因长于文章，世之所稀，而到朝廷做官。“青琐闱”，即是指“皇宫”、“宫廷”。“青琐”，这里是指装饰皇宫门窗的青色连环花纹。《汉书·元后传》：“曲阳侯根骄奢僭上，赤墀青琐。”颜师古注：“孟康曰：‘以青画户边镂中，天子之制也。’……孟说是。”[3]徐彦伯诗中“或言凤池乐，抚翼更西飞”、“浩歌在西省，经传恣潜心”等句，与《史通·原序》所言“于门下撰起居注。会转中书舍人，暂停史任，俄兼领其职”诸事，可一一印证。

又，据《旧唐书》卷一〇二《刘子玄传》：

景云中，……（知幾）兼崇文馆学士。[4]

1 〔五代后晋〕刘昫：《旧唐书》，中华书局1975年版，第3171页。
2 〔北宋〕王溥：《唐会要》，上海古籍出版社2006年版，第775页。
3 〔东汉〕班固：《汉书》卷98，中华书局1962年版，第4026页。
4 〔五代后晋〕刘昫：《旧唐书》，中华书局1975年版，第3171页。

崇文馆是太子的学馆。为皇太子读书学习之处。《旧唐书》卷二十四《职官志三》“崇文馆”条，刘昫以小字自注曰：“贞观中置，太子学馆也。”[1] 又是唐代的贵族学校，学生均为皇族贵戚或高级京官子弟。《新唐书》卷三十四《选举志上》：“东宫有崇文馆，生二十人，以皇缌麻以上亲，皇太后、皇后大功以上亲，宰相及散官一品，功臣身食实封者，京官职事从三品，中书黄门侍郎之子为之。”[2] 崇文学士是执掌崇文馆的官员。《旧唐书》卷四十四《职官志三》“崇文馆”条云：“学士掌东宫经籍图书，以教授诸生。凡课试举送，如弘文馆。校书掌校理四库书籍。”[3] 刘知幾担任崇文馆学士，是在景云年间。时太子为后来的唐玄宗。崇文馆正是太子李隆基的学馆。《初学记》，为唐玄宗亲自下令编撰，意在用来作皇子教科书。如此，曾担任过崇文馆学士的刘知幾，被选录其中，完全是情理之中的事情。刘知幾曾担任过崇文馆学士，《赠刘舍人古意》诗中的“刘舍人”是刘知幾；这是徐坚将《赠刘舍人古意》选入《初学记》的一个原因。逆推之，徐坚将《赠刘舍人古意》选入《初学记》，而刘知幾曾担任过崇文馆学士，我们也可以推出结论，《赠刘舍人古意》诗中的“刘舍人”即是刘知幾。

其次，从刘知幾和唐玄宗的君臣关系入手，来论证《赠刘舍人古意》诗中的“刘舍人”为刘知幾。《初学记》一书，是徐坚奉唐玄宗之命，为诸皇子学习写文章的教材。作为皇子教科书，且其修撰一事的动议者为唐玄宗。故《初学记》对徐彦伯作品的选录，至

---

1 〔五代后晋〕刘昫：《旧唐书》，中华书局 1975 年版，第 1908 页。

2 〔北宋〕欧阳修、宋祁：《新唐书》，中华书局 1975 年版，第 1160 页。

3 〔五代后晋〕刘昫：《旧唐书》，中华书局 1975 年版，第 1908 页。

少有一个前提，即《赠刘舍人古意》诗中所极力推崇的“刘舍人”，必为唐玄宗所承认甚至推扬。反之，如所提到“刘舍人”，为唐玄宗所无视甚至贬低，那么，徐坚等奉旨而作《初学记》时，断然不会将徐彦伯的这首诗作选录其中。如此，考证刘舍人的身份，其途径之一，必然是从刘舍人和唐玄宗的君臣关系谈起。我们结合四个时间点来探讨这个问题。分别为李隆基为太子时、唐玄宗甫一登上皇位时、玄宗为生母迁陵时与刘知幾死后不久。

在很长一段时间里，刘知幾的仕途并不是很顺利。或备受冷落，或职不配才。《史通·忤时》中，刘知幾自言：

> 仆少小从仕，早蹑通班。当皇上初临万邦，未亲庶务，而以守兹介直，不附奸回，遂使官若土牛，弃同刍狗。[1]

即使是因史才优长，得到中宗的赏识，刘知幾面临的实际情况也并不乐观，在《史通》同一篇章中，刘知幾胸怀愤懑，忍不住大声疾呼：

> 求史才则千里降追，语宦途则十年不进。意者得非相期高于班、马，见待下于兵卒乎！[2]

景云年间，唐玄宗登上太子之位，并掌握了一定权力。随之，刘知

1 〔唐〕刘知幾撰，〔清〕浦起龙释：《史通通释》，上海古籍出版社 1978 年版，第 592 页。
2 同上书，第 593 页。

幾的仕途就变成了一路坦途。累迁至太子左庶子。见《旧唐书·刘子玄传》：

> 景云中，累迁太子左庶子，兼崇文馆学士，仍依旧修国史，加银青光禄大夫。[1]

太子左庶子，正四品上，东宫属官。职能是掌侍从赞相，驳正启奏。跟随太子身边，辅佐太子，有什么不正确的可以驳回纠正，将太子的言行好坏上奏天子。

刘知幾担任太子左庶子的时候，绝非尸位素餐，而是有所建树，且被载入史册。事见两《唐书》本传。其中，《新唐书》记载更为简明扼要。《新唐书·刘子玄传》载：

> 皇太子将释奠国学，有司具仪：从臣著衣冠，乘马。子玄议："古大夫以上皆乘车，以马为騑服。魏、晋后以牛驾车。江左尚书郎辄轻乘马，则御史劾治。颜延年罢官，乘马出入闾里，世称放诞。此则乘马宜从亵服之明验。今陵庙巡谒、王公册命、士庶亲迎，则盛服冠履，乘辂车。他事无车，故贵贱通乘马。比法驾所幸，侍臣皆马上朝服。且冠履惟可配车，故博带褒衣、革履高冠，是车中服。韈而镫，跣而鞍，非唯不师于古，亦自取惊流俗。马逸人颠，受嗤行路。"太子从之，因著为定令。[2]

1 〔五代后晋〕刘昫：《旧唐书》卷102，中华书局1975年版，第3171页。
2 〔北宋〕欧阳修、宋祁：《新唐书》卷145，中华书局1975年版，第4522页。

刘知幾通古博今，历数古今典制和当下的实际情况，提出和“有司”不同的意见。要求群臣跟随皇太子“释奠国学”时，不可骑马，“惟可配车”。否则，“非唯不师于古，亦自取惊流俗。马逸人颠，受嗤行路”。其识卓卓，其文可观。对于刘知幾提出的意见，李隆基的态度是“从之，因著为定令”。刘知幾以其渊博的文史知识和超群的政治才识，得到时为太子李隆基的信任。

中宗景龙四年六月，相王李旦第三子李隆基，率众杀入宫城。将韦后、安乐公主及韦、武之亲信党羽，皆诛之。又迫少帝李重茂让位，而拥立李旦为帝。是为“唐隆之变”。李旦登皇位，李隆基因为功劳最大被立为太子。公元712年，太子李隆基即帝位，改元先天。据《旧唐书》卷七《睿宗本纪》：

> （先天元年）冬十月庚子，皇帝亲谒太庙，礼毕，御延喜门，大赦天下。壬寅，祔昭成皇后、肃明皇后神主于仪坤庙。癸卯，皇帝幸新丰之温汤，校猎于渭川。[1]

先天元年冬十月庚子日，唐玄宗祭祀太庙。其后第三天合祭昭成、肃明二皇后的神位于仪坤庙。同月癸卯日，玄宗幸新丰之温泉，又校猎于渭川。对于这一系列重大历史事件，刘知幾有《安和》(按：又名《仪坤庙乐章》）一诗叙述之。全诗内容如下：

> 妙算申帷幄，神谋出庙庭。两阶文物备，七德武功成。校猎

1 〔五代后晋〕刘昫：《旧唐书》卷7，中华书局1975年版，第161页。

长杨苑，屯军细柳营。将军献凯入，歌舞溢重城。[1]

考《旧唐书》卷八《玄宗本纪上》可知，唐隆政变成功后，其父李旦遽前抱而泣曰："宗社祸难，由汝安定，神祇万姓，赖汝之力也。"[2] 又睿宗与群臣议立太子时，群臣佥赞李隆基曰："有圣德，定天下。"睿宗册立太子之诏书又言"基孝而克忠，义而能勇"，"推身鞠弭，众应如归，呼吸之间，凶渠殄灭。安七庙于几坠，拯群臣于将殒。方舜之功过四，比武之德逾七。灵祇望在，昆弟乐推。一人元良，万邦以定"[3]。李隆基在"唐隆之变"中立下不世之功，被推为太子，终登大宝。刘知幾《安和》诗中"妙算干戈止，神谋宇宙清。两阶文物盛，七德武功成"之句，即是对玄宗功业的极力推崇。"校猎长杨苑，屯军细柳营。将军献凯入，歌舞溢重城"，对应的则是"皇帝幸新丰之温汤，校猎于渭川"一事。

唐玄宗李隆基的生母，原为睿宗德妃窦氏。长寿年间，被武则天以厌蛊咒祖的罪名杀害，尸骸无踪。睿宗即位后，被追尊为昭成皇后。玄宗朝，母因子贵，得迁神主祔于太庙。时为开元四年。刘知幾奉玄宗旨意执笔《昭成皇太后哀册文》一文。刘知幾序中交代了写作此文的原因，其云："昭成皇太后梓宫启自靖陵，将迁祔于桥陵。皇帝乃使某官姓名，设祖于行宫，礼也。"[4]

玄宗幼年时，其母便无罪被杀，尸骸难觅。其由姨母抚养，长

1 〔五代后晋〕刘昫：《旧唐书》卷 31，中华书局 1975 年版，第 1141 页。
2 〔五代后晋〕刘昫：《旧唐书》卷 8，中华书局 1975 年版，第 167 页。
3 〔五代后晋〕刘昫：《旧唐书》，中华书局 1975 年版，第 167 页。
4 〔北宋〕李昉：《文苑英华》，中华书局 1966 年版，第 4418 页。

大后对母亲思念至极。于是让刘知幾作《昭成皇太后哀册文》一文。文中抒写了皇帝心中子欲养而亲不在的悲痛与对皇太后的深切怀念及感恩之情。其云：

> 子嗣皇帝讳，瞻蓼莪而罔极，感芣苢而增伤，嗟镜奁之不御，痛珠匣之沈光。缅考前烈，旁稽旧史，顾西陵以永怀，托东观而书美。[1]

其文又云“谥逾光烈，仪比功成。寻周阙之先梦，奉尧门之旧名。抚遗镜而增咽，揽赐衣而疚情”、“见寒山之月若，闻拱树之风吟。玉座空兮寿宫寂，金钉闭兮泉户深。想清徽之不昧，寄彤管以流音。呜呼哀哉”[2]。《昭成皇太后哀册文》，全篇辞藻华美、精于用典、对仗工稳，又充满了感情。可以说，刘知幾圆满完成了唐玄宗交给的任务。

刘知幾凝聚毕生心血而成《史通》一书。书成以后，却并不为社会流俗所认可。除少数几个至交好友外，唐玄宗是当时为数不多的支持者与赞赏者之一。据《旧唐书·刘子玄传》：

> （知幾卒）后数年，玄宗敕河南府就家写《史通》以进，读而善之，追赠汲郡太守；寻又赠工部尚书，谥曰文。[3]

---

1 〔北宋〕李昉：《文苑英华》，中华书局1966年版，第4418页。

2 同上书，第4419页。

3 〔五代后晋〕刘昫：《旧唐书》卷102，中华书局1975年版，第3174页。

刘知幾死后，两次获玄宗追赠，又被朝廷赐谥号为“文”。《逸周书》卷六《谥法解》第五十六云：“经纬天地曰文；道德博厚曰文；学勤好问曰文；慈惠爱民曰文；愍民惠礼曰文；锡民爵位曰文。”[1] 由《谥法解》看，“文”这一谥号，代表着逝者生前具有“经天纬地”、“道德博厚”、“学勤好问”、“慈惠爱民”等优秀品格。其中如“经天纬地”者，非超凡人物不能称其誉。有唐一代，官员能得到这个谥号的并不多见。主要有上官仪、令孤楚、白居易、韦贯之、韩愈、权德舆等寥寥数人。唐玄宗对刘知幾偏爱有加，追赠工部尚书后又赠其谥号为“文”，可谓一时尊宠之极。

考上述相关文献，我们可以得出一个明确的结论，刘知幾和李隆基长达十余年的君臣交往中，唐玄宗对刘知幾一直很欣赏。这亦是刘舍人即刘知幾观点的有力支撑。

第三，《初学记》的编撰者徐坚和刘知幾的个人私交。徐坚，字元固，湖州人。刘知幾和徐坚是至交好友。刘知幾把徐坚当知己，刘知幾《史通·自叙》曰：

> 年以过立，言悟日多，常恨时无同好，可与言者。维东海徐坚，晚与之遇，相得甚欢，虽古者伯牙之识锺期，管仲之知鲍叔，不是过也。[2]

又云：“夫以《史通》方诸《太玄》，今之君山，即徐、朱等数君

---

1 〔战国〕佚名著，黄怀信等汇校：《逸周书汇校集注》，上海古籍出版社 2007 年版，第 637 页。

2 〔唐〕刘知幾撰，〔清〕浦起龙释：《史通通释》，上海古籍出版社 1978 年版，第 289 页。

是也。”[1] 徐坚也确实是刘知幾的知音。当时人都不理解刘知幾及其《史通》。徐坚力排众议，赞同刘知幾的观点。《旧唐书・刘子玄传》记载，“太子右庶子徐坚深重其书，尝云：‘居史职者，宜置此书于座右。’”[2] 这是符合历史事实的。

徐坚担任过最主要的官职之一是集贤院学士。《旧唐书・徐坚传》：“其年（按：开元十三年），玄宗改丽正书院为集贤院，以坚为学士，副张说知院事，累封东海郡公。”[3]《新唐书・百官志二》“集贤殿书院”条云：“学士、直学士、侍读学士、修撰官，掌刊辑经籍。凡图书遗逸、贤才隐滞，则承旨以求之。谋虑可施于时，著述可行于世者，考其学术以闻。”[4] 集贤院学士有两个主要任务，一则负责收存图书资料，二则向朝廷推荐贤才。徐坚在集贤院学士的位置上应该非常称职，于是两年后，唐玄宗让其编撰《初学记》[5]。刘知幾卒于开元九年（721），徐坚编撰《初学记》在开元十五年（727）。时任集贤院学士的徐坚选录徐彦伯《赠刘舍人古意》入《初学记》，其意在纪念和褒扬其去世多年的好友刘知幾。

综上看，刘知幾和《赠刘舍人古意》中“刘舍人”，在仕宦履历上是完全吻合的。又，徐坚奉旨编排《初学记》时，将深得玄宗推崇的刘知幾选入其中，可谓是顺应圣意，理所当然。此外，刘知幾和徐坚又是至交好友。此三点，都从某一个方面或直接或间接地

---

1 〔唐〕刘知幾撰，〔清〕浦起龙释：《史通通释》，上海古籍出版社 1978 年版，第 293 页。

2 〔五代后晋〕刘昫：《旧唐书》卷 102，中华书局 1975 年版，第 3171 页。

3 同上书，第 3176 页。

4 〔北宋〕欧阳修、宋祁：《新唐书》，中华书局 1975 年版，第 1212 页。

5 《唐会要》卷 36“修撰”篇云：“（开元）十五年五月一日，集贤学士徐坚等纂经史文章之要，以类相从。上制名曰《初学记》。”

证明了“刘舍人”是刘知幾这一结论。

第四节　需要补充的两个重要问题

吴汝煜、胡可先《全唐诗人名考》点评徐彦伯《赠刘舍人古意》一诗时曾说：“刘舍人为刘知幾，即刘子玄。《旧唐书》卷一〇二、《新唐书》卷一三二有传。旧《传》：‘知幾长安中累迁左史，兼修国史。擢拜凤阁舍人，修史如故。景龙初，再转太子中允，依旧修国史。’新《传》略同。徐彦伯与刘知幾均曾预修《三教珠英》，故刘舍人宜为知己。”[1]认为徐彦伯和刘知幾一起修过《三教珠英》等，两人应为知己；且刘知幾做过中书舍人，故徐彦伯赠诗中的刘舍人就是指刘知幾。其论尚存疑点有二。一是中书舍人刘知幾的“文章”，能否可以称得上是“世所希”。二是徐彦伯和刘知幾二人一起参与修撰《三教珠英》，就“宜为知己”。这都有进一步推敲的必要。退而言之，既然是知己，为什么刘知幾在自己的所有作品中只有一次提到徐彦伯，而且还很不友好。针对这两点疑问，下面对之进行详细考证并解答。

首先，我们看下中书舍人刘知幾的“文章”能否称得上“世所希”。因为如果没有做到这一点，徐彦伯的《赠刘舍人古意》就成了溢美之作，甚至单纯的阿谀奉承，脱离了基本事实，这样也很难被《初学记》所选录。

谈到唐以前“文章”具体的文体指涉问题，吴光兴《论唐人

1　吴汝煜、胡可先：《全唐诗人名考》“徐彦伯”条，江苏教育出版社1990年版，第52页。

“文章即诗歌”的文学观念》一文所持观点，值得我们参考。其云“按照两汉时代属文成篇、文字著述为本位的‘文章’概念，从事叙事议论的史论类散文体‘古文’与从事吟咏歌颂的韵文体‘诗赋’是‘文章’大家庭的两个主要成员。随着辞赋文明引导的文学史的进程，后汉魏西晋时代的‘文章’概念经历了‘文’、‘论’分化，逐渐倾向排偶化。东晋南朝‘文笔说’的持续流行，更将‘美文’塑造为‘文章’的典范，‘文章即诗歌’的观念在隋唐五代时期相沿成习”，“当然，‘文章’是个先秦文献中就已出现的古老词语，鉴于历代著作文献共时存在的方式，先唐的（甚至“先汉的”）表示其他义项的‘文章’概念也仍在传播，唐人作品中不可能清一色都是‘文章即诗歌’的例子”。[1] 徐彦伯是唐初著名诗人。其《赠刘舍人古意》“文章世所希”中的“文章”，主要指的诗歌作品，同时也可能兼及文表奏、哀册、辞赋甚至史著等文体文类。

刘知幾作品众多。《旧唐书·刘子玄传》云刘知幾“有集三十卷”。《旧唐书·经籍志·集部》著录“《刘子玄集》十卷”。《新唐书·艺文志·集部·别集类》言“《刘子玄集》三十卷”。可见至《新唐书》修撰时，刘知幾所作诗文存世数量还颇为可观，不过可惜的是，今天能见到的刘知幾的作品已经不多了。出于本文论述需要，我们以刘知幾担任中书舍人的长安四年（704）为界。将刘知幾存世的作品，分为两大类。

前期。刘知幾的作品，有诗歌三首，为《次河神庙虞参军船先发余阻风不进寒夜旅泊》、《读〈汉书〉作》、《咏史》。赋三篇，为

1 吴光兴：《论唐人“文章即诗歌”的文学观念》，《文学评论》2014 年第 6 期。

《思慎赋》(并序)、《韦弦赋》、《京兆试慎所好赋》。四篇文章，有《请沙汰邪滥官员》、《刺史非三岁以上不可迁官》、《请今后节赦》、《请赐阶勋应以德举才升》。

后期。刘知幾的作品，有文章六篇。其中有议三:《衣冠乘马议》、《孝经老子注易传议》、《重论孝经老子注议》。书二:《答郑惟忠史才论》、《上萧至忠论史书》。册文一:《昭成皇太后哀册文》。另,《全唐诗》收刘知幾诗一首，但重见两处，卷十四题作《安和》，卷九十四题作《仪坤庙乐章》。

可见其作品存世较少。今天，我们可以看到的作品，影响最大的是《史通》一书，其总论古今史学流变与众多的文学名家名作。结合唐初人们对于“文章”所指文体文类的认识，我们重点来看下刘知幾的赋作、诗作。刘知幾《史通·自叙》说“予幼奉庭训，早游文学”[1]、“余初好文笔，颇获誉于当时”[2]。关于刘知幾早年在文坛的成就及其影响，刘昫《旧唐书·刘子玄传》记载较为详细:

> 刘子玄，本名知幾，楚州刺史胤之族孙也。少与兄知柔俱以词学知名，弱冠举进士，授获嘉主簿。证圣年，有制文武九品已上各言时政得失，知幾上表陈四事，词甚切直。是时官爵僭滥而法网严密，士类竞为趋进而多陷刑戮，知幾乃著《思慎赋》以刺时，且以见意。凤阁侍郎苏味道、李峤见而叹曰:“陆机《豪士》所不及也。”[3]

1 〔唐〕刘知幾撰,〔清〕浦起龙释:《史通通释》，上海古籍出版社 1978 年版，第 288 页。
2 同上书，第 293 页。
3 〔五代后晋〕刘昫:《旧唐书》卷 102，中华书局 1975 年版，第 3171 页。

刘知幾少年时，即以词学而知名。进士及第后，授获嘉主簿。曾四次上表，言辞率直恳切。目睹官场的现实，作《思慎赋》。凤阁侍郎苏味道、李峤对该赋激赏不已，认为超过了陆机《豪士赋》。

刘知幾的诗歌作品在唐代也有一定影响。以其《安和》一诗为例来看。卢纶《皇帝圣感词四首》“其三”和刘诗颇为相似，为后出仿作。卢诗全文如下：

> 妙算干戈止，神谋宇宙清。两阶文物盛，七德武功成。校猎长杨赋，屯军细柳营。归来献明主，歌舞满春城。[1]

该诗最早被收录于《御览诗》。《御览诗》乃唐宪宗时令狐楚奉敕纂进，其结衔题为“翰林学士、朝议郎、守中书舍人”，又以“赐紫”[2]系衔。陆游《渭南文集》有是诗跋，其曰：“卢纶《墓碑》云：‘元和中，章武皇帝命侍丞采诗第名家，得三百十一篇，公之章句奏御者居十之一。’今《御览》所载纶诗正三十二篇，所谓居十之一者也。据此，则《御览诗》为唐旧本不疑。”[3]

刘知幾的诗赋作品，为其赢得“文章世所希”的美誉。这不是徐彦伯一人的观点。刘知幾的“文章”之才，在当时是公认的。《全唐文》载唐杨炯《庭菊赋》，其曰：

---

1 〔唐〕元结、殷璠：《唐人选唐诗（十种）》之“《御览诗》”，上海古籍出版社 1978 年版，第 214 页。

2 同上书，第 201 页。

3 〔唐〕元结、殷璠：《唐人选唐诗（十种）》“《御览诗》跋”，上海古籍出版社 1978 年版，第 255 页。

是日也。薛凯以亲贤为洗马，田岩以幽贞为学士。高元思、张师德以至孝托后车，颜强学、沈尊行以博闻兼侍读。周琮、李宪、王祖英、曹叔文以儒术进，崔融、徐彦伯、刘知幾、石抱忠以文章显。德行则许子丰，耆旧则权无二，骆缤则诂训之前识，张相则老庄之后兴。并承高命，咸穷体物。[1]

唐高宗永淳元年（682）九月九日，时为崇文馆学士的杨炯，奉中书令薛元超之命，创作《庭菊赋》一文，点评在朝为官的当世贤才。分为“亲贤”、“幽贞”、“至孝”、“博闻”、“儒术”、“文章”等科。“文章”一类，仅有四人被提到，而刘知幾就名列其中。如果《全唐文》所录《庭菊赋》内容可靠的话，就足以说明刘知幾的文章才能，在其任中书舍人前的永淳元年，就已经为当时朝廷所认可。

其次，我们看第二个问题，徐彦伯和刘知幾是否为“知己”。徐氏有赠诗，而刘知幾却无唱和之作，且于其《史通》一书中对徐氏似颇有微词。其《史通·忤时》云：“以仆曹务多闲，勒令专知下笔。夫以惟寂惟寞，乃使记事记言。苟如其例，则柳常侍、刘秘监、徐礼部（按：指徐彦伯）等，并门可张罗，府无堆案，何事置之度外，而使各无羁束乎！”[2]之所以出现这种情况，主要是因为二人在史学志趣、文学追求方面存在极大的差异。详论如下。

刘知幾的修史工作，主要围绕两部史书进行。一是《唐史》，

1 〔清〕董诰：《全唐文》卷 190，中华书局 1983 年版，第 1922 页。

2 〔唐〕刘知幾撰，〔清〕浦起龙释：《史通通释》，上海古籍出版社 1978 年版，第 592 页。

二是《则天实录》。先来看《唐史》修撰的有关情况。《唐会要》卷六十三《史馆上·修国史》载：

长安三年正月一日敕："宜令特进梁王三思与纳言李峤，正谏大夫朱敬则，司农少卿徐彦伯，凤阁舍人魏知古、崔融，司封郎中徐坚，左史刘知幾，直史馆吴兢等修《唐史》。"[1]

长安三年，武后诏修《唐史》。参加这次修史的有特进武三思，纳言李峤，正谏大夫朱敬则，司农少卿徐彦伯，凤阁舍人魏知古、崔融，司封郎中徐坚，左史刘知幾，直史馆吴兢等。参与本次撰修国史者，绝大多数是文史兼善的知名学者。然而，其监修武三思，却不学无术，只是因为一味阿谀奉承武则天而受其重用。所以，刘知幾等认真负责的史官，与武三思这样的监修者，在修撰的过程中，也就不可避免地会产生分歧。

刘知幾《史通·邑里》自注"求诸自古，其义无闻"曰：

时修国史，予被配纂《李义琰传》。琰家于魏州昌乐，已经三代，因云："义琰，魏州昌乐人也。"监修者大笑，以为深乖史体，遂依李氏旧望，改为陇西成纪人。既言不见从，故有此说。[2]

今《旧唐书·李义琰传》云："魏州昌乐人，……其先自陇西徙

1 〔北宋〕王溥：《唐会要》，上海古籍出版社 2006 年版，第 1291 页。
2 〔唐〕刘知幾撰，〔清〕浦起龙释：《史通通释》，上海古籍出版社 1978 年版，第 144 页。

山东。”[1]《新唐书·李义琰传》云：“魏州昌乐人，其先出自陇西望族。”[2] 盖已改从刘知幾之意。长安三年修撰《唐史》时，刘知幾和梁王武三思等“监修者”产生了矛盾。可以想见，“止有守常之道，而无应变之机”、“文虽堪尚，义无可则”[3] 的徐彦伯，断然不会支持刘知幾的。

神龙元年，徐彦伯和刘知幾在一起修撰《则天实录》，二人产生更大的罅隙。《旧唐书·徐彦伯传》载：“神龙元年（705），迁太常少卿，兼修国史，以预修《则天实录》成，封高平县子，赐物五百段。”[4]《新唐书·徐彦伯传》载：“帝复位，改太常少卿。以修《武后实录》劳，封高平县子。”[5]

刘知幾对《则天实录》的修撰内容有自己的观点，但是不合上司及徐彦伯等同僚之意。据《史通·自叙》：

> 今上即位，又敕撰《则天大圣皇后实录》。凡所著述，尝欲行其旧议。而当时同作诸士及监修贵臣，每与其凿枘相违，龃龉难入。故其所载削，皆与俗浮沉。虽自谓依违苟从，然犹大为史官所嫉。嗟乎！虽任当其职，而吾道不行；见用于时，而美志不遂。郁怏孤愤，无以寄怀。[6]

1 〔五代后晋〕刘昫：《旧唐书》，中华书局 1975 年版，第 2756 页。
2 〔北宋〕欧阳修、宋祁：《新唐书》，中华书局 1975 年版，第 4033 页。
3 〔五代后晋〕刘昫：《旧唐书》，中华书局 1975 年版，第 3007 页。
4 同上书，第 3006 页。
5 〔北宋〕欧阳修、宋祁：《新唐书》，中华书局 1975 年版，第 4202 页。
6 〔唐〕刘知幾撰，〔清〕浦起龙释：《史通通释》，上海古籍出版社 1978 年版，第 290 页。

看来，刘知幾和徐彦伯共事的修史经历，并不是什么愉快的事情，反而是非常痛苦的。刘知幾《史通·史官建置》揭露当时的实情说：

> 近代趋竞之士，尤喜居于史职，至于措辞下笔者，十无一二焉。既而书成缮写，则署名同献；爵赏既行，则攘袂争受。遂使是非无准，真伪相杂，生则厚诬当时，死则致惑来代。而书之谱传，借为美谈，载之碑碣，增其壮观。[1]

这正是《史通·忤时》所说的“小人道长，纲纪日坏”[2]的具体体现。刘知幾所批评的“书成缮写，则署名同献；爵赏既行，则攘袂争受”者，指的就是徐彦伯等人。

基于此，虽然刘知幾和徐彦伯一起修撰过《则天实录》，但是刘知幾《史通》中多次提到修《则天实录》的修撰者时，却一次都没有提到徐彦伯。刘知幾《史通·古今正史》云：“神龙元年又与坚、兢等重修《则天实录》，编为二十卷，夫旧史之坏，其乱如绳，错综艰难，期月方毕。虽言无可择，事多遗恨，庶将来削稿，犹有凭焉。”[3]这次修唐史，刘知幾及其志同道合的朱敬则、徐坚、吴兢等，都提到了。但是，这次修史的同僚，准确说是更高级的修撰官徐彦伯，刘知幾根本没提。很明显，这是刻意为之的。

刘知幾一生中，最为荣耀是事情就是其担任史官一职。其《史

1 〔唐〕刘知幾撰，〔清〕浦起龙释：《史通通释》，上海古籍出版社 1978 年版，第 326 页。
2 同上书，第 589 页。
3 同上书，第 374 页。

通》中不止一次流露出这一点。《史通·原序》云："昔马融三入东观，汉代称荣；张华再典史官，晋朝称美。嗟予小子，兼而有之。"[1]刘知幾《史通·自叙》云：

> 余幼喜诗赋，而壮都不为，耻以文士得名，期以述者自命。[2]

《史通·自叙》又云："余初好文笔，颇获誉于当时；晚谈史传，遂减价于知己。"此言似有所指。中晚年后的刘知幾，对文学的兴趣渐渐专向对史学成就的追求。所以受到了原来那些对他文学水平较为赏识的故友们的轻视与冷落。

刘知幾和徐彦伯，两人的史学志趣迥异。在文学追求方面，也存在着巨大差异。《旧唐书》卷九十四《徐彦伯传》记载，景龙三年，中宗亲拜南郊，"彦伯作《南郊赋》以献，辞甚典美"[3]。此事又见《新唐书》卷一百一十四《徐彦伯传》："会郊祭，上《南郊赋》一篇，辞致典缛。"[4]徐彦伯晚年时行文比较注重文采，以至有繁"缛"之累，甚至好为"涩体"。据《旧唐书·徐彦伯》记载，徐彦伯开元二年卒，"自晚年属文，好为强涩之体，颇为后进所效焉"[5]。又据《唐诗纪事》卷九记载，可知其为文特点：

> 彦伯为文，多变易求新，以"凤阁"为"鶠阁"，"龙门"

---

1 〔唐〕刘知幾撰，〔清〕浦起龙释：《史通通释》，上海古籍出版社 1978 年版，第 1 页。
2 同上书，第 292 页。
3 〔五代后晋〕刘昫：《旧唐书》，中华书局 1975 年版，第 3006 页。
4 〔北宋〕欧阳修、宋祁：《新唐书》，中华书局 1975 年版，第 4202 页。
5 〔五代后晋〕刘昫：《旧唐书》，中华书局 1975 年版，第 3007 页。

> 为“虬户”，“金谷”为“铣溪”，“玉山”为“璚岳”，“竹马”为“篆骖”，“月兔”为“魄兔”。进士效之，谓之“涩体”。[1]

可见，徐彦伯作文，喜用僻辞古语，故作高深。艰涩难读，虽成为自成一格的文章体式，却带来了不好的影响。与徐彦伯的“涩体”的追求趣味恰恰相反，刘知幾《史通·言语》明确指出：

> 夫天地长久，风俗无恒，后之视今，亦犹今之视昔。而作者皆怯书今语，勇效昔言，不其惑乎！苟记言则约附五经，载语则依凭三史，是春秋之俗，战国之风，互两仪而并存，经千载其如一，奚验以今来古往，质文之屡变者哉？[2]

《史通·叙事》又抨击“妄饰”的行为说“假托古词，翻易今语。润色之滥，萌于此矣”、“或虚加练饰，轻事雕彩；或体兼赋颂，词类俳优。文非文，史非史，譬夫龟兹造室，杂以汉仪，而刻鹄不成，反类于鹜者也”[3]。

唐代的中书舍人是文人士子企慕的清要之职，是跃居台省长贰以至入相的一块重要跳板。据孙国栋《唐代文官迁转途径研究》的统计，唐代中书舍人迁出后，多是政要高官。这恐怕是徐彦伯对刘知幾赠诗一首的重要动因。但是，两人在史学、文学方面的追求，均存在着巨大的差异。秉性正直、嫉恶如仇的刘知幾没有给徐彦伯

1 〔北宋〕计有功撰，王仲镛校笺：《唐诗纪事校笺》，中华书局2007年版，第276页。
2 〔唐〕刘知幾撰，〔清〕浦起龙释：《史通通释》，上海古籍出版社1978年版，第153页。
3 同上书，第180页。

写回赠诗，也是可以解释得通的。受到刘知幾的冷遇后，徐彦伯也就没有再给刘知幾写过赠诗。

《史通》文论相关研究全面展开伊始，我们首先对刘知幾生平，力图进行一番详细缜密的考证。这一方面是知人论世的客观需要。另一方面，也希望以此打破人们对刘知幾“史学家”的固有认识。刘知幾在史学史上的地位已成共识。然而，由于种种原因，刘知幾文学、文论方面的贡献却被其史学成就的光芒所遮蔽。学界对其文学地位，没有给予应有的重视。被徐彦伯誉为“文章世所希”的“刘舍人”即为唐初史家刘知幾。此结论，对考订刘知幾的生平，铨定刘知幾在唐代文学史上的地位等，都有重要意义。可以看到，除了史家的身份外，刘知幾还是一位在当时文坛颇有影响力的大家。刘知幾于史论、文论都有精见卓识。其观点对中国文学叙事传统相关研究有重要意义。其“著述不朽观”、“文史分合观”、“文学虚构观”等论断，总结前代，以启后世，具有里程碑式的意义。

第二章 《史通》的著述不朽观

“书名竹帛”[1]，特别是史传为主体的叙事载人之作，才能使人不朽的观念，是刘知幾《史通》的核心理论之一。对于这一重要思想，学界特别是史学界，也许将其视为当然的公理，觉得没有深究和细化的必要。故历来对《史通》著述理论批评体系的相关研究主要围绕以下几个方面进行：史学的劝诫作用和治史的宗旨、史料的选材、史书的体例、编撰史著的方法、历代修史的得失及史家的修养等。似乎无人专门提到刘知幾的“书名竹帛”的“不朽说”。又因为这个问题好像纯属史论，所以它也不在《史通》文论研究者的视野之内。然而，如果从“文史贯通，分而不离”的研究角度来看，刘知幾的“不朽说”则需要重点关注。其观点体现出了清醒的史学独立意识：由立德、立功、立言“三不朽”发展成史传著述“一不朽”。但是，刘知幾对史传著述的重要性并没有加以夸大，使之单一化、绝对化。如果符合“实录”等所谓的史学标准，刘知幾对文学性比较强的史传散文及实用性比较强的文章作品也给予了充分的重视。

1 《史通》之《人物》、《史官建置》、《杂说下》诸篇对“书名竹帛”之论皆有涉及。

第一节　刘知幾对孔子、司马迁及扬雄著述不朽观的继承

中国早在先秦时期即有“立德”、“立功”、“立言”三不朽之说。《左传》“襄公二十四年”最早记载了所谓“三不朽”的说法，鲁国大夫叔孙豹在鲁襄公二十四年（前549）奉令出使晋国时提到“死而不朽”的方式有三：“以豹所闻，此之谓世禄，非不朽也。鲁有先大夫曰臧文仲，既没，其言立。其是之谓乎？豹闻之：‘大上有立德，其次有立功，其次有立言。’虽久不废，此之谓不朽。”[1]在当时看来，树立德行、建立功业、著书立说，都可以使人不朽。表明了他们对于文章著述地位和作用的认识：言辞很重要，可以使人不朽，但其重要性在德行、功业之下。当时所谓的立言不但重要性排在“三不朽”的最末，而且“还蕴涵、依附于前二者，并未获得独立地位”[2]。这种认识在后世逐渐发生改变。

一、孔子修《春秋》，属辞比事、立教垂世的不朽观

春秋末年，儒家学派创始人孔子对古代文化及历史典籍有着浓厚的兴趣。他说自己“非生而知之者，好古，敏以求之者也”[3]。孔子主张后人应该忠实地继承前代历史典籍，非圣人者不可独出新说，要“述而不作，信而好古”[4]。孔子既然主张述而不作，那么为何又要作《春秋》呢？

---

1 〔清〕阮元：《十三经注疏》，中华书局2009年版，第4297页。

2 刘畅：《三不朽：回到先秦语境的思想梳理》，《文学遗产》2004年第5期。

3 《论语·述而》，见〔清〕阮元《十三经注疏》，中华书局2009年版，第5393页。

4 同上书，第5391页。

战国时期的大思想家孟子是孔子的孙子孔伋的再传弟子。他和孔子都是儒家学派的集大成者。后人把孟子和孔子并称为“孔孟”。对于孔子修《春秋》的原因，孟子的认识很深刻。他说：

> 世衰道微，邪说暴行有作。臣弑其君者有之，子弑其父者有之。孔子惧，作《春秋》。[1]

孟子认为孔子看到周室东迁之后世道衰微，邪说暴行顿生，发生了臣弑君、子弑父的反常逆道现象。孔子害怕这种恶行蔓延扩展，感到非常畏惧，于是想通过撰写《春秋》以鞭挞逆行，批判恶举，对世风日下的社会现实有所补救。

西汉史学家司马迁的说法和孟子的观点很相近，在他看来：

> 孔子明王道，干七十余君，莫能用，故西观周室，论史记旧闻，兴于鲁而次《春秋》，上记隐，下至哀之获麟，约其辞文，去其烦重，以制义法，王道备，人事浃。[2]

司马迁认为，孔子周游列国，宣传自己的王道思想，主张要施行仁政。四处游说，到过七十多个国家，但是没有一个国君采纳他的政治主张，最后无奈之下仔细观察周室之兴衰，论史记之旧闻，以鲁史为本，修订《春秋》一书。简约文辞，删去繁琐重复的地方，目

1 《孟子·滕文公下》，见〔清〕阮元《十三经注疏》，中华书局 2009 年版，第 5903 页。
2 〔西汉〕司马迁：《史记·十二诸侯年表》，中华书局 1982 年版，第 509 页。

的就是为了制定义法、完备王道，从而使君臣父子这类具有重大社会意义的人事融通和谐起来。

归根结底，就是通过自己的著述来为后世树立各个方面的典范，使后世君臣父子有所遵循，也有所避忌，走上他所认为的健康正常的社会治理与发展之路。孟子和司马迁关于孔子修《春秋》目的的理解是很深刻的。

孔子著述《春秋》，在后世上升到了立“德”的高度。如西汉后期的经学家、目录学家、文学家刘向指出：

> 孔子历七十二君，冀道之一行而得施其德，使民生于全育，烝庶安土，万物熙熙，各乐其终。卒不遇，故睹麟而泣，哀道不行，德泽不洽，于是退作《春秋》，明素王之道，以示后人，恩施其惠，未尝辍忘，是以百王尊之，志士法焉，诵其文章，传今不绝，德及之也。[1]

刘向认为，孔子希望施行自己的德政，让人民能够安居乐业，但是始终没能如愿。只好通过修撰《春秋》一书，阐明自己的主张，使得后人了解。孔子的这一做法，达到了立“德”的境界。

这些对孔子修《春秋》意图的解释，都是唐前的看法，也就是孔颖达《春秋左传正义》对“立德”的解释：

> 立德，谓创制垂法，博施济众。圣德立于上代，惠泽被于无

1 〔西汉〕刘向撰，向宗鲁校证：《说苑校证 · 贵德》，中华书局 1987 年版，第 96 页。

> 穷，故服以伏羲、神农，杜以黄帝、尧、舜当之，言如此之类，乃是立德也。……禹、汤、文、武、周公与孔子皆可谓立德者也。[1]

孔子属辞比事、立教垂世的著述观对刘知幾的影响很大。

绍前贤之余绪，启后世之新风。刘知幾在《史通·自叙》曾提到自己常常设想仿效孔子勘定史籍的做法将《史记》、《汉书》以至唐修诸史书逐一修定。他说：

> 昔仲尼以睿圣明哲，天纵多能，睹史籍之繁文，惧览之者之不一，删《诗》为三百篇，约史记以修《春秋》，赞《易》道以黜《八索》，述《职方》以除《九丘》，讨论《坟》、《典》，断自唐、虞，以迄于周。其文不刊，为后王法。自兹厥后，史籍逾多，苟非命世大才，孰能刊正其失？嗟予小子，敢当此任！其于史传也，尝欲自班、马已降，讫于姚、李、令狐、颜、孔诸书，莫不因其旧义，普加厘革。[2]

刘知幾认为，过去孔夫子聪明通达，洞察事理，天赋多能，目睹史籍文字繁碎，恐怕观览的人不能得出一定的结论，因此删定《诗》为三百篇，删编鲁史记为《春秋》，阐扬《易》道以废除《八索》，撰述《职方》以废除《九丘》，探讨《三坟》、《五典》，从唐、虞开

1 〔唐〕孔颖达：《春秋左传正义·襄公二十四年》，见〔清〕阮元《十三经注疏》，中华书局 2009 年版，第 4297 页。

2 〔唐〕刘知幾撰，〔清〕浦起龙释：《史通通释·自叙》，上海古籍出版社 1978 年版，第 290 页。

始，直到周代结束，编为《尚书》。所形成的文字不可更改，为后代帝王所效法。自此以后，史籍愈来愈多，假若不是一代杰出的才能之士，谁能来刊正它们的失误呢！自己这样的小子一个，竟敢担此重任！对于历代史传，他曾计划从司马迁、班固以下，直到姚思廉《梁》、《陈书》，令狐德棻的《周书》，颜师古、孔颖达的《隋书》，无不根据原来的意义，普遍加以修改。

从这段话，我们可以看出，刘知幾对孔子修史之举非常赞赏、倾慕，想要学习孔子。由于种种原因，刘知幾虽没有像孔子那样去修订出一部经典的史书，却把孔子修《春秋》树立典范以制义法、备王道、浃人事的创作精神，贯注于《史通》之中，提出了自己“书名竹帛”的“不朽观”。

二、司马迁著《史记》而“成一家之言”的“不朽观”

司马迁很早就有了追求不朽的想法，可能是受到了其父司马谈的影响。古人对孝顺的品格是非常重视的。扬名后世，光宗耀祖，这是司马迁非常重视的一种尽孝方式。他念念不忘其父司马谈的临终遗言：

> 余死，汝必为太史；为太史，无忘吾所欲论著矣。且夫孝始于事亲，中于事君，终于立身。扬名于后世，以显父母，此孝之大者。[1]

1 〔西汉〕司马迁：《史记·太史公自序》，中华书局 1982 年版，第 3295 页。

司马迁以留名后世的方式来给父母带来安慰和荣耀，尽到自己对死去父母的孝道，不然的话，九泉之下也无颜面对父母。

然而，司马迁因替李陵辩护而遭受宫刑，蒙受奇耻大辱。受同乡鄙视，让祖先蒙羞。司马迁想起这些，就羞愧得汗流浃背，整日失神落魄而不知所之。他忍辱苟活。出狱之后，视著述《史记》为其人生全部的意义。希望此书能够流传于后世，让后人明白自己的心声，补偿自己受到的屈辱。

通过著述而使自身不朽的观念，在司马迁受到不公正的惩罚之后得以格外强化凸显。司马迁在谈到孔子修《春秋》的目的时，认为孔子害怕身后名没，于是借修史以自见于后世。其《史记·孔子世家》云：

> 子曰："弗乎弗乎，君子病没世而名不称焉。吾道不行矣，吾何以自见于后世哉？"乃因史记作《春秋》，上至隐公，下讫哀公十四年，十二公。[1]

孔子的相关论断，见《论语·卫灵公》第二十章：

> 子曰："君子疾没世而名不称焉。"[2]

孔子只是提到，一个以成为"君子"为目标的人，最担心的是在死

1 〔西汉〕司马迁：《史记·孔子世家》，中华书局 1982 年版，第 1943 页。
2 〔清〕阮元：《十三经注疏》，中华书局 2009 年版，第 5470 页。

的时候自己还没有做到与“君子”这个称呼相称。司马迁则是以孔子本人的名义说他著述《春秋》“以自见于后世哉”，就是追求自身的不朽。司马迁的一番话，与其说是孔子自己的意愿，或许不如说是司马迁的夫子自道。

另外，司马迁相信后人一定可以通过自己的作品，来理解和记住自己。为此司马迁还引用了历史上众多名人发愤著书得以留名后世的例子来作为自己的佐证：

> 古者富贵而名摩灭，不可胜记，唯倜傥非常之人称焉。盖文王拘而演《周易》；仲尼厄而作《春秋》；屈原放逐，乃赋《离骚》；左丘失明，厥有《国语》；孙子膑脚，兵法修列；不韦迁蜀，世传《吕览》；韩非囚秦，《说难》、《孤愤》；《诗》三百篇，大底圣贤发愤之所为作也。此人皆意有郁结，不得通其道，故述往事，思来者。乃如左丘无目，孙子断足，终不可用，退而论书策，以舒其愤，思垂空文以自见。[1]

司马迁说，推演《周易》的周文王；编写《春秋》的孔子；创作《离骚》的屈原；写出《国语》的左丘明；编著《兵法》的孙膑；修撰《吕氏春秋》的吕不韦；写下《说难》、《孤愤》的韩非子，在司马迁看来，这些卓越超群的人虽然不被当时的人们所接受，但是他们用文字来表达自己的思想，通过作品在后世的流传使得自己的

1 〔西汉〕司马迁《报任少卿书》，见〔南朝梁〕萧统《文选·书》，中华书局 1977 年版，第 580 页。

姓名没有被埋没而为世人所知。

于是，“成一家之言”，就成了司马迁著述追求的目标，集中体现了司马迁的著述观。他说：

> 仆窃不逊，自托于无能之辞，网罗天下放失旧闻，略考其行事，综其终始，稽其成败兴坏之纪，凡百三十篇，亦欲以究天人之际，通古今之变，成一家之言。[1]

司马迁自谦其不自量力，将自己的一腔心血托付于无用的言辞之上。网罗搜集散佚的旧闻故事。概略考证人物的言行事迹。统观事件的由始至终，考查人物的成败兴衰。探究天道人事的内在客观规律，弄清从古至今的历史发展进程，借此成就一家独断的不朽学说。

司马迁写作《史记》的初衷，还在于让载入史著的明君贤臣留名青史。这同样是受到了他父亲的影响。司马谈临终之前对司马迁说：

> 自获麟以来四百有余年，而诸侯相兼，史记放绝。今汉兴，海内一统，明主贤君、忠臣死义之士，余为太史而弗论载，废天下之史文，余甚惧焉，汝其念哉！[2]

1 〔西汉〕司马迁《报任少卿书》，见〔南朝梁〕萧统《文选·书》，中华书局 1977 年版，第 581 页。

2 〔西汉〕司马迁：《史记·太史公自序》，中华书局 1982 年版，第 3295 页。

司马谈认为著述是自己义不容辞的责任，通过著述要让明主贤君、忠臣义士流芳千古，如果不能如此，则感到“甚惧焉”。他即将辞世，壮志未酬，故而将这个任务托付给了儿子司马迁。司马迁则希望通过自己的著述，记载下明君之德、贤臣之业，完成父亲的遗志：

> 余尝掌其官，废明圣盛德不载，灭功臣、世家贤大夫之业不述，堕先人所言，罪莫大焉。[1]

司马迁认为，如果不能使得圣君功臣、世家贤大夫的功业流传后世，就是丢弃了父亲的遗愿，是自己最大的罪过。

由上述司马迁的生平遭际及《史记》一书的具体内容来看，其“成一家之言”说对刘知幾的著述不朽观主要有两个方面的影响：一是通过史著使得史家自己得以不朽。二是史著可以使得传主不朽。这两点，都影响到了刘知幾。

刘知幾在《史通·序》中提到《史通》一书命名的由来，专门提到了司马迁。他说：“汉求司马迁后，封为史通子，是知史之称‘通’，其来自久。博采众议，爰定兹名。”司马迁的后代被封为“史通子”，刘知幾把自己的作品命名为《史通》，看来，刘知幾有隐然以当代司马迁自居之意。研究发现，《史通》著述不朽观的确立，除了受孔子影响外，确实也受到了司马迁著述观的影响。刘知幾认为史著可以使人不朽，这和司马迁的“成一家之言”说是一

1 〔西汉〕司马迁：《史记·太史公自序》，中华书局1982年版，第3299页。

致的。

刘知幾虽然不可能身受司马迁宫刑之苦，但对司马迁此酷刑后的想法却几乎是感同的，他同样强烈地体会到了不为世人理解的无奈和悲愤。他在《史通·自叙》自言写作《史通》的目的，就是因为自己的意见不为当时人接受，忧闷苦恼无以寄托，想沉默而不申述又担心身后无人理解他，所以著书并希望别人能够通过《史通》来理解、记住自己：

嗟乎！虽任当其职，而吾道不行，见用于时，而美志不遂。郁怏孤愤，无以寄怀。必寝而不言，默而无述，又恐末世之后，谁知予者，故退而私撰《史通》，以见其志。

刘知幾著述不朽观暗示史家可以通过撰史实现自身的不朽，与司马迁的思想可谓一脉相承。

对于司马迁的这种想法，刘知幾是认同的，同时又做了一些补充。他更明确地指出，史官的职责，要扬善，也要惩恶，刘知幾在《史通·人物》中义正辞严地说：

夫人之生也，有贤不肖焉。若乃其恶可以诫世，其善可以示后，而死之日，名无得而闻焉，是谁之过欤？盖史官之责也。

刘知幾认为，人有孝贤与不肖之分。如果一个人的罪恶可以警示后人，一个人的善行可以垂范后世，而当他们死了之后，名声却不能流传下来，那就是史官的过错。刘知幾的观点，毫无疑问，是非常有道理的。

刘知幾的观点，除了来自孔子和司马迁的相关论断，还受到了扬雄及其《太玄》、《法言》的影响。其《史通·杂说下》云：

> 夫载笔立言，名流今古。如马迁《史记》，能成一家；扬雄《太玄》，可传千载。此则其事尤大，记之于传可也。

刘知幾认为，将撰述的文章著作载入史册，能够使书名为古今的人所知，可以流传千年。那么，什么样的著作才能载入史书？像司马迁的《史记》，卓然而成一家。扬雄写的《太玄》，亦能永存于世。这样的著作，可以进入史书，成为后世学习的典范。

三、扬雄欲求著"书"以成名于后世的不朽说

西汉思想家、辞赋家扬雄在其《法言·问神》中，谈到"言"与"书"的问题。"言"，即语言。"书"是文章著述。他强调文章著述的社会作用及其与人们思想感情的关系：

> 弥纶天下之事，记久明远，著古昔之㫚㫚，传千里之忞忞者，莫如书。故言，心声也。书，心画也。声画形，君子小人见矣。[1]

扬雄认为，囊括天下之事，把时间久远的往事记录明晰。把地域远隔的事记录清楚。把古今昏昧的事讲明白。把千里之外纷乱的

1 〔西汉〕扬雄著，汪荣宝疏：《法言义疏》，中华书局1987年版，第160页。

事情传达清楚。没有比文章著述更有效的了。所以说，言语是心声，著述是心画，心声、心画表现出来，君子和小人就可以区分清楚了。

扬雄认为，著书立说是非常重要的。著述可使天下古今的事物得到流传。所以扬雄对于文章著述，非常重视。希望能通过自己的文章著述，使得自己扬名于后世。据班固《汉书》卷八十七下《扬雄传赞》：

> （扬雄）好古而乐道，其意欲求文章成名于后世，以为经莫大于《易》，故作《太玄》；传莫大于《论语》，作《法言》；史篇莫善于《仓颉》，作《训纂》；箴莫善于《虞箴》，作《州箴》；赋莫深于《离骚》，反而广之；辞莫丽于相如，作四赋；皆斟酌其本，相与放依而驰骋云。[1]

扬雄淡泊势利，好古爱道，想求文章在后世扬名。他仿《易》作《太玄》，仿《论语》作《法言》，仿《仓颉》作《训纂》，仿《虞箴》作《州箴》，仿《离骚》作《反离骚》、《广骚》、《畔牢愁》，又仿照司马相如作《河东》、《甘泉》、《羽猎》、《长杨》等“四大赋”。探索本源，模仿发挥。结合扬雄的创作，看他的想法有没有实现。

先看“四大赋”。扬雄晚年就自我否定了这些作品的价值。战国末年，辞赋兴起，及于西汉，日益繁荣。以罗列事物、铺采摛文为主的汉赋。文体自身，就存在着很大的矛盾。“靡丽多夸”的外

---

1 〔东汉〕班固：《汉书》，中华书局 1962 年版，第 3575 页。

在形式和要求发挥讽谏作用的内在需求，两者很难调和。扬雄虽重视赋的讽谏作用，却并不能突破这种文体自身的局限性。到了后来，在长期的创作实践中，他更深层地体悟到这一点。扬雄《法言·吾子》曰：

> 或问："吾子少而好赋？"曰："然。童子雕虫篆刻。"俄而曰："壮夫不为也。"或曰："赋可以讽乎？"曰："讽乎！讽则已；不已，吾恐不免于劝也。"或问：景差、唐勒、宋玉、枚乘之赋也益乎？曰：必也淫。淫则奈何？曰：诗人之赋丽以则，辞人之赋丽以淫。如孔氏之门用赋也，则贾谊升堂，相如入室矣，如其不用何？[1]

扬雄把赋分为"诗人之赋"和"辞人之赋"两个范围，作了不同的评价。扬雄弃辞赋而不为，并在理论上对于赋进行了评判。对之，《汉书·扬雄传》曰：

> 雄以为赋者，将以风之，必推类而言，极靡丽之辞，闳侈巨衍，竞于使人不能加也。既乃归之于正，然览者已过矣。往时武帝好神仙，相如上《大人赋》，欲以风帝，反缥缥有凌云之志。系是言之，赋劝而不止，明矣。又颇似俳优淳于髡、优孟之徒，非法度所存，贤人君子，诗赋之正也。于是辍不复焉。[2]

1 〔西汉〕扬雄著，汪荣宝疏：《法言义疏》，中华书局 1987 年版，第 45 页。
2 〔东汉〕班固：《汉书》，中华书局 1962 年版，第 3583 页。

基于对辞赋及赋家的上述认识，扬雄不再进行相关创作。专心从事哲学著作。对于哲学著作。扬雄提倡文必艰深之说，也是由征圣、宗经而来。他认为圣人之文，经典之作，都是以艰深见长。对于扬雄之作，苏轼说，“扬雄好为艰深之词，以文浅易之说”[1]，这一批评是较为中肯的。

因为主客观多种原因，到扬雄死后的四十余年。其作品的命运各不相同。班固《汉书》卷八十七下《扬雄传赞》载：

> （扬雄）用心于内，不求于外，于时人皆之忽之；唯刘歆及范逡敬焉，而桓谭以为绝伦。……自雄之没至今四十余年，其《法言》大行，而《玄》终不显，然篇籍具存。[2]

用心在内，不求外现。当时人都不认可他；只有刘歆和范逡敬重他，而桓谭认为他无与伦比。扬雄死后四十余年，他的《法言》一书大行于世。《太玄》，虽然不是很风行，但是完整流传了下来。

刘知幾的著述观和扬雄的观点，二者有一致性。谈到《法言》一书的问世，刘知幾《史通·自叙》云：

> 昔汉世刘安著书，号曰《淮南子》。其书牢笼天地，博极古今，上自太公，下至商鞅。其错综经纬，自谓兼于数家，无遗力矣。然自《淮南》以后，作者无绝。必商榷而言，则其流又众。

1 《与谢师民推官书》，见孔凡礼《苏轼文集》，中华书局1986年版，第1418页。
2 〔东汉〕班固：《汉书》，中华书局1962年版，第3585页。

> 盖仲尼既殁，微言不行；史公著书，是非多谬。由是百家诸子，诡说异辞，务为小辨，破彼大道，故扬雄《法言》生焉。

刘知幾说，过去汉代刘安著书，称为《淮南子》。此书包罗天地，博极古今，上起太公望，下至商鞅，内容纵横交错，自称兼通多种学说，是竭尽全力了。但自从《淮南子》以后，这一类的著作仍不断出现。如果分析起来，那么流派又有多种。孔子死后，微言大义不行于世，太史公著《史记》，其是非判定多与圣人不同。从此，诸子百家提出各种诡辩之说，怪异之辞。这些斤斤于小事的辨析，破坏了圣人的大道。针对出现的这些问题，扬雄修撰《法言》一书。

刘知幾创作《史通》，他所继承的四部著作就包括《法言》。其《史通·自叙》说：

> 自《法言》已降，迄于《文心》而往，固以纳诸胸中，曾不慸芥者矣。夫其为义也，有与夺焉，有褒贬焉，有鉴诫焉，有讽刺焉。其为贯穿者深矣，其为网罗者密矣，其所商略者远矣，其所发明者多矣。

刘知幾自言，其在写作《史通》的时候，将《法言》以下直到《文心雕龙》之前的这些著作，容纳在胸，毫无隔阂。在这些著作的基础之上，《史通》书中所要表达的意见，对前人有评价，有褒贬，有鉴诫，有讽刺。是书贯穿年代深远，网罗事情具体，商讨问题深入，多有新见发明。刘知幾对其《史通》的判言是较为准确的。

正因为《史通》和《法言》有着前后继承的关系，所以刘知幾又窃自比于扬雄。《史通·自叙》云：

> 昔梁征士刘孝标作《叙传》，其自比于冯敬通者有三。而予辄不自揆，亦窃比于扬子云者有四焉。

刘知幾认为自己创作的《史通》，和扬雄的《太玄》相似。

刘知幾说，过去梁朝征士刘孝标写作《叙传》，自认为和汉代冯敬通相比有三点相同，而他自谦不自量力，也暗自和扬子云相比有相同之处有四。

其一，扬雄曾经爱好雕虫小技，年老以后后悔年轻时所作的诗赋。知幾小时候喜好诗赋，而壮年以后就不再写作了，对作为文士而知名感到可耻，希冀把自己当成一个著述之人。

其二，扬雄撰写《太玄经》，多年没有写成，当时知道的人，没有人不讥笑他徒劳。刘知幾撰写《史通》，也经历了好几个寒暑，悠悠尘俗，都认为他愚蠢。

其三，扬雄写《法言》，当时人竞相责怪他的狂妄无知，所以他作《解嘲》一文作为回答。刘知幾著作《史通》，看到的人也都谈论它的短处，所以作《释蒙》一文表示对抗。

其四，扬雄年轻的时候受到范逡、刘歆的看重，等到听说他撰写《太玄经》，就嘲笑说恐怕将来只能用来盖酱坛子。如此说来，刘、范所看重扬雄的，大概是重视他那些富于文采的作品，如《长杨》、《羽猎》之类，而《太玄经》这样深奥的作品，难以探寻其中的精微，既然无法探究学习，所以加以讽刺。刘知幾起初喜好诗文，在当时颇获得一些声誉，晚年谈论史传，于是就在知己中减了身价。

上述四点，刘知幾认为，这些都是自己和扬雄的相似之处。然而，刘知幾又担心自己可能还不如扬雄。故其《史通·自叙》又提到：

> 惧不似扬雄者有一焉。何者？雄之《玄经》始成，虽为当时所贱，而桓谭以为数百年外，其书必传。其后张衡、陆绩果以为绝伦参圣。夫以《史通》方诸《太玄》，今之君山，即徐、朱等数君是也。后来张、陆，则未之知耳。嗟乎！傥使平子不出，公纪不生，将恐此书与粪土同捐，烟烬俱灭。后之识者，无得而观。此予所以抚卷涟洏，泪尽而继之以血也。

刘知幾说，惧怕自己不像扬雄的地方有一点。扬雄《太玄经》写成之后，虽然为当时人所不重视，但桓谭认为，几百年后，此书必定流行。若干年后，张衡、陆绩等人，果然认为它天下无双，可与圣人之作相比。刘知幾说，如果把《史通》比做《太玄》，桓谭，就是徐坚、朱敬则等几位，而后来的张衡、陆绩是谁，就不知道有没有了。他担心，假如张衡、陆绩这样的知音不出现的话，恐怕自己的《史通》一书就要如粪土一样，灰飞烟灭，而无人知晓。后代有识之士，也将不能看到它。这正是他所以抚卷而泪流不已，泪尽而继之以血的原因。

孔子删定《春秋》。司马迁著《史记》。扬雄创作《太玄》、《法言》。三者的地位与影响不可相提并论，但都获得了人们的称许，在后世留下美名。这是刘知幾的“著述”不朽说的理论来源与事实依据。刘知幾著述“不朽观”的产生，其理论认识的形成受到了正反两个方面的影响。既有学习的正面对象，如孔子、司马迁及扬雄等。同时，也有批判的对象，如曹丕等。

第二节 刘知幾对曹丕等人文章著述观的批评

曹丕等魏晋时期的文学家、文论家，知晓并承认“良史”使人不朽的道理，但他也懂得不可能人人入史。既不能入史，又渴望不朽，怎么办呢？曹丕指出还有一个办法，就是要写出不朽的文学著作。他激励人们不要仅仅追求留名青史，通过自身努力，写出优秀的文学作品，同样可以使得名声传于后世。曹丕等人的观点，甚至影响到了初唐史家对文学之用的评价。对于这些看法的夸大失实之处，刘知幾《史通》对他们的观点分别进行了分析与批判。

一、曹丕等魏晋文学家、文论家“寄身于翰墨”以“不朽”之说

魏晋文学家、文论家，如曹丕等人，把文学的地位抬得很高。其《典论·论文》甚至把文学写作抬高到“经国之大业，不朽之盛事”的地步。他说：

> 盖文章，经国之大业，不朽之盛事。年寿有时而尽，荣乐止乎其身，二者必至之常期，未若文章之无穷。是以古之作者，寄身于翰墨，见意于篇籍，不假良史之辞，不托飞驰之势，而声名自传于后。[1]

1 〔南朝梁〕萧统：《文选》，中华书局 1977 年版，第 721 页。

曹丕认为，写作文章，意义极为重大。事关国家治理，可以永垂不朽，百世流芳。人活一世，寿夭有定，荣耀欢乐，终止于身，二者都有一定的期限。而文章永久流传，没有穷尽。古人投身于文章的写作，把自己的思想意见表现于其中。这样的话，不必凭借良史言辞或依托位高权势，而声名却能自然流芳后世。

曹丕的所谓“文章”，大致可分为两类：一类是成为专门著作的论文，徐干的《中论》、他自己的《典论》都是；另一类则是诗、赋、章、表等作品。曹丕《与王朗书》中的一段话里可以看出，曹丕认为自己的《典论》和诗赋都可以不朽，其论可与《典论·论文》互相发明：

> 生有七尺之形，死惟一棺之土。惟立德扬名，可以不朽；其次莫如著篇籍。疫疠数起，士人凋落；余独何人，能全其寿？故论撰所著《典论》诗赋，盖百余篇。集诸儒于肃城门内，讲论大义，侃侃无倦。[1]

东汉末年，瘟疫流行。建安七子，死于大瘟疫者有五人之多。曹丕非常清醒，他认识到，人生短暂，肉体的死亡是必然归宿。但同时又指出，通过努力却可以使人的声名永垂不朽。其途径一是立德扬名，二是著述篇籍。曹丕自言，“余独何人，能全其寿”，故抓紧时间把自己写的《典论》及诗赋百余篇编撰成集。同时又召集诸儒在

1 《三国志·魏志·文帝纪》注引自《魏书》，见〔西晋〕陈寿：《三国志》，中华书局 2006 年版，第 54 页。

肃城门内，讲论里面的文章大义，侃侃而谈，竟无倦色。

曹丕写作及讨论《典论》等文章的目的，是以之使得自己的名声流传后世。可以看出，曹丕的说法和传统的不朽说有相同之处。即承认著篇籍比不上立德。但是，也有新的创见。魏文帝曹丕认为文学作品，仅次于立德。言下之意，排在“立功”前面。

与曹丕的观点相对应，其弟陈思王曹植有《与杨德祖书》。这也是一篇专门谈论文学的文章。文中对辞赋等文学之作采取轻视的态度。曹植说：

> 今往仆少小所著辞赋一通相与，夫街谈巷说，必有可采，击辕之歌有应风雅，匹夫之思，未易轻弃也。辞赋小道，固未足以揄扬大义，彰示来世也。昔扬子云，先朝执戟之臣耳，犹称壮夫不为也。
>
> 吾虽德薄，位为藩侯，犹庶几戮力上国，流惠下民，建永世之业，流金石之功，岂徒以翰墨为勋绩，辞赋为君子哉！若吾志未果，吾道不行，则将采庶官之实录，辩时俗之得失，定仁义之衷，而一家之言，虽未能藏之名山，将以传之同好，非要之皓首，岂今日之论乎？[1]

这里，曹植曲折地表明了自己的对文学、史学作品的态度以及政治上想有所建树的想法。一方面，曹植认为自己身为王侯，应该尽力报效国家，造福百姓，建立永世的基业，留下流传后世不灭的功

1 〔南朝梁〕萧统：《文选》，中华书局 1977 年版，第 594 页。

绩。但是，如果自己的政治理想不能实现，他将采集史官记录，辨别世间得失，评定仁义之正，自成一家学说。好像是想要从事史著方面的创作。曹植虽然表面上说，辞赋是小技艺，不足以用来阐明严正的道理，垂范后世。所以他不想仅仅把写文章视为一生的功业，靠辞赋当上君子。但归根结底，曹植对辞赋文章是非常重视的。他说，民间传说，一定有可以采纳的地方，拍着车辕所唱之歌，也一定有符合风雅的地方，普通人的情思见解，不要轻易忽视。而实际上也是如此，曹植把所写的辞赋文章相赠与杨修。这本身就说明，他视自己的文章辞赋为得意之作。

曹植这些话，是将戮力上国、流惠下民的政治功业和辞赋之道比较而言，与曹丕对辞赋文章的重视没有根本不同。鲁迅说：

> 在文学的意见上，曹丕和曹植表面上似乎是不同的。曹丕说文章事可以留名声于千载；但子建却说文章小道，不足论的。据我的意见，子建大概是违心之论。这里有两个原因，第一，子建的文章做得好，一个人大概总是不满意自己所做而羡慕他人所为的，他的文章已经做得好，于是他便说文章是小道；第二，子建活动的目标在于政治方面，政治方面不甚得志，遂说文章是无用了。[1]

正如鲁迅所言，曹植对辞赋的所谓轻视，和扬雄的轻视是不同的，更像是政治上不得志的几句牢骚之语。《与杨德祖书》写作于建安

1 《魏晋风度及文章与药及酒之关系》，见鲁迅：《汉文学史纲要》，上海古籍出版社 2005 年版，第 59 页。

二十二年（217 年）前后。曹植于黄初三年（222 年）又创作《洛神赋》，这说明不同于扬雄的悔其少作、辍不复为，曹植还是一直认真地继续写作辞赋。

曹丕以后，陆机（261–303 年）有与之类似的观点。谈到对文学作品的看法，陆机《文赋》在末尾竭力夸张文学的重要性，其宣称：

文之为用，固众理之所因。恢万里而无阂，通亿载而为津。俯贻则于来叶，仰观象乎古人。济文武于将坠，宣风声于不泯。[1]

陆机认为，文章的作用，在于它是“众理”得以存在和宣扬的基础。通过文章，传播万里而畅通无阻。沟通百代，也不成问题。下可以垂范后世，上足以取法古人。文章可以挽救文武之道，使之不至衰落。又能宏扬教化而使其免于泯灭。陆机的观点，换个角度说，也暗含了优秀的文学作品足以使作家不朽的道理在里面。

曹丕、陆机等人把文章的作用提到了可以使人“不朽”的地位，反映了当时人们对文学极为重视的现实。对于曹丕其人及其“文章，经国之大业，不朽之盛事”的观点，刘知幾是存疑的。《史通·探赜》云：

文帝临戎不武，为国好奢，忍害贤良，疏忌骨肉。而寿评皆依违其事，无所措言。

1 〔南朝梁〕萧统：《文选》，中华书局 1977 年版，第 244 页。

刘知幾认为，魏文帝曹丕作战没有武略，治国喜好奢侈，残酷杀害忠良，疏远忌恨同胞。同时，刘知幾又指责陈寿在《三国志》中对曹丕的种种恶行劣迹无所指斥，只是一味歌功颂德、尽力吹捧。如陈寿《三国志·文帝纪》评曰："文帝天资文藻，下笔成章，博闻强识，才艺兼该。若加之旷大之度，励以公平之诚，迈志存道，克广德心，则古之贤主何远之有哉！"[1]曹丕，军事才能并不突出，两次伐吴却由于时机不成熟无功而返。对内，他笼络和扶植自己的政治势力，同时打击排除异己势力，即使是骨肉兄弟，也毫不手软。很难说的是兼备文治武功的一代圣君。陈寿注重的是曹丕文学才能的一面。对于其外交内政方面的短处，轻描淡写，确实有吹捧的嫌疑。

二、刘知幾对曹丕等的批判与反思

曹丕《典论·自叙》中历述平董卓、脱张绣诸事，及论射、击剑、弹棋之事，皆著于篇。[2]长篇大论，不免有自我吹捧的地方。对之，《史通·序传》指出：

> 历观扬雄已降，其自叙也，始以夸尚为宗。至魏文帝、傅玄、梅陶、葛洪之徒，则又逾于此者矣。何则？身兼自善，行有微能，皆剖析具言，一二必载。岂所谓宪章前圣，谦以自牧者欤？

---

1 〔西晋〕陈寿：《三国志》，中华书局 2006 年版，第 54 页。

2 《三国志》裴注引曹丕《典论》自叙，详见〔西晋〕陈寿：《三国志》，中华书局 2006 年版，第 54 页。

刘知幾认为，扬雄以后一些人的自叙开始崇尚自我夸耀。到魏文帝、傅玄、梅陶、葛洪这一类人，则又更加超过他们。为什么这么说呢，自身有一点小善行，具备一点小能力，都要细细分辨，全部说出，必定一一记载。这不是效法前代圣贤，以谦逊来要求自己的正确方式。

提到魏晋时的“文章”，《史通·载文》批评说：

> 汉代词赋，虽云虚矫，自余它文，大抵犹实。至于魏、晋已下，则讹谬雷同。榷而论之，其失有五：一曰虚设，二曰厚颜，三曰假手，四曰自戾，五曰一概。

刘知幾认为，汉代的辞赋虽说空虚做作，但其他的文章大致还是实在的。而到了魏、晋以后，错讹谬误与相互雷同的文章则普遍存在。概括起来，其失误的地方可以分成五大类。一为虚有其文，二为厚颜无耻，三为假手他人，四为自相矛盾，五为一概而论。

这五种情况都是极为不妥的。刘知幾对它们一一指正。可谓鞭辟入里、入木三分。如对“虚设”一类的文章，《史通·载文》指出：

> 昔大道为公，以能而授，故尧咨尔舜，舜以命禹，自曹、马已降，其取之也则不然。若乃上出禅书，下陈让表，其间劝进殷勤，敦谕重沓，迹实同于莽、卓；言乃类于虞、夏。且始自纳陛，迄于登坛；彤弓卢矢，新君膺九命之锡；白马侯服，旧主蒙三恪之礼。徒有其文，竟无其事。此所谓虚设也。

刘知幾认为，古时候天下为公，交给有能力的人治理，所以尧传授给舜，舜传授给禹。自从魏晋以后，取得帝位就不是这样了。皇帝发布禅位的诏书，受禅人陈上辞让的表章，这中间又有众臣的反复劝说登基，有皇帝的再三敦促晓谕。所有这一切都是在虚伪地掩饰谋权篡位的事实。

延康元年（220年）十月十三日，汉献帝正式禅让帝位，曹丕三次上书辞让。此事，《后汉书》卷九《孝献帝纪》一笔带过："冬十月乙卯，皇帝逊位，魏王丕称天子。"[1]司马光《资治通鉴》卷六十九《魏纪一》言简意赅："冬十月乙卯，汉帝告祠高庙，使行御史大夫张音持节奉玺绶诏册，禅位于魏。王三上书辞让，乃为坛于繁阳。辛未，升坛受玺绶，即皇帝位，燎祭天地、岳渎，改元，大赦。"[2]这些记载都间接而含蓄地记载了曹丕篡汉的历史事实。

刘知幾认为，魏文帝等人所做的事其实与王莽、董卓一样，所说的话却和虞舜、夏禹相似。而且从纳陛开始，到登坛受命，新君受彤弓、卢矢之类九种物件之赐，旧帝受到如夏禹、商汤的后代所受到的礼遇，空有这类的虚假文章，却没有相应的事实。这就叫做"虚有其文"。

刘知幾对于两汉魏晋时期的文章并不是一味的批评。这一时期也有很多优秀文章，和曹丕《典论·论文》一起被《昭明文选》收录。这证明它们在文学性上也有卓越的成就。对于其中一些篇章，《史通·载文》充分肯定了它们的艺术价值和历史价值：

1 〔南朝宋〕范晔：《后汉书》，中华书局1965年版，第390页。

2 〔北宋〕司马光：《资治通鉴》，中华书局2009年版，第804页。

> 诗有韦孟《讽谏》，赋有赵壹《嫉邪》，篇则贾谊《过秦》，论则班彪《王命》，张华述箴于女史，张载题铭于剑阁，诸葛表主以出师，王昶书字以诫子，刘向、谷永之上疏，晁错、李固之对策，荀伯子之弹文，山巨源之启事，此皆言成轨则，为世龟镜。

从文体上来说，刘知幾论及诗、赋、论、铭、表、疏、策。就内容而言，刘知幾所推崇的文学作品，也是多种多样的。它们的共同特点是重“实录”，对现实有实用价值；关注历史、关注社会、关注人生，对社会和个人有指导作用。刘知幾认为这些优秀的文学作品“言成轨则，为世龟镜”，是后世应该学习的文学经典。

第三节　刘知幾著述不朽观的独创之处

刘知幾认为，追求“不朽”是每个人的普遍愿望。《史通·史官建置》中，以“蜉蝣”、“白驹”的比喻为切入点，旗帜鲜明地提出了自己的“何者而称不朽乎？盖书名竹帛而已”的观点：

> 夫人寓形天地，其生也若蜉蝣之在世，如白驹之过隙，犹且耻当年而功不立，疾没世而名不闻。上起帝王，下穷匹庶，近则朝廷之士，远则山林之客，谅其于功也名也，莫不汲汲焉孜孜焉。夫如是者何哉？皆以图不朽之事也。何者而称不朽乎？盖书名竹帛而已。

据《说文解字》载，“蜉蝣”一种朝生暮死生命极其短暂的小昆虫。

“蜉蝣”这一形象最早出现于《诗经·曹风》中的《蜉蝣》诗，作者借之抒发人生短促之感。“白驹”是白色的骏马。正如庄子所说：“人生天地间，若白驹过隙，忽然而已。”[1]人的一生，就像骏马驰过缝隙，只不过是瞬间的事情而已。功名利禄，皆是身外之物，生不带来、死不带去，那么，人活在世上，他的终极意义是什么呢？

“夫人寓形天地”，“耻当年而功不立，疾没世而名不闻”，这就是刘知幾对人生终极意义的一种认识：人生苦短，在有限的生命中，人们都应该追求“当年而功立”，而避免“没世而名不闻”，换句话说，也就是要“不朽”。接下来的“上起帝王，下穷匹庶，近则朝廷之士，远则山林之客”，“莫不汲汲焉孜孜焉”，则是对上述追求人生“不朽”之观点的强化和具体化，说明了这种追求的普遍性与强烈性。既然每个人都应该追求“不朽”，都应该以得到“不朽”为毕生的追求，则得之为荣耀，反之会蒙羞；那么“何者而称不朽乎”？刘知幾一语道破，云：实现“不朽”的唯一途径就是把名字载入典籍史册，即“书名竹帛”。

在刘知幾看来，生命的价值不仅是活着的成就，更在于死后的“不朽”。那么什么是刘知幾所认定的“不朽”呢？首先当然是书名国史。但是国史看起来并不全是纯正的内容。有很多史家的作品实际上充满了虚假甚至诬陷。此外国史的内容毕竟是有限的。只有帝王和极为突出的将相或者军国大事才有载于史册的可能。故而，刘知幾认为，人们想实现“不朽”，没有必要纠结于是正史本传还是

---

1 《庄子·知北游》，见〔战国〕庄子著，〔清〕王先谦集解：《庄子集解》，中华书局 1987 年版，第 189 页。

杂史偏记，不必拘泥于所载文体的形式。

一、书名国家正史可以使人“不朽”

“正史”之名，始自梁阮孝绪《正史削繁》，九十四卷。其书曾为《隋书·经籍志二》“杂史类”收录。已佚。其后，《隋书·经籍志》视“正史”成为纪传体的专称，但一代包括多部甚至十余部，数量众多。自唐以后，正史多出于官修，禁止私家擅自修撰。清代规定仅二十四史为正史。本书这里说的“正史”，是刘知幾《史通·古今正史》中的“正史”，有其自身的独特之处。刘知幾《史通·古今正史》虽成于《隋志》之后，却以编年、纪传二体皆为正史，甚至包括作为霸史的十六国史书，是一个较为广泛的概念。

刘知幾提出了“著述不朽说”，将“正史”为主体的史著和及史官的地位和作用抬高到了无以复加的高度。作为一名杰出的史官，刘知幾对于史著作用的认识非常深刻，他不仅明确把史著和个人“不朽”结合在一起，而且指出了史著通过树立典范故而对国家政治、文化、教育、主流意识形态的构建等产生巨大作用。

史著可以树立个人修养的典范。史著记载了政治、经济、文化、军事、外交的大事，还记录了历代典章制度的沿革，人与人之间或者人神之间的各种活动。“上古之书，有《三坟》、《五典》、《八索》、《九丘》，其次有《春秋》、《尚书》、梼杌、志、乘”[1]。这里所说的“三坟”、“五典”、“志”、“乘”等都是古代史著。除了记录

1 《史通·题目》，见〔唐〕刘知幾撰，〔清〕浦起龙释：《史通通释》上海古籍出版社2009年版，第84页。

史事，人们还认为史著具有“彰善瘅恶，树之风声”[1]的功用，所以历代对史官和史著都非常重视。

刘知幾在《史通·史官建置》说：

> 向使世无竹帛，时缺史官，虽尧、舜之与桀、纣，伊、周之与莽、卓，夷、惠之与跖、蹻，商、冒之与曾、闵，但一从物化。坟土未干，则善恶不分，妍媸永灭者矣。苟史官不绝，竹帛长存，则其人已亡，杳成空寂，而其事如在，皎同星汉。用使后之学者，坐披囊箧，而神交万古，不出户庭，而穷览千载，见贤而思齐，见不贤而内自省。

他认为如果没有史书记载，个人的一切德行、功名都会湮灭不闻，“一从物化，坟土未干，则善恶不分，妍媸永灭者矣”。也就是说，史著的作用就是区分善恶辨明美丑，树立不朽的典范，使得真善美得以流传后世。史官不绝，史著长存，就能使得人死而事迹永在，可以像宇宙星辰一样可以长存不朽、熠熠生辉，受到历代后人的追慕；而后世的人，即使足不出户，也可以受到前人的教诲，把善者作为学习的榜样，通过认识恶者的言行来反思自身。

史著作品也有遗漏和不足。这样的行为，刘知幾对之是严厉批评的。如《史通·人物》云：

> 观东汉一代，贤明妇人，如秦嘉妻徐氏，动合礼仪，言成规

---

1 《尚书》卷十二《毕命》，见〔清〕阮元：《十三经注疏》，中华书局2009年版，第521页。

矩，毁形不嫁，哀恸伤生，此则才德兼美者也。

董祀妻蔡氏，载诞胡子，受辱虏廷，文词有余，节概不足，此则言行相乖者也。至蔚宗《后汉》，传标《列女》，徐淑不齿，而蔡琰见书。欲使彤管所载，将安准的?

裴幾原删略《宋史》，时称简要。至如张祎阴受君命，戕贼零陵，乃守道不移，饮鸩而绝。虽古之钼麑义烈，何以加诸？鲍照文宗学府，驰名海内，方于汉代褒、朔之流。事皆阙如，何以申其褒奖?

秦嘉之妻徐淑自毁容颜而守节不嫁，可谓有德；其诗作被选入《玉台新咏》，可谓有才。《后汉书·列女传》不列徐淑，她并没有书名史册，却能被后人永记，就是因为她德才兼备。换句话说，刘知幾默认了立德和优秀的文学作品也可以使人不朽。

刘知幾认为史著载人，可以树立社会道德的典范，从而起到移风易俗的作用。他在《史通·人物》提出，史著应该记载下那些“或陈力就列，功冠一时”，“或杀身成仁，声闻四海”，或“才德兼美”“动合礼仪，言成规矩”的人。因为“师其德业，可以治国治人；慕其风范，可以激贪励俗”。

史著可“使后之学者”，“见贤而思齐，见不贤而内自省”，有利于强化个人修养。此外，史著树立不朽典范，这对国家来说，能树立皇朝正统的典范，可以辨别正邪、顺逆之分，甚至可以推倒伪系而重立政权传承的正统。刘知幾《史通·探赜》就提到：

习凿齿之撰《汉晋春秋》，以魏为伪国者，此盖定邪正之途，明顺逆之理耳。而檀道鸾称其当桓氏执政，故撰此书，欲以绝彼瞻乌，防兹逐鹿。历观古之学士，为文以讽其上者多矣。若齐冏失德，《豪士》于焉作赋；贾后无道，《女史》由其献箴。斯皆短什小篇，可率尔而就也。安有变三国之体统，改五行之正朔，勒成一史，传诸千载，而籍以权济物议，取诫当时。岂非劳而无功，博而非要，与夫班彪《王命》，一何异乎？求之人情，理不当尔。

刘知幾指出习凿齿撰写《汉晋春秋》目的是为了说明曹魏为伪政权，以“定邪正”、“明顺逆”，重树皇权正统的归属。而檀道鸾认为习凿齿著史只是为了讽谏桓温，使其不得对晋政权有叛逆之举，在刘知幾看来这观点是不对的。从对国家政治的影响来说，史著有着文章辞赋不可比拟的作用。轻易写成的单篇散论就可以达到讽谏的目的，谁会劳而无功、博而非要，用一部殚精竭虑写就的史著来进谏呢。檀道鸾的想法是对史著作用的轻视，是不合情理的。

史著可以树立为君为臣的典范，有助于主流意识形态的构建。史家虽然无法改变历史也并不直接参政，但却能借著史、论史来对古今史事进行述评，议政评人，进而间接作用于社会政治，对主流意识形态的构建产生极大的影响力和制约力。刘知幾意识到这种影响力有时候是非常巨大的。他曾说：

五霸之擅名也，逢孔宣而见诋。[1]

1 《史通·鉴识》，见〔唐〕刘知幾撰，〔清〕浦起龙释：《史通通释》，上海古籍出版社2009年版，第189页。

在其看来，即使是如“春秋五霸”这样的人物，其身后之名的荣辱毁誉也要由史家来决定。从这个意义上说，史家掌握的权力甚至凌驾于包括帝王君相在内的任何人之上。

《史通·直书》云：

> 史之为务，申以劝诫，树之风声。其有贼臣逆子，淫乱君主，苟直书其事，不掩其瑕，则秽迹彰于一朝，恶名被于千载。

刘知幾认为，通过对贼臣逆子淫乱君主事迹的秉笔直书可以达到劝勉告诫、树立典范的目的。史著的价值与意义在于它可以使得逆臣贼子因害怕其事迹被载入史书而遗臭万年，不得不在一定程度上收敛自己的恶行。

刘知幾的好朋友，初唐著名史官刘允济常说：“史官善恶必书，使骄主贼臣惧，此权顾轻哉！”[1]宋代，领衔修撰《新唐书》，时任提举编修的曾公亮在写给宋仁宗的《进唐书表》中批评《旧唐书》说：

> 考览前古，以谓商、周以来，为国长久，惟汉与唐，而不幸接乎五代。衰世之士，气力卑弱，言浅意陋，不足以起其文，而使明君贤臣，俊功伟烈，与夫昏虐贼乱，祸根罪首，皆不得暴其善恶以动人耳目，诚不可以垂劝戒，示久远，甚可叹也！[2]

1 〔北宋〕欧阳修、宋祁：《新唐书》卷202列传第127，“文艺中”，中华书局1975年版，第5749页。

2 〔北宋〕欧阳修、宋祁：《新唐书》，中华书局1975年版，第6471页。

曾公亮之所以如此批评《旧唐书》，就是因为他认为该书“明君贤臣，俊功伟烈，与夫昏虐贼乱，祸根罪首，皆不得暴其善恶以动人耳目”。由于失望至极，他在上表中甚至连《旧唐书》的书名都懒得提及。在今人看来，为了纠正《旧唐书》不能彰善显恶以“垂劝戒，示久远”的弊端，《新唐书》在编撰时颇下了一番功夫：“进行所谓‘忠奸顺逆’的褒贬，并在《旧唐书》的类传的基础上，增添了《卓行》、《奸臣》、《叛臣》、《逆臣》等类传，又将原有次序作了重新排列，如在《旧唐书》中，《忠义传》排列第五，《新唐书》改为第一。”[1] 刘允济、曾公亮与刘知幾的观点共同之处就在于都认为史著可以对国家主流意识形态的构建产生重大的影响。

在刘知幾看来，每个人都在追求不朽，这里面当然也包括史家在内。不朽的途径就是书名史册，通过史著的善恶必书，彰善显恶，即可以使得传主留名后世，传之不朽。《史通·直书》饱含深情地指出：

> 南、董之仗气直书，不避强御；韦、崔之肆情奋笔，无所阿容。虽周身之防有所不足，而遗芳余烈，人到于今称之。

刘知幾在强调史著可以让普通人不朽，使贤和不肖者皆表而出之，是史官的责任的同时，也在间接说明史著的流传同样能够让史家自身得以不朽。

在刘知幾看来，史著善恶必书，立此存照，传之不朽，既树立

1 〔北宋〕欧阳修、宋祁：《新唐书·出版说明》，中华书局 1975 年版，第 4 页。

正面的典型，又树立反面的典型。通过正反的对比，建立起供人们学习和效仿的典范。史著等作品的这种典范作用对强化个人修养、维护国家正统、构建主流意识形态等都有着重要的意义。

二、“附传”、“实录”甚至“异说”、“群言”等亦可以使人“不朽”

刘知幾认为，除了史著中人物“列传”外，“附传”、杂史等作品，也可以使得个人留名后世而不朽。《史通》全书多处对这一观点或直接或间接地有所涉及。在刘知幾看来，这些叙事性作品，也可以使人青史留名，起到树立不朽典范的作用。

（一）不朽之士重在青史留名，不必计较是“列传”还是“附传”

刘知幾认为史书留名，不能局限于写得详细还是简略。应当看他的事迹怎样。譬如召平、纪信、沮授、陈容这些人，有的运用了一个奇异的计谋，有的树立了一种异常的气节，都能传之不朽，被后人称颂。不需要把他们的名字编作“列传”，即使是“附传”，也一样使其英名死后流传。《史通·列传》云：

> 寻附出之为义，攀列传以垂名，若纪季之入齐，颛臾之事鲁，皆附庸自托，得厕于朋流。然世之求名者，咸以附出为小。盖以其因人成事，不足称多故也。

“附出”这里即是指“附传”。“附传”这一方法的用意，是依附列传而使附出者名垂后世。如纪季投靠齐国，颛臾臣服于鲁国，都是依托为大国附庸，得以置身于同类之中。但世上追求名望的人，都轻视附出者，大概是因为这些附出者依赖别人而成事，不值得称赞的缘故。

刘知幾认为人们因其智谋或气节不同寻常，并未列为专传而是附见他人传中。即使记载事迹很少，文字很短，只要事件重大感人至深，同样可以不朽，为后人所称颂。刘知幾对“附传”的记载形式，同样是很看重。《史通·列传》举例说：

窃以书名竹素，岂限详略，但问其事竟如何耳。借如召平、纪信、沮授、陈容，或运一异谋，树一奇节，并能传之不朽，人到于今称之。岂假编名作传，然后播其遗烈也！嗟乎！自班、马以来，获书于国史者多矣。其间则有生无令闻，死无异迹，用使游谈者靡征其事，讲习者罕记其名，而虚班史传，妄占篇目。若斯人者，可胜纪哉！古人以没而不朽为难，盖为此也。

秦末广陵人召平载于史册的重要事迹只有一件，即劝说萧何不受封赏反以家财佐军以取得刘邦信任这件事[1]。刘邦部下纪信的主要事迹在《史记》中的记载更简单，只有一句话：“将军纪信乃乘王驾，诈为汉王，诳楚，楚皆呼万岁，之东城观，以故汉王得与数十骑出西门遁。”[2]袁绍谋士沮授在官渡之战中数以奇谋献袁，战败后被曹操俘虏，不屈而死，其事迹附见于他人传记之中[3]。东汉末年陈容是臧洪的同乡，也是其部下。陈容和臧洪一起被袁绍俘虏，后拒绝劝

1 〔西汉〕司马迁：《史记·萧相国世家》，中华书局 2006 年版，第 354 页。
2 〔西汉〕司马迁：《史记·高祖本纪》，中华书局 2006 年版，第 77 页。
3 详见〔南朝宋〕范晔：《后汉书·袁绍列传》，中华书局 2007 年版，第 702、703 页。

降，慷慨就死，事附见于《臧洪传》[1]。

刘知幾认为，召平等人，“非假编名作传，然后播其遗烈也”。在他看来，列名史著，无论是“列传”，还是“附传”，都不会影响传世的效果。

（二）地方“实录”之类的作品，也可以使人不朽

《史通》一书的其他篇章对“著述之功，其力大矣”一说也多有涉及，《杂说下》中写道：

> 十室之邑，必有忠信，欲求不朽，弘之在人。何者？交阯远居南裔，越裳之俗也；敦煌僻处西域，昆戎之乡也。求诸人物，自古阙载。盖由地居下国，路绝上京，史官注记，所不能及也。既而士燮著录，刘昞裁书，则磊落英才，粲然盈瞩者矣。向使两贤不出，二郡无记，彼边隅之君子，何以取闻于后世乎？是知著述之功，其力大矣。

刘知幾认为，忠信之人处处皆有，而能否流芳千古，关键在于他能否被载之于史。交阯、西域地处偏僻，远离中原，因为史官作记无法涉及这些地方，所以自古就没有什么人物流传下来，直到士燮、刘炳撰写史著作品之后，才使得二郡英才人物得以载入史册，传于后世。

士燮所著为何书，《三国志·吴书·士燮传》已不载。据《魏书·刘昞传》载，“刘昞，字延明，敦煌人也”，“著《敦煌实录》

1　详见〔西晋〕陈寿:《三国志·魏书·臧洪传》，中华书局 2006 年版，第 143 页。

二十卷”[1]。该书记载敦煌地区的历史地理人物，是我国最早的一部实录体史书。刘昞的这一著作在当时影响很大，非常流行，437 年沮渠牧犍遣使献给南朝宋文帝刘义隆的 20 种书籍中，就有《敦煌实录》。刘知幾所说的“刘昞裁书”，记录下敦煌英才，指的应该就是这部书。

（三）“异说”、“群言”、“别录”对于史著有着不可替代的作用

刘知幾认为，尽管有些书不是圣贤之书，有些言论不符合经典，学习的人仍应多读多听，关键在于善于进行选择而已。其《史通·采撰》云：

> 子曰：“吾犹及史之阙文。”是知史文有阙，其来尚矣。自非博雅君子，何以补其遗逸者哉？盖珍裘以众腋成温，广厦以群材合构。自古探穴藏山之士，怀铅握椠之客，何尝不征求异说，采摭群言，然后能成一家，传诸不朽。

孔子曾说过，他还来得及看到史书的阙文。由此可知历史文献有遗阙，由来很古。非博雅之人，不能补上史书的遗失散逸。珍贵温暖的裘衣集众狐之腋下毛而成，宽广的大厦要以很多木材构造，自古以来的搜集资料，编撰图书之人，都是征集搜求不同的说法，采摘各家的言论，然后才能成一家之言，传之后世。

可以采纳的“异说”、“群言”，都有哪些呢？《史通·杂述》认为主要有十类著作。分别“偏纪”、“小录”、“逸事”、“琐言”、“郡

---

1 〔唐〕魏收：《魏书》卷 52 列传第 40，中华书局 1974 年版，第 1160 页。

书”[1]、“家史”、“别传”、“杂记”、“地理书”、“都邑簿”。对于这些作品，刘知幾给予了充分的肯定。他《史通·杂述》总结说：

> 然则刍荛之言，明王必择；葑菲之体，诗人不弃。故学者有博闻旧事，多识其物，若不窥别录，不讨异书，专治周、孔之章句，直守迁、固之纪传，亦何能自致于此乎？

刘知幾认为，草野之人的话，圣明的君主也一定要有选择地听取。蔓菁萝卜的叶子，古代诗人也讲不要放弃。学者要广泛了解过去的事情，多识别一些罕见的事物，假如不看别录，不读异书，仅仅研究周公、孔子的词句，守住司马迁，班固的纪传不放，不能达到“补史”目的。

刘知幾也承认，这些作品中难免会有“非圣”、“不经”的内容。但他认为，只要是读者善于选择，就可以没问题了。如《史通·杂述》曰：

> 夫子有云“多闻，择其善者而从之”，“知之次也”。苟如是，则书有非圣，言多不经，学者博闻，盖在择之而已。

刘知幾引用孔子的话，要求学者多读多听，选择其中合理的部分接受。认为这样的“知”仅次于生而知之。如果能做到这样，那么尽

1 “郡书”包括上文提到的刘昞《敦煌实录》等作品，但又不限于“实录”一类，还有其他非实录的作品。

管有些书不是圣贤之书，有些言论不符合经典，学习的人仍应多读多听，关键在于善于进行选择而已。

刘知幾非常重视这些所谓的“异说”、“群言”、“别录”。认为没有它们就没有正史的完整修撰。即使有了正史也是不够的，也要看些其他书籍。即使是“非圣”、“不经”之言论，学者仍需要“博闻”而“择之”。这实际上突出了各类文章在史著的修撰过程中有不可替代的作用。

结合胡应麟的观点，可以更好理解刘知幾“群言”、“别录”也可以使人不朽的观点。和刘知幾的观点相似，胡应麟非常重视“杂俎”的“不朽”作用。其《少室山房集》卷八十三《增校酉阳杂俎序》云：

> 昔杜征南勒文于石，率一置山上，一沈水中，以豫防陵谷之迁毁，其苦心为身后谋，可谓备极。至于石有时以泐，而征南之术于是遂穷。然则欲为不朽计，诚亡若著述之足恃。而著述传与弗传，又未足以尽凭。则亡若大肆其力，于远且难；而小见其能，于近且易。则好之弥众，而其传可必于后，则《杂俎》之流是也。
>
> 故大丈夫志于立言，固当以删诗书、制礼乐为首务（六朝张融语见本传），而业成之后，间一染指于斯，俾吾之不朽于来世，可以万全。亦岂非征南勒石遗意哉？[1]

和刘知幾的观点相同，胡应麟也提出了“著述不朽”说。和刘知幾

1 〔明〕胡应麟：《少室山房集》，上海古籍出版社 1993 年版，第 600 页。

严谨务实略显保守的观点不同，胡应麟甚至认为，小体量的“杂俎”，相比大部头的作品，可以相对更容易令其作者不朽。

综上，对于《左传》“立德”、“立功”、“立言”的“三不朽”之说，刘知幾无疑是承认的。刘知幾的独特之处是更强调文章著述的重要性。刘知幾“书名竹帛”的文章著述不朽观，是在对孔子修《春秋》，司马迁撰《史记》，扬雄撰《法言》、《太玄》等创作实践的理性认识基础之上形成的。同时，也是在对曹丕观点进行思考与批判后形成的。曹丕认为文章写得好，就可以不朽。刘知幾指出，没有做到“实录”的文章，是不会让人不朽的。刘知幾从正反两方面，形成了自己对文章著述的认知。在继承前人先贤的同时，又做出了自己独特的贡献。刘知幾极为尊崇史传作品的价值。他的意思是：一切都会消逝，不管“德”、“功”还是“言”，当世显赫，历时久远也会淡忘；只有被记录于“竹帛”，才会代代相传，永垂不朽。刘知幾鲜明地指出了文字记载的重要价值。这一点是前人已说，但他讲得更突出之处。刘知幾一再强调“著述不朽说”的做法，一方面体现出他作为史家的自尊和自信；另一方面，又从中可以看出刘知幾对文章著述及杂录、杂史类作品的重视。文与史，文章与史著，确实存在着千丝万缕的联系。刘知幾作为卓越的文论批评家，可贵之处在于有着清醒的认识和异于常人的勇气来指明这一点。刘知幾的“著述”不朽观，既不同于历史著述不朽观，又不同于文学的不朽观。这样的观念有其自身价值所在，值得我们重视。

第三章 《史通》的文史分合观

纵观整个中国文学史，文学与史学即使理论上已经可以较明确地区分，但文学仍周期性地“复古”，有意识地向先秦两汉史书学习，历史的基因始终在文学及文学相关理论性表述中得以遗传。正因如此，《史通》文论研究，就需要关注并还原《史通》论史而及文的部分。此外，因为时代和文体自身发展的种种原因，就其出发点和实际效果而言，在内在逻辑方面，刘知幾《史通》文论观点有一定的合理性，同时又有一定的矛盾性。如刘知幾试图抑文扬史，实际上却推动了文学的发展。还原《史通》以史论文、抑文扬史的逻辑内在合理性及矛盾性，亦是《史通》文论研究的应有之义。

第一节 刘知幾对史著“雅”化的要求

刘知幾作为初唐最著名的史家之一。他对史学的传统，有着独到的认识。在反思和追溯史学传统的时候，他提出了史著“雅”的要求。所谓“雅”，即是去除史著中的杂质，使其保持纯正洁净的意思。刘知幾以《史记》、《汉书》视为心中的典范著作，于《史通·采撰》阐述说明了自己的对史著编撰的独到观点：

> 马迁《史记》，采《世本》、《国语》、《战国策》、《楚汉春秋》。至班固《汉书》，则全同太史。自太初已后，又杂引刘氏《新序》、《说苑》、《七略》之辞。此并当代雅言，事无邪僻，故能取信一时，擅名千载。

他认为《史记》、《汉书》之所以“擅名千载”，是因为具备合乎“雅”的标准。包括思想的雅化，即史著的思想要纯正典实，要能取信于后世。内容的雅化，即不能有庸俗，更不能有荒诞污秽的记载。语言的雅化，即史著文学的语言既不能过于夸饰淫丽，又不能过于粗俗鄙陋，要实现本色化。刘知幾对史著“雅”化的要求，论史而及文，涉及神话传说、史传散文甚至戏剧文学等多种文体。是刘知幾及其《史通》文论研究需要关注的重要内容。

一、思想的“雅”化与神话传说的去留

修史是一个非常正式且意义重大的事情。史学家作为严肃的作家，他们懂得把“不雅驯”的传说故事删汰出史著之中。司马迁在修撰《史记·五帝本纪》时发现“学者多称五帝，尚矣。然《尚书》独载尧以来；而百家言黄帝，其文不雅驯，荐绅先生难言之”[1]。为了验证古文经籍的所载内容，寻找事情的真实原委，司马迁曾经往西到崆峒，北过涿鹿，东至大海，南渡长江、淮水，所到之处，参访故老向他们咨询黄帝、尧、舜的事迹。司马迁早在青年时期就有中原之旅，而后有奉命出使的西南夷之旅，扈从武帝出巡

---

1 〔西汉〕司马迁：《史记·五帝本纪》，中华书局1982年版，第46页。

的封禅泰山东南之旅。这样范围广阔的实地勘察，极大开拓了他的眼界和胸襟，而博采各地史料，观民俗、探民情、考证历史逸闻传说等，均为他积累了大量珍贵的第一手资料，成为日后著史坚实的基石。然后他把《春秋》、《国语》、《尚书》等历史材料加以评议编次，“择其言尤雅者，故著为本纪书首”[1]。

刘知幾对史著载事的要求包括思想上要“雅”。要载雅事、雅言。反对迂诞、诡越的内容，反对记述那些荒诞不经的东西。《后汉书·南蛮西南夷列传》中有很多荒诞的内容，其中帝喾之犬“槃瓠”和女子成亲生子的故事较有代表性：

> 昔高辛氏有犬戎之寇，帝患其侵暴，而征伐不克。乃访募天下，有能得犬戎之将吴将军头者，购黄金千镒，邑万家，又妻以少女。时帝有畜狗，其毛五采，名曰槃瓠。下令之后，槃瓠遂衔人头造阙下，群臣怪而诊之，乃吴将军首也。帝大喜，而计槃瓠不可妻之以女，又无封爵之道，议欲有报而未知所宜。女闻之，以为皇帝下令，不可违信，因请行。
>
> 帝不得已，乃以女配槃瓠。槃瓠得女，负而走入南山，止石室中，所处险绝，人迹不至。于是女解去衣裳，为仆鉴之结，着独力之衣。帝悲思之，遣使寻求，辄遇风雨震晦，使者不得进。经三年，生子一十二人，六男六女。槃瓠死后，因自相夫妻。织绩木皮，染以草实，好五色衣服，制裁皆有尾形。其母后归，以状白帝，于是使迎致诸子。衣裳班兰，语言侏离，好入山壑，不

1 〔西汉〕司马迁：《史记·五帝本纪》，中华书局1982年版，第46页。

乐平旷。帝顺其意，赐以名山广泽。其后滋蔓，号曰蛮夷。[1]

这段记载用人犬婚配、兄妹乱伦的事情解释了西蛮南蛮的起源，实在异乎常理人情，荒谬且不能取信于人。今天的我们知道这是上古部族常以禽鸟野兽作为图腾祭拜尊崇，对生命降生、人类起源怀有无限好奇并对之作出神异解释。无独有偶，中原的始祖传说中：夏之祖大禹为父亲鲧剖腹所生，商之祖契源于玄鸟卵，周之祖后稷则始于其母履“巨人迹”。拂去原始的蒙昧给这些传说蒙上的厚重面纱，我们能够剖析出这些记载中的合理内核。但是千年前的刘知幾自然不会用人类学、社会学等各种知识对这些记载进行更深一步的分析，他在意的是，修史者竟然真伪不辨地将如此荒诞之事堂而皇之地载入国家正史之中。

刘知幾不懂得这个槃瓠的故事实乃西南少数民族苗族、瑶族和畲族等的祖源传说，狗是这些少数民族的图腾，而只看到了它荒诞的一面，于是认为这些记载“朱紫不别，秽莫大焉”[2]。他批评国史中的这些记载言辞迂腐荒诞，事迹违背常理。其云：“范晔博采众书，裁成汉典，观其所取，颇有奇工。至于《方术》篇及诸蛮夷传，乃录王乔、左慈、廪君、槃瓠，言唯迂诞，事多诡越。可谓美玉之瑕，白圭之玷。惜哉！无是可也。”[3]刘知幾认为，这些记载对于优秀的史著作品来说就像是美玉上的瑕疵、白圭上的斑点。如果

1 〔南朝宋〕范晔：《后汉书·荀悦传》，中华书局 1965 年版，第 2829 页。

2 〔唐〕刘知幾撰，〔清〕浦起龙释：《史通通释·采撰》，上海古籍出版社 1978 年版，第 116 页。

3 〔唐〕刘知幾撰，〔清〕浦起龙释：《史通通释·书事》，上海古籍出版社 1978 年版，第 231 页。

删除掉它们，那就是白玉无瑕，近乎完美了。

刘知幾出于史家立场，要求修史者必须立足实录，摒弃虚妄不实之说，这自然有其合理与进步性。但在实际著史过程中，著述者会或多或少地将一些原始神话、民间传说载入其中，即便谨严如司马迁，在记载刘邦身世履历时，特意掺入民间诸多传闻：刘邦之母因龙踞其上而生邦；未发迹前的刘邦五彩云气惊动始皇帝，特东巡以镇之；吕雉探望逃亡中的刘邦，亦是望紫气而寻踪送饭；预言者相面即断定吕雉子女将来贵不可言等事。此类做法虽被刘知幾批评为思想不够纯正端严，但从文学的角度来看，却意义重大。虚实莫辨中，史传叙事的传奇性、趣味性、文学性大大增加。

二、语言的“雅”化与史传散文的修辞

在史料裁择上，刘知幾主张著史者需摈弃荒诞，忠于真实；在组织、驾驭史材方面，则要重视文字的表达。著史所用语言不同于创作诗文之语。作诗撰文，讲究比兴、寄托，或言在此而意在彼，或辞清句丽，以超同类，但在刘知幾看来，无论是“言多托兴”的文学性表达，还是质木无文、“语多鄙朴”的不雅表述，均不适用于史传的编写。他在《史通·古今正史》中批评本朝人牛凤及的《唐书》大量取材于私家行状时说：

> 凡所撰录，皆素责私家行状，而世人叙事罕能自远。或言皆托兴，全类诗歌，或语多鄙朴，实同文案，而总入编次，了无厘革。

刘知幾认为，史著和“私家行状”之类的作品有着根本的不同。

“私家行状”是某些贵族高官对自家历史的叙述，这类文字正如《史通·采撰》批评的：“夫郡国之记，谱牒之书，务欲矜其州里，夸其氏族。”往往虚饰失实、语言夸张。撰写史著时，采录这些作品，要对之进行“厘革”，使其语言本色化，方可入于“编次”。这段话直接与史著语言有关，因而值得关注。这段文字中的观点在《史通》其他章节也有所阐述，具体来说，主要有如下三个方面的要求：

首先，去除鄙野之言。刘知幾非常重视史著文学的语言修辞，《史通·叙事》强调：

> “文胜质则史”，故知史之为务，必藉于文。自《五经》已降，三史而往，以文叙事，可得言焉。

“五经”之后至“三史”之前史著的文辞，刘知幾认为是值得一谈的。他在《史通·言语》中举例说：

> 寻夫战国已前，其言皆可讽咏，非但笔削所致，良由体质素美。何以核诸？至如“鹑贲”、“鸜鹆”，童竖之谣也；“山木”、“辅车”，时俗之谚也；“皤腹弃甲”，城者之讴也；“原田是谋”，舆人之诵也。斯皆刍词鄙句，犹能温润若此。

刘知幾反复强调史著文学中的语言修辞问题，他在《史通·叙事》中明确指出要对史著文学语言“励精雕饰”：

夫饰言者为文，编文者为句，句积而章立，章积而篇成。篇目既分，而一家之言备矣。古者行人出境，以词令为宗；大夫应对，以言文为主。况乎列以章句，刊之竹帛，安可不励精雕饰，传诸讽诵者哉？

刘知幾认为，如果文字鄙朴，虽为实录，但也只能被纳入“偏纪”、“小录”之流，而不能成为国史。如《史通·杂述》曰：

偏纪、小录之书，皆记即日当时之事，求诸国史，最为实录。然皆言多鄙朴，事罕圆备，终不能成其不刊，永播来叶，徒为后生作者削稿之资焉。

“偏纪”、“小录”中的记载最为实录，但是因为语言粗鄙质朴，所以只能为后世作者删改著述提供参考，他认为实在有些可惜。

为什么刘知幾这么重视史著文学的语言修辞呢?《史通·言语》讲得非常明白：

盖枢机之发，荣辱之主，言之不文，行之不远。则知饰词专对，古之所重也。

何谓“枢机”?《周易·系辞上》云：“言行，君子之枢机。枢机之发，荣辱之主也。”[1] 刘知幾这里所说的“枢机”是指言语。在他看

1 〔清〕阮元:《十三经注疏》，中华书局 2009 年版，第 164 页。

来言语一经说出，就会决定荣辱；言语没有文采，就不会流传久远。为了让史著文学流传久远，就一定要注意史著文学语言的修辞问题。自古以来，都是如此。

其次，刊正丽辞对语。刘知幾批评《史通·叙事》批评当时史学著作辞藻过于华丽的不良现象：

> 今之所作，有异于是。其立言也，或虚加练饰，轻事雕彩；或体兼赋颂，词类俳优。文非文，史非史，譬夫乌孙造室，杂以汉仪，而刻鹄不成，反类于鹜者也。

刘知幾看到，唐初众多著史者或溺于藻饰以增华，或以赋颂之体取代直书之叙，媚词工句，类似优伶之语，既非文学，亦非史传，刻鹄类鹜，贻笑大方。

刘知幾在《史通·杂说下》中，也批评了文学语言偶对藻丽，史著竟如同诗赋的不良现象。他说：

> 自梁室云季，雕虫道长。平头上尾，尤忌于时；对语丽辞，盛行于俗。始自江外，被于洛中。而史之载言，亦同于此。

刘氏认为，对文章词句的偶对雕琢虽属小道，但自梁代后期起，却日益为世人追捧。在声韵上，避免平头上尾等文之八病成为文人自觉的追求；在辞藻、句式上，则词必求丽、句必求俪。时尚所及，蔚然成风。此风气兴于南朝，波及中原，以至殃及史坛，史官亦采用这种文法以修撰史著，如不加遏制，则危害深矣。为明确其后果以警示世人，刘知幾拈出诸多例子。他紧接着对上述一段话进行了注解：

何之元《梁典》称议纳侯景，高祖曰："文叔得尹遵之降而隗嚣灭，安世用羊祜之言而孙皓平。"夫汉、晋之君，事殊僭盗，梁主必不舍其谥号，呼以字名。此由须对话俪辞故也。

又姚最《梁后略》称高祖曰："得既在我，失亦在予，不及子孙，知复何恨。"夫变我称予，互文成句，求诸人语，理必不然，此由避平头上尾故也。

又萧韶《太清记》曰："温子升《永安故事》，言尔朱世隆之攻没建业也，怨痛之响，上彻天阍；酸苦乏极，下伤人理。"此皆语非简要，而徒积字成文，并由趋声对之为患也。

或声从流靡，或语须偶对，此之为害，其流甚多。"尹遵"或作"王郎"，或作"王遵"，并非。"字名"旧作"姓名"，"皆语"旧作"语皆"，"趋声对"旧作"避声对"，今皆刊正。

刘知幾认为何之元《梁典》任意改动梁高祖的话，就是为了让语言符合骈偶的要求。姚最《梁后略》改"我"为"予"，则是为了互文成句，避免平头上尾的毛病。而梁韶《太清记》记《永安故事》，堆积字句，语言繁琐，则是为了达到骈偶协韵的目的。刘知幾认为史著文学中的这些语言"声从流靡"、"语须偶对"，"此之为害"，"其流甚多"，因而修史者对这些丽辞对语必须都要有所"刊正"。

第三，实现语言本色化。刘知幾认为人物口语要具有个性化，体现地域性、时代感。在刘知幾看来，人物的口语，要具有个性化。如果千人一面，则味同嚼蜡。其《史通·杂说下》指出：

辨如郦叟，吃若周昌，子羽修饰而言，仲田率尔而对，莫不拘以文禁，一概而书，必求实录，多见其妄矣。

刘知幾敏锐地感觉到，人物口语（包括方言和少数民族语言）转换为史著文学文字时难免发生种种变异。对之，刘知幾强调应尽量存其真，体现地域性和时代感，而不可为文字漂亮改口语为雅化的书面语言。正如《史通·言语》所说：

彦鸾修伪国诸史，收、弘撰《魏》、《周》二书，必讳彼夷音，变成华语，等杨由之听雀，如介葛之闻牛，斯亦可矣。

而于其间，则有妄益文彩，虚加风物，援引《诗》、《书》，宪章《史》、《汉》。遂使沮渠、乞伏，儒雅比于元封，拓跋、宇文，德音同于正始。华而失实，过莫大焉。

刘知幾批评魏收、牛弘编撰的《魏》、《周》二书，“讳彼夷音，变成华语”，甚至“妄益文采，虚加风物”，结果让沮渠、乞伏、拓跋、宇文这些少数民族的语言，“儒雅比于元封”，“德音同于正始”。虽然合乎中原文化之审美，但却失实，失真。著史者以谬误传世，过莫大于此。刘知幾上述对语言“雅”化的要求，对于史传散文的创作来说，有着重要的借鉴意义。

三、史著内容的去庸俗化与戏剧因子的萌发

刘知幾对于史著的“雅”化，还要求摒弃庸俗。庸人琐事不应载入史册。《三国志》记载了三国蜀汉的一名博士许慈，其本传只

记载了有关他的一件事，即刘备让两名艺人扮演成许慈和另一位博士进行表演以之取乐，亦达到对两人矛盾进行调和感化，且警示其他官员说话行事要注意涵养的目的。《三国志·许慈传》载：

> 许慈字仁笃，南阳人也。师事刘熙，善郑氏学，《治易》、《尚书》、《三礼》、《毛诗》、《论语》。建安中，与许靖等俱自交州入蜀。时又有魏郡胡潜，字公兴，不知其所以在益土。潜虽学不沾洽，然卓荦强识，祖宗制度之仪，丧纪五服之数，皆指掌画地，举手可采。先主定蜀，承丧乱历纪，学业衰废，乃鸠合典籍，沙汰众学，慈、潜并为学士，与孟光、来敏等典掌旧文。值庶事草创，动多疑议，慈、潜更相克伐，谤讟忿争，形于声色；书籍有无，不相通借，时寻楚挞，以相震撼。其矜己妒彼，乃至于此。先主愍其若斯，群僚大会，使倡家假为二子之容。效其讼阋之状，酒酣乐作，以为嬉戏，初以辞义相难，终以刀杖相屈，用感切之。[1]

三国之时，群雄蜂起，逐鹿中原。形势朝夕千变，大事层涌，可录者众多。然《三国志》作者却在《蜀书·许慈传》里重墨浓彩的记载了许慈、胡潜这两个文官打口水仗之事。文人相轻，各矜才能，不能相容，争吵、谩骂乃至棍棒相向；终于上达圣听。刘备出面调解纷争，巧言劝说。于是便有了在群僚大会上，倡优扮做二人再现其争斗丑态的表演。这件事情放在三国的大背景下，实在无足轻

1 〔西晋〕陈寿：《三国志·蜀书·许慈传》，中华书局 2006 年版，第 607 页。

重，故刘知幾认为，此类琐屑事全无录入之必要，记之，便是俗而不雅。

在刘知幾看来，许慈、胡潜是平庸无奇之辈，“阙之不足为少，书之唯益其累。而史臣皆责其谱状，征其爵里，课虚成有，裁为列传，不亦烦乎”。[1] 刘知幾认为，史著删掉他们不会有什么缺失，写出来它们只会增加累赘。作家们对这些人搜集其世系，考证其籍贯，编成列传，载于列传，这种做法实在是繁琐而没有意义。

但如果我们从古典戏曲发展史的角度来看，这则记载则意义重大。它上承司马迁《史记·滑稽列传》中对优旃、优孟的描写，下接南北朝《赵书》中对参军戏的记载。同时，又和当时《(吴)质别传》中召优说肥瘦以取乐的内容相互证。显示出倡优表演从婉言谏言、讽刺君过，到君上对臣民批评、规劝甚至同僚之间调侃戏弄的重大变化。戏剧寓教于乐的独特功能为史家所重视和发掘。不论著史者出于什么目的，但若没有司马迁的《滑稽列传》，我们便失却了古典戏曲从上古巫觋歌舞以娱神，到帝王宫廷中优旃、优孟以戏谑以娱人的重要史料；若没有《三国志·蜀书·许慈传》、裴松之注解《魏书·吴质传》时所引《(吴)质别传》及《赵书》等的相关记载，我们便不会对参军戏在当时流行之状了解如此具体；同样，《旧唐书·音乐志》的记载，使后人了解了以北齐《兰陵王》、西域《拨头》、隋末河朔《踏摇娘》为代表的角抵戏在唐代的演变与兴盛……从对伶人只言片语的记载，到有装扮的竞技，再到演绎

1 〔唐〕刘知幾撰，〔清〕浦起龙释《史通通释·人物》，上海古籍出版社 1978 年版，第 239 页。

一个首尾完整、情节跌宕的故事。宋至晚明直刺权奸的时事剧蔚然兴起。清代取材史书的《长生殿》、《桃花扇》双峰并峙。千余年来，我们的史书中总会出现见证古典戏曲发展重要阶段的相关记载，如草蛇灰线，绵延不绝。

史书中的这些记载，事真而戏假，寓庄于谐，本身具有很强的趣味性。反过来，史书中的历史故事，又成为诗文、戏曲创作无尽的资源，二者相待而成。

总之，刘知幾从史家的角度出发，要求史书的编撰必须遵循思想正、语言雅、内容纯的规范。但是，我们又不能不承认，史书中所录入的民间传说、细闻琐事等内容，对文学、民俗学、思想史、制度史等均有重要的参考作用。刘氏言及的正反意见及其价值所在，是《史通》文论研究的必要组成部分，值得我们进一步挖掘与探寻。

第二节　刘知幾对诗赋文学作品之“用”的认识

刘知幾是位杰出的史家，但又具有优秀的文学才能。他对文学的看法既不同于唐初其他史家，又不同于一般文学家。刘知幾重视反映现实、有讽谏作用的文学作品，反对片面追求辞藻雕饰而忽视实际内容的做法。刘知幾的文学观符合文学发展的事实，顺应了文学发展的规律，更为合理客观。

在讨论刘知幾的观点之前，先来看下初唐史家对文学的看法。初唐史家认为文学可以“通古今、述美恶”。唐初曾修八史。其中的《晋书》题为“御撰”，实为房玄龄领衔修撰。又有诏修五部。

为姚思廉《梁书》与《陈书》、李百药《北齐书》、令狐德棻《周书》、魏征《隋书》。此外,《南史》、《北史》两部，为李延寿私人编修，但获得政府批准而列为正史。这八部史书，除《周书》外，都有《文苑传》或《文学传》。初唐史家在《文苑传》、《文学传》的“序”、“赞”中，较为清楚地表明了自己对文学之用的看法。

唐修八史中，贞观二十二年完成的《晋书》，思想内容的主要基调是鼓吹孝道、忠君、命定论、因果报应。高宗显庆四年上奏的《南》、《北》二史，意重谱系，旨在突出门阀制度。相较而言，贞观十年奉诏完成的五部史书，修撰本意，应是“鉴前代败事，以为元龟”[1]之用。其中,《梁》、《陈》、《北齐》、《隋书》四部之《文苑传》或《文学传》对文学的看法，除了继承传统的观风察俗、教化天下甚至经纬天地之说外，又有新意。突出了文学能够“通古今、述美恶”的作用。

姚思廉（557–637年）《梁书·文学传序》云：

> 经礼乐而纬国家，通古今而述美恶，非文莫可也。是以君临天下者，莫不敦悦其义，缙绅之学，咸贵尚其道，古往今来，未之能易。[2]

姚思廉《陈书·文学传序》中亦有类似的观点：

1 〔唐〕吴兢:《贞观政要集校》卷六《杜谗邪》“贞观十六年”条，中华书局2009年版，第348页。

2 〔唐〕姚思廉:《梁书》，中华书局1973年版，第685页。

《易》曰“观乎人文以化成天下”，孔子曰“焕乎其有文章”也。自楚、汉以降，辞人世出，洛汭、江左，其流弥畅。莫不思侔造化，明并日月，大则宪章典谟，裨赞王道，小则文理清正，申纾性灵。至于经礼乐，综人伦，通古今，述美恶，莫尚乎此。[1]

魏征（580–643 年）《隋书·文学传序》持相似论断：

上所以敷德教于下，下所以达情志于上，大则经纬天地，作训垂范，次则风谣歌颂，匡主和民。或离谗放逐之臣，途穷后门之士，道轗轲而未遇，志郁抑而不申，愤激委约之中，飞文魏阙之下，奋迅泥滓，自致青云，振沈溺于一朝，流风声于千载，往往而有。是以凡百君子，莫不用心焉。[2]

魏征、姚思廉等史家，都一致地以儒家的思想和经典作为根据，指出文学与风俗人伦有密切的关系，认为文学应为教化服务。他们的这些言论，大都是承袭或发挥前人旧说，没有什么创新的意义。但是，他们提出，文学的作用，除了教化外，还有“通古今”、“述美恶”的作用。这是值得注意的。

初唐史家，参考学习了曹丕等魏晋文论家的部分论断。如李百药（564–648 年）《北齐书·文苑传序》就说过：

1 〔唐〕姚思廉：《陈书》，中华书局 1972 年版，第 453 页。

2 〔唐〕魏征：《隋书》，中华书局 1973 年版，第 1729 页。

善乎！魏文之著论也："人多不强力，贫贱则慑于饥寒，富贵则流于逸乐，遂营目前之务，而遗千载之功，日月逝于上，体貌衰于下，忽然与万物迁化，斯志士大痛也。"[1]

进一步阐发或者说强调了，所谓志士仁人忧惧身殒名灭而奋力著述的观点。

总体而言，初唐史臣的观点，一方面继承了魏晋南北朝时期，关于文学之用的观点。又有不同之处。魏晋文学家、文论家对于文学的作用，多有肆意夸张之处。贞观初年的诏修五史，由身居高位的政治家参与修撰。正宰相房玄龄、副宰相魏征任"总监"，又由魏征"总加撰定"，令狐德棻"总知类会"。[2] 这些史著，注重文学作品的民风教化与政治治理的功能。同时，更突出了文学作品"通古今而述美恶"的作用，反映了立朝之初的史学家，希望借古鉴今，惩恶劝善的特色。其不足在于，对文史二者的区别与关联及文学自身各类文体之间的异同，没有更具体的说明与进一步的界定。

刘知幾曾毫不掩饰地指出"词人"与史家的区别。徐陵、庾信是词人，马迁、班固是史家。让文字"轻薄"如"粉黛"的词人著史，是绝对不合适的。这是刘知幾的核心观点之一。刘知幾对唐修《晋书》的指责相当尖锐。号称正史，后被列入二十四史之一的《晋书》，由房玄龄领衔修撰，因《宣纪》、《武纪》、《陆机传》、《王羲之传》等篇论赞部分，由太宗自为之，故号"制曰"，并总题其

1 〔唐〕李百药：《北齐书》，中华书局 1972 年版，第 602 页。
2 详见《旧唐书》卷 71《魏征传》及卷 73《令狐德棻传》。

书为“御撰”。尽管《晋书》打着唐太宗的旗号，刘知幾对其仍毫不客气，直指要害，认为其书行文不伦不类。《史通·论赞》曰：

> 大唐修《晋书》，作者皆当代词人，远弃史、班，近宗徐、庾。夫以饰彼轻薄之句，而编为史籍之文，无异加粉黛于壮夫，服绮纨于高士矣。

在刘知幾看来，大唐修撰《晋书》，作者都是当代的文学之士，放弃了过去的司马迁、班固，崇奉近代的徐陵、庾信。用经过修饰的轻浮浅薄的文辞，编成史籍中的文字，就和在壮汉的脸上涂脂抹粉，让超脱世俗之人穿花绸衣服没什么两样。

刘知幾的批评并不是无中生有，《晋书》部分内容确实出现了叙事细节化的趋势，如《晋书·袁宏传》载：

> 袁宏有逸才，文章绝美，曾为《咏史诗》，是其风情所寄。少孤贫，以运租自业。谢尚时镇牛渚，秋夜乘月，率尔与左右微服泛江。会宏在舫中讽其所作《咏史诗》，咏声既清会，词又藻丽，遂驻听久之，遣问焉，答云：“是袁临汝郎诵诗。”即其咏史之作也。尚倾率有胜致，即迎升舟，与之谈论，申旦不寐。[1]

文笔华丽，记事琐细，叙述迂缓，不类史书，反似文学小传。刘知幾对史著中的这种现象非常不满，他在《史通·点繁》就对《晋

1 〔唐〕房玄龄：《晋书·文苑传》，中华书局1974年版，第2391页。

书·袁宏传》中上述那段文字进行了删减。

史家撰史，以传主为主。“只要反复印证一种历史的真实，并不特别设计出说话或小说的趣味性”，这是“史家据笔直书的实用功能所致”。[1] 在今天我们看来，叙事的细节化，是由历史著作向文学作品转化的重要方式和途径。有无细节描写是区别叙事文学和历史著作的一个重要标志。董乃斌先生在《中国古典小说的文体独立》一书中指出：“使得我们得以把作为小说的唐传奇和历史著作区分开来的首要依据，是它们内容上的巨大差异。从历史到小说，就内容而言，是经历了一个由政事纪要式向生活细节化的转变。”[2]

对于文学作品，刘知幾注重的是其反映现实和教化的作用。文学作品要“不虚美，不隐恶”。刘知幾重视诗赋作品对“实录”的重视。在评价屈赋和吉甫的诗歌作品时，《史通·载文》曰：

> 若乃宣、僖善政，其美载于周诗；怀、襄不道，其恶存乎楚赋。读者不以吉甫、奚斯为谄，屈平、宋玉为谤者，何也？盖不虚美，不隐恶故也。是则文之将史，其流一焉，固可以方驾南、董，俱称良直者矣。

刘知幾强调文学的实质和史学一样，也要强调其实录性。主张用史学精神来约束和规定诗赋作品。周宣王、鲁僖公政绩很好，对他们的赞美分别载于《诗经·大雅》的《崧高》、《烝民》、《韩奕》、《江

1　李丰楙：《神话与变异：一个“常与非常”的文化思维》，中华书局 2010 年版，第 202 页。
2　董乃斌：《中国古典小说的文体独立》，中国社会科学出版社 1994 年版，第 172 页。

汉》四篇及《诗经·鲁颂》的《駉》、《有駜》、《泮水》、《閟宫》四篇；楚怀王、楚襄王昏庸无道，对他们的谴责载于楚赋，读周诗的人并不认为尹吉甫、奚斯谄媚，读楚赋的人也不认为屈原、宋玉诽谤，为什么呢？原来是因为他们并没有夸大君王的好处，也没有隐藏君王的坏处。这就是说，文章和史著，它们的性质是一致的，当然他们也就可以和南史、董狐并驾齐驱，都可称得上“良文直笔”了。从反映社会现实和教化人民的角度来说的，刘知幾的观点有其合理性。

刘知幾最看重的文学作品功能是“惩恶劝善，观风察俗”。《史通·载文》又云：

> 史氏所书，固当以正为主。是以虞帝思理，夏后失御，《尚书》载其元首、禽荒之歌；郑庄至孝，晋献不明，《春秋》录其大隧、狐裘之什。其理说而切，其文简而要，足以惩恶劝善，观风察俗者矣。

刘知幾认为，编史者所记录下的内容，本来就应当以雅正为主。虞舜渴望天下大治，夏帝太康丧失统治国家的权力，《尚书》中的“元首之歌”和“禽荒之歌”，记载的就是他们这些事。郑庄公至孝，晋献公昏庸，《春秋》“大隧之诗”和“狐裘之诗”，说的就是这二人的事情。这些诗歌，表现的道理正直而恳切，使用的文字简明而扼要，足以惩戒恶人，劝勉好人，考察风俗，了解民情。

对于个人有惩劝功能。对于国家和社会来说，文学作品还有如镜子。能看到其盛衰。如《史通·载文》还指出：

夫国有否泰，世有污隆，作者形言，本无定准。故观猗与之颂，而验有殷方兴；睹《鱼藻》之刺，而知宗周将殒。

国运有逆顺，世道有兴衰，写作的人在语言上表现出来，随时而变，本来没有一定之规。所以读"猗欤"的颂诗，就可证实殷商当时正处于兴盛时期；看讽刺之诗《鱼藻》，就知道周代即将灭亡。

刘知幾认为，以诗赋为主体的文学作品，应该起到反映现实并进行惩劝的作用，而不是个人实现"不朽"的工具或手段。这是刘知幾对诗赋之用的判断。这就决定了在谈到文史二者的关系时，刘知幾更侧重的是史学对文学的约束作用。在其看来，符合史学实录原则的是好作品。而史著对文学的发展有着指导作用。在刘知幾看来，史著通过收录那些崇尚质实，拒绝浮华的作品，可以在一定程度上影响文学家的辞赋创作，遏制当时文坛上的淫丽之风。

刘知幾认为史著选文，能够树立文学的典范，从而在一定程度上影响社会的文风，对国家的文化建设起到一定的作用。他在《史通·载文》郑重地提出：

昔夫子修《春秋》，别是非，申黜陟，而贼臣逆子惧。凡今之为史而载文也，苟能拨浮华，采贞实，亦可使夫雕虫小技者，闻义而知徙矣。此乃禁淫之堤防，持雅之管辖，凡为载削者，可不务乎？

刘知幾指出，当年孔夫子修《春秋》，分辨是非，申张褒贬，而使贼臣、逆子恐惧。凡是今天编著史书而在书中记载当时人文章的，假如能拨开浮华的东西而采录真实，也就可以使那些从事文章辞赋之类雕虫小技的人，听到了大道理就能追随。这是禁阻淫丽之风的堤防，坚持雅正之道的关键，凡是从事史书编撰的人，都必须注意。

总的来说，刘知幾出于对史著“雅”化的要求，间接论及了神话传说、史传文学、诗赋作品甚至中国戏剧史方面的内容。刘知幾反对历史著述的骈俪行文。拒绝将文学作品的技法向史学著作浸染。这些论述都有他的合理之处。与初唐史臣相比，刘知幾对文学作品的看法有所创新。刘知幾对诗赋类文学作品的看法，经历了一个由喜爱到遗弃的变化。《史通·自叙》：“余幼喜诗赋，而壮都不为，耻以文士得名，期以述者自命。”刘知幾小时候喜好诗赋，而壮年以后就不再写作了，对作为文士而知名感到可耻，希冀把自己当成一个著述之人。就是因为司马相如《子虚》、《上林》，扬雄《甘泉》、《羽猎》及班固《两都赋》，马融《广成赋》诸作，辞藻绮丽淫靡，手法夸张失实。刘知幾本不愿过多关注文学作品。但是，刘知幾在构建史学理论体系的同时有意或无意中隐约概括了一个文学发展“图景”（刘氏所认可的好的文学类型及文学范式）。刘知幾力图通过史传“选文”的方式，树立经典诗赋文学作品的标杆。这个标杆是以史学的“实录”、“惩劝”为旨归。也正因为这些原因，在今天看来，刘知幾对文学作家作品、文学表现手法等作出的种种论述甚至批评，恰恰成为当下中国古代文学研究的重要借鉴，甚至可以说是刘知幾及其《史通》在文论方面所做出的重要贡献。

第四章 《史通》的文学虚构观

“虚构”是文艺创作的一种艺术手法。主要是指在创作过程中，作者根据行文的需要，在掌握生活素材的基础上进行加工，凭借自己的想象创造出一些人物、故事情节或环境描写等的细节部分，这些艺术加工的产物在现实世界中并不存在，但又符合一定的生活逻辑，故而可以更为有效地表情达意或彰显主旨。

古希腊哲学家亚里士多德在谈到历史学家和诗人的区别时说：“历史学家和诗人的区别不在于是否用格律文写作，而在于前者记述已经发生的事，后者描述可能发生的事。所以，诗是一种比历史更富哲学性、更严肃的艺术，因为诗倾向于表现带普遍性的事，而历史却倾向于记载具体事件。”[1] 正如其所言，从某种程度上来说，“虚构”与否是文学和历史的根本区别。但是具体到不同的文体，中西方对文史之分的相关认识与具体创作又不完全一致。中国古典诗歌向来有反映民生疾苦等社会现实的传统。伟大诗人杜甫的作品有“诗史”之称。对写实性的侧重成为其显著特色之一。而中国古代小说、戏剧文体，其“虚构”的属性或者特质则更为明显。

---

1 〔古希腊〕亚里士多德：《诗学》，商务印书馆 1996 年版，第 81 页。

“虚构”是小说、杂剧文体的本质属性之一。明清时代的学者、小说家清楚意识到虚构对于小说来说，是不可或缺的。明代学者谢肇淛《五杂组》卷十五“事部三”中，在评论《西京杂记》、《飞燕外传》、《天宝遗事》诸作品时提出：“凡为小说及杂剧戏文，须是虚实相半，方为游戏三昧之笔。亦要情景造极而止，不必问其有无也。”[1] 明末清初小说家“幔亭过客”袁于令于《西游记题辞》云：“文不幻不文，幻不极不幻。是知天下极幻之事，乃极真之事；极幻之理，乃极真之理，故言真不如幻。”[2] 这一点，也是西方学者的共识。如在给小说定义时，法国批评家阿贝尔·舍瓦莱在他那本出色的小册子《当代英国小说》中说：“所谓小说者，‘具有一定长度之散文体虚构作品’也。”对之，英国二十世纪最杰出的小说家和批评家 E. M. 福斯特在其《小说面面观》中认为：“对我们来说，这定义已经不错了。”[3] 即使是在质疑历史客观性的后现代主义历史学家看来，这个标准也是有说服力的，如美国历史学家海登·怀特在其《元史学：十九世纪欧洲的历史想象·中译本前言》中说：“十分坦率地说，我倾向于现代边沁主义和费英格尔的意义上来理解虚构（本文按：历史的虚构）的概念，即将它看成假设性构造和对实在的‘好像’(as if) 式描述，因为这种实在不再呈现在感知前，它只能被想象而非简单地提起或断定其存在。”[4] 在他们看来，尽管历史著作不可避免地带有“假设性”和“好像式”，但是历史

1 上海古籍出版社编：《明代笔记小说大观》，上海古籍出版社 2005 年版，第 1829 页。
2 〔明〕吴承恩：《西游记》，上海古籍出版社 1994 年版，第 1 页。
3 〔英〕E. M. 福斯特：《小说面面观》，人民文学出版社 2009 年版，第 3 页。
4 〔美〕海登·怀特：《元史学：十九世纪欧洲的历史想象》，译林出版社 2009 年版，第 7 页。

仍然是一种对“实在”的描述。

中西方文学理论家都极为重视文学作品的“虚构”属性。具体到小说作品，更是如此。可以说，有了虚构的独立，才有了小说文体的独立。“虚构”是与小说文体的孕育、萌芽、发展、成熟相伴始终的。对于小说理论的研究，有着非常重要的意义。基于这一点，我们所进行的《史通》文论研究，既然聚焦于小说等叙事性文体，就不可避免地要谈到作品的虚构问题。因为从某种程度上说，正是对文学虚构有了更为准确的认识，才进而推动了古代小说文体的独立与笔记文学作品创作的繁荣。

第一节　两晋“虚构观”之考察

两晋南北朝时期，人们对实录和虚构关系的认知，多以为“虚构”的内容是缺少价值的。具体又可以分成三种类型。其一，将虚构的强行说成是真实的。其二，视“虚构”为批判的对象。如果不是“实录”，就可能被抛弃。第三种，承认可能有虚构的内容，但同时辩解说，这并不是自己的本意。其本质，仍然是否认虚构的价值所在。详述如下。

一、将虚构的内容强行说成是真实的

人们将虚构内容强行说成真实的意图，在对志怪作品评价时表现得最为明显。如《山海经》、《神仙传》、《拾遗记》诸作，其内容存在虚构。两汉到南北朝的人们，却将其中虚构内容强行说成真实的。对之，并非没人质疑。只是在遇到质疑时，如果实在不能说成

真实的，编撰者就会将相关内容删除摒弃。结合西汉刘秀（按：即刘向之子刘歆，字子骏，避讳改名秀）《上山海经表》和两晋学者郭璞《山海经序》、东晋葛洪《神仙传序》、南朝梁萧绮《拾遗记序》等材料，可以更清楚地看出这一点。

《山海经》，最早版本是郭璞《山海经注》，其卷首有刘歆（公元前50年–公元23年）《上山海经表》，其文如下：

> 禹别九州，任土作贡，而益等类物善恶，著《山海经》，皆圣贤之遗事，古文之著明者也。其事质明有信。……朝士由是多奇《山海经》者，文学大儒皆读学以为奇，可以考祯祥变怪之物，见远国异人之谣俗。故《易》曰："言天下之至赜而不可乱也。"博物之君子，其可不惑焉。[1]

这里可以看出，刘歆看来，《山海经》中的记载都是真实可信的，皆圣贤之遗事，古文之著明者也。其事质明有信。文学大儒皆读书学习它，以为可以考祯祥变怪之物，见远国异人之谣俗。又引用《易》曰："言天下之至赜而不可乱也。"此语源自周易《系辞上》："言天下之至赜，而不可恶也；言天下之至动，而不可乱也。"[2]"赜"，是博杂、玄妙的意思。"言天下之至赜而不可乱也"，意思是指探求讨论天下万物的幽深玄妙与复杂现象，不可信口开河、胡乱言说。刘歆认为《山海经》讲述了世间最幽深的道理，说

1 〔战国〕无名氏著，周明初校注：《山海经》，浙江古籍出版社2010年版，第192页。
2 〔清〕阮元：《十三经注疏》，中华书局2009年版，第163页。

了万事万物运动的最一般的规律。博物之君子，观后可明辨而不疑焉。

郭璞（276年–324年）《注山海经叙》曰：

世之览《山海经》者，皆以其闳诞迂夸，多奇怪俶傥之言，莫不疑焉，尝试论之曰：庄生有云“人之所知莫若其所不知”，吾于《山海经》见之矣。夫以宇宙之寥廓，群生之纷纭，阴阳之煦蒸，万殊之区分，精气浑淆，自相喷薄，游魂灵怪，触象而构。流形于山川，丽状于木石者，恶可胜言乎。然则，总其所以乖，鼓之于一响；成其所以变，混之于一。世之所谓异，未知其所以异，世之所谓不异，未知其所以不异。何者？物不自异，待我而后异。异果在我，非物异也。[1]

郭璞认为“物不自异，待我而后异，异果在我，非物异也”，人们应该“不怪所可怪，则几于无怪矣，怪所不可怪，则未始有可怪也。夫能然所不可，不可所不可然，则理无不然矣”。[2] 这就是强行地将虚构的视为真实的记录。

葛洪（283–363年）撰《神仙传》，是为了回答弟子滕升关于“有无神仙”的质疑而创作的。见《神仙传·原序》：

洪著内篇（按：即《抱朴子·内篇》），论神仙之事，凡二十

1 〔战国〕无名氏著，周明初校注：《山海经》，浙江古籍出版社2010年版，第193页。
2 同上。

卷，弟子滕升问曰："先生曰神仙可得不死，可学古之得仙者，岂有其人乎?"答曰："昔秦大夫阮仓，所记有数百人，刘向所撰，又七十一人，盖神仙幽隐，与世异流，世之所闻者，犹千不及一者也。……余今复抄集古之仙者，见于仙经服食方及百家之书，先师所说，耆儒所论，以为十卷，以传知真识远之士。其系俗之徒，思不经微者，亦不强以示之矣。则知刘向所述，殊甚简略，美事不举。此传虽深妙奇异，不可尽载，犹存大体。偶谓有愈于向，多所遗弃也。"[1]

葛洪自己所撰《抱朴子》记载神仙之事，结果受到了弟子的质疑，无奈之下，葛洪又搜集了古代的神仙事迹，来作为自己《抱朴子》所言不虚的凭证。同时，也是由于葛洪对刘向《列仙传》记事叙述简略，好多事情失于记载的不满所致。所著《神仙传》目的是为自己辩解和为刘向补缺。

刘歆、郭璞、葛洪等人认为文献中的虚构记载是真实的，并将之视为虚实相混的古今之"异"，即一种客观世界中真实存在的，然而又是常人难以证实的东西。神奇怪异之事，不可能所有内容都能强行证明是实录。这个时候，也要删去一部分。剩下的内容，人们还是说成"实录"。南朝梁萧绮就有类似的观点，其《拾遗记序》曰：

世德陵夷，文颇缺略。绮更删其繁紊，纪其实美，搜刊幽

1 〔东晋〕葛洪撰，邱鹤亭注译：《列仙传注译·神仙传注译》，中国社会科学出版社 2004 年版，第 96 页。

> 秘，捃采残落，言匪浮诡，事弗空诬。推详往迹，则影彻经史；考验真怪，则叶附图籍。[1]

萧绮认为，自己整理后的《拾遗记》，“删其繁紊，纪其实美，搜刊幽秘，捃采残落，言匪浮诡，事弗空诬。推详往迹，则影彻经史；考验真怪，则叶附图籍”。就是直接将《拾遗记》媲美于儒家经典、国家正史了。

这些典籍中的内容，在当时并不是没有面临质疑；恰恰是因为质疑，才有了辩解。如果没有这种强称“实录”的辩解，就可能失传了。这也说明了两晋时人，都不肯承认所谓的“异”，实际上即包含虚构因子在内。

与上述观点不同，刘知幾认识到“偏记小说”不同于“正史”。二者是一种“参行”的关系。见《史通·杂述》：

> 在昔《三坟》、《五典》，《春秋》、《梼杌》，即上代帝王之书，中古诸侯之记，行诸历代，以为格言。其余外传，则神农尝药，厥有《本草》；夏禹敷土，实著《山经》；《世本》辨姓，著自周室；《家语》载言，传诸孔氏。是知偏记小说，自成一家。而能与正史参行，其所由来尚矣。

刘知幾认为，古代的《三坟》、《五典》、《春秋》、《梼杌》，就是上古帝主的史书、中古诸侯的记载，历代流传，作为规范。其余的外

1 《汉魏六朝笔记小说大观》，上海古籍出版社 1999 年版，第 492 页。

传，如神农遍尝草药，有《神农本草》。夏禹亲历各地风物，编著了《山海经》。《世本》辨别帝王诸侯的姓氏，出自于周代。《家语》记载孔子及其弟子的言论，传自于孔氏。可见偏记、小说，自成体系，与正史并行，其来已久。

刘知幾并没有把《山海经》里面的记载等同于历史。而是把其作为参照，来推断或者补充经史中的内容，以做出合乎情理的结论。如《史通·疑古》：

> 《尧典》序又云："将逊于位，让于虞舜。"孔氏注曰："尧知子丹朱不肖，故有禅位之志。"按《汲冢琐语》云："舜放尧于平阳。"而书云：某地有城，以囚尧为号。识者凭斯异说，颇以禅授为疑。然则观此二书，已足为证者矣。而犹有所未睹也。何者？

《尚书·尧典》说，尧打算将帝位禅让给舜。孔安国注说，尧知道儿子丹朱是个道德败坏的人，所以想把帝王的位置禅让给别人。然而，刘知幾发现，《汲冢琐语》上面却说舜将尧囚禁在平阳。《竹书纪年》上又说，某地有一城，叫作"囚尧"城。有见识的人根据这种不同于一般的说法，对尧禅位于舜这件事非常怀疑。那么根据这两部书的内容，已经足可证明禅让之可疑。

刘知幾认为，《山海经》把尧的儿子丹朱，放在帝王之列。这可能是因为舜虽然剥夺尧的帝王权力，但仍然将他的儿子立为帝王，不久，再从他儿子的手中将王位夺过来。刘知幾《史通·疑古》自问自答说：

据《山海经》，谓成勋之子为帝丹朱，而列君于帝者。得非舜虽废尧，仍立尧子，俄又夺其帝者乎？

观近古有奸雄奋发，自号勤王，或废父而立其子，或黜兄而奉其弟，始则示相推戴，终亦成其篡夺。求诸历代，往往而有。必以古方今，千载一揆。斯则尧之授舜，其事难明，谓之让国，徒虚语耳。

刘知幾认为，回顾历史，常有一些奸雄在谋取帝位时，打着保卫帝王的旗号而出兵。最后废其父而立子，或者驱其兄而立弟。奸雄权臣一开始向国人表示出拥戴新王的态度，最终还是自己夺取了帝位。这种情况，历代都有。刘知幾用古代尧舜禅让的情况比照奸雄（按：如王莽代西汉、曹魏代东汉）谋取帝位的做法，发现千百年来的改朝换代的方式有相似之处。

刘知幾根据《山海经》、《汲冢琐语》等的记载，得出一个结论，尧让位给舜的事情，很难弄清楚，一定说是禅让，实在没有多少根据。刘知幾的论断，被封建社会无数固守儒家经典的人攻击和诬陷。但在今天看来，无疑是很有道理的。

再来看刘知幾对于《拾遗记》的论断。王嘉《拾遗记》共十卷，前九卷记自上古庖牺氏、神农氏至东晋各代的历史异闻，其中关于古史的部分很多是想象丰富、情节离奇的神话。汉魏以下多是道听途说的传闻，其宣扬神仙方术者，更皆荒诞不经，为正史所不载。末一卷则记昆仑等八个仙山。对之，刘知幾《史通·杂述》毫不留情地指出：

郭子横之《洞冥》，王子年之《拾遗》，全构虚辞，用惊愚俗。

刘知幾认为，郭宪的《汉武洞冥记》、王嘉的《拾遗记》，全是虚构之辞，用来引起那些无知庸人的惊奇，这就是它最为严重的弊病。刘知幾的观点是符合实际的。

二、视“虚构”为批判的对象

东晋时期人们对作品的好尚，多抱着求异但同时求真的目的。一旦发现不是真的，就会对其失去兴趣。就这一点而言，裴启《语林》由流行一时到终被遗弃，就是典型的例子。

东晋裴启《语林》记述汉魏两晋上层人物的轶事言谈与他们的辞赋作品。艺术上侧重于记言，文辞简洁。[1] 其书一出，风行一时。见《世说新语·文学》第 90 则：

裴郎作《语林》，始出，大为远近所传。时流年少，无不传写，各有一通。载王东亭作《经王（按：当做“黄”）公酒垆下赋》，甚有才情。[2]

但因为谢安的原因，《语林》慢慢被抛弃了。见《世说新语·轻诋》第 24 则：

---

1 此书多为后来《世说新语》所取材。今鲁迅《古小说钩沉》有辑本。后周楞伽亦有《裴启语林》辑本，由文化艺术出版社 1988 年出版。

2 〔南朝宋〕刘义庆撰，〔南朝宋〕刘孝标注，余嘉锡笺疏：《世说新语笺疏》，中华书局 1983 年版，第 318 页。

庾道季诧谢公曰："裴郎云：'谢安谓裴郎乃可不恶，何得为复饮酒？'裴郎又云：'谢安目支道林，如九方皋之相马，略其玄黄，取其俊逸。'"谢公云："都无此二语，裴自为此辞耳。"庾意甚不以为好，因陈东亭《经酒垆下赋》。读毕，都不下赏裁，直云："君乃复作裴氏学！"于此《语林》遂废。今时有者，皆是先写，无复谢语。[1]

关于谢安称赞支道林这件事，刘孝标注引《支遁传》曰："遁每标举会宗，而不留心象喻，解释章句，或有所漏，文字之徒，多以为疑。谢安石闻而善之曰：'此九方皋之相马也，略其玄黄，而取其俊逸。'"[2] 今人周楞伽认为："他（按：指谢安）赞美支道林的话不仅确有其事，而且知道的人很多，这因为支道林虽善谈禅，章句却时有遗漏，为注重文字的人所轻视，谢安独重之，比之为九方皋的相马。虞道季对此也略有所闻。"谢安说这两句都没有说过，"不知出于何种心理，也许是妒忌《语林》享名太盛吧"，周楞伽认为，"谢安赖掉自己所说的话，《语林》所载反是实录"。[3]

谢安视王珣《经酒垆下赋》为"裴氏学"且颇轻之。里面有个人恩怨的原因。王珣出身琅玡王氏。据《晋书·王珣传》：

珣兄弟皆谢氏婿，以猜嫌致隙。太傅安既与珣绝婚，又离珉

1 〔南朝宋〕刘义庆撰，〔南朝宋〕刘孝标注，余嘉锡笺疏：《世说新语笺疏》，中华书局1983年版，第991页。

2 同上。

3 〔东晋〕裴启撰，周楞伽辑：《裴启语林·前言》，文化艺术出版社1988年版，第7页。

妻，由是二族遂成仇衅。[1]

当时，王珣及其弟王珉皆是谢安女婿。然王谢两家却互相猜嫌，后谢安更让二兄弟离婚。王谢两家于是反目成仇。王珣《经酒垆下赋》受到谢安的指责，就在情理之中了。

谢安不满王珣赋作，更主要的还是其非“实录”的原因所致。《经酒垆下赋》所载内容，据考证，并非实录。由《经酒垆下赋》之名可以大致推断其赋的大致内容。《世说新语·伤逝》第2则：

王濬冲（按：即王戎）为尚书令，著公服，乘轺车，经黄公酒垆下过，顾谓后车客：“吾昔与嵇叔夜、阮嗣宗共酣饮于此垆。竹林之游，亦预其末。自嵇生夭、阮公亡以来，便为时所羁绁。今日视此虽近，邈若山河。”[2]

王戎任尚书令时，穿官服，乘轻车，从黄公酒垆旁边经过。他回过头来，对跟随其后的客人说，从前和嵇康、阮籍一起在这个酒店畅饮过。自从嵇康早逝、阮籍亡故以来，他就被时势所纠缠。对王戎自己来说，这间酒垆虽然看着很近，然发生于其间的往事，却像隔着山河一样遥远。王珣《经酒垆下赋》写的是王戎睹物思人之事，抒发物是人非之感。

王戎经酒垆的这件逸事，只是坊间传闻。刘孝标注引戴逵《竹

1 〔唐〕房玄龄：《晋书》卷65，中华书局1974年版，第1756页。
2 〔南朝宋〕刘义庆撰，〔南朝宋〕刘孝标注，余嘉锡笺疏：《世说新语笺疏》，中华书局，1983年版，第749页。

林七贤论》曰：

> 俗传若此，颍川庾爰之尝以问其伯文康（按：即庾亮），文康云："中朝所不闻，江左忽有此论，盖好事者为之耳。"[1]

对此，近人余嘉锡引程炎震《世说新语笺证》之语：

> 王戎为尚书令，在惠帝永宁二年，去嵇、阮之亡，且四十年矣。此语殊阔于世情。[2]

余嘉锡又按曰：

> 是此事之不实，庾亮已辩之于前。谢安盖熟知之。乃俗语不实，流为丹青。王珣既因之作赋，裴启又本之以著书。于草野传闻，不加考辨，则安石之深鄙其事，斥为"裴郎学"，非过论也。但王珣赋甚有才情，谢以与王不平，故于其赋之工拙不置一词。意以为选题既诬，其文字亦无足道焉耳。[3]

余嘉锡认为，王谢交恶，再加上王珣赋的内容并非实录，所以裴启的《语林》成了谢安所不屑一顾的"裴氏学"，这样《语林》遂废。

---

1 〔南朝宋〕刘义庆撰，〔南朝宋〕刘孝标注，余嘉锡笺疏：《世说新语笺疏》，中华书局1983年版，第749页。

2 同上。

3 同上书，第992页。

余氏所言甚是。

裴启的《语林》不管是不是“实录”，只因扣上了“不实”的帽子，就渐渐不为人所接受。在南朝宋刘义庆创作《世说新语》时，虽有流传，已非全本。到了初唐，就直接亡佚了[1]。《语林》的散佚，表面上是谢安爱憎与夺所致，实际上，根本原因还是当时人们普遍反对“虚构”的内容。

刘知幾认为，街谈巷议的记录，也时常有值得一看的地方，丛杂琐屑的记载，也胜过没有，所以好事君子，并不丢弃这些东西。刘义庆《世说新语》、裴荣期《语林》、孔思尚《宋齐语录》、阳玠松《谈薮》，这些被其称为“琐言”的作品，也有其价值存在。《史通·杂述》指出：

> 街谈巷议，时有可观，小说卮言，犹贤于已。故好事君子，无所弃诸，若刘义庆《世说》、裴荣期《语林》、孔思尚《语录》、阳玠松《谈薮》，此之谓琐言者也。

刘知幾认为，琐言一类，大多是记载当时的辩论应对，流俗的调笑戏谑。那些喜欢谈论的人，可以借之作为谈话的资料和依据。见《史通·杂述》：

> 琐言者，多载当时辨对，流俗嘲谑，俾夫枢机者藉为舌端，

1 《隋书·经籍志》子部小说类“《燕丹子》”条下注曰：“《语林》十卷，东晋处士裴启撰。亡。”

谈话者将为口实。

刘知幾并没有从“虚”或者“实”的角度来评价《语林》等书。对其批评，也只是认为它们不符合正史雅正的标准。不应该被收录于国家正史。其《史通·书事》云：

《语林》、《笑林》、《世说》、《俗说》，皆喜载调谑小辩，嗤鄙异闻，虽为有识所讥，颇为无知所说。而斯风一扇，国史多同。至如王思狂躁，起驱蝇而践笔；毕卓沉湎，左持螯而右杯。刘邕榜吏以膳痂，龄石戏舅而伤赘。其事芜秽，其辞猥杂。而历代正史，持为雅言。苟使读之者为之解颐，闻之者为之抚掌，固异乎记功书过，彰善瘅恶者也。

自从魏、晋以后，著述的种类多起来，《语林》、《笑林》、《世说》、《俗说》，都喜欢记载一些调笑戏谑的细事琐语，一些为人们所讥笑鄙视的奇文异事。虽然受到有识之士的非议，却挺受无知之人的喜欢。这样的风气一起，很多国史也就与其相同。这一做法实在不妥，因为达不到国史惩恶劝善的要求。刘知幾的观点是非常有道理的。

三、承认内容有“失实”的成分，同时否认虚构的价值

两晋时期，还有一种观点是承认内容有“失实”的成分，认为这种“失实”是不可避免的；但同时比拟史作，从而否认虚构的价值。其中，以干宝为代表。

干宝（？-336年），字令升，新蔡人。东晋文学家、史学家。干宝自幼博览群书，出仕后曾担任佐著作郎。东晋建立后，负责国史《晋纪》的撰写。据房玄龄《晋书·干宝传》：

（干宝）性好阴阳术数，留思京房、夏侯胜等传。宝父先有所宠侍婢，母甚妒忌，及父亡，母乃生推婢于墓中。宝兄弟年小，不之审也。后十余年，母丧，开墓，而婢伏棺如生，载还，经日乃苏。言其父常取饮食与之，恩情如生，在家中吉凶辄语之，考校悉验，地中亦不觉为恶。既而嫁之，生子。又宝兄尝病气绝，积日不冷，后遂悟，云见天地间鬼神事，如梦觉，不自知死。宝以此遂撰集古今神祇灵异人物变化。名为《搜神记》，凡三十卷。[1]

干宝父亲的奴婢生而复生之事，在今天看来，这个事情是假的。非干宝亲身所经历，而是后人附会。其兄干庆，死而复生之事，尚有可能。类似一种“假死”的特殊现象。干宝本性爱好“阴阳术数”，自己又亲身经历了神妙不可测之事。这是他创作《搜神记》的缘起。我们研究发现，从创作态度与整体定位，作品内容与编撰方式，编撰目的及预期读者三个大的方面来说，干宝都把自己《搜神记》，比拟史著，混同虚实。承认内容有“失实”的成分，其实是否认虚构的价值。

（一）谨慎的创作态度与所谓“八略”的整体定位

干宝生活的时代，纸张的供应，还是并不充分的，即使是政府

1 〔唐〕房玄龄：《晋书》卷82，中华书局1974年版，第2150页。

公文，也没有完成全部用纸张来作为书写载体。史家修史还要向国家申请用纸。东晋初年著作郎虞预（约 285–340 年），和干宝的生活时期大致相同。曾上《请秘府纸表》曰：

> 秘府中有布纸三万余枚，不任写御书而无所给。愚欲请四百枚，付著作吏，书写《起居注》。[1]

作为著作郎的虞预，撰写皇帝《起居注》，需要用纸时，还需要向宫廷办事机构专门申请。由此可见，纸张在此时可能还相当稀缺，比较珍贵。

在这样的情况下，干宝为写作《搜神记》一书，特意向皇帝上表请求赐纸。事见宋苏易简《文房四谱》卷四：

> 干宝表曰："臣前聊欲撰记古今怪异非常之事，会聚散逸，使同一贯。博访知之者，片纸残行，事事各异。又乏纸笔，或书故纸。"诏答云："今赐纸二百枚。"[2]

干宝在撰写《搜神记》时，请皇帝批准给纸，并没有说要多少纸张。参考虞预撰写《起居注》，才申请四百枚。而皇帝给干宝一次就是二百枚。这一方面说明，干宝对于此事是非常慎重的。另一方面，也可以看出，朝廷和皇帝也非常重视这件事，满足了干宝的

1 〔唐〕徐坚：《初学记》卷 21 "纸" 第七，中华书局 2004 年版，第 518 页。
2 〔北宋〕苏易简：《文房四谱》，浙江人民美术出版社 2016 年版，第 84 页。

请求。

干宝认为《搜神记》与汉人所言“小说”是不同的，他以“八略”的名义，对作品整体定位。干宝认为，百家著作之言，无法完全遍览，耳闻目睹之事也不可能全部记下。《搜神记》一书，也仅是粗略选取其事，以阐发《八略》旨意。据干宝《搜神记序》：

> 群言百家不可胜览，耳目所受不可胜载，今粗取足以演“八略”之旨，成其微说而已。[1]

西汉刘歆编成我国第一部目录书《七略》，分所有作品为辑略、六艺略、诸子略、诗赋略、兵书略、术数略、方技略等七类。《汉书·艺文志》依此编目。干宝言“八略”者，说明他认为自己的《搜神记》不同上面的任何一“略”。不同于“子略”、“史略”等，更不是《汉书·艺文志》“诸子略”的“小说”，而是一种新的“微说”。非子、非史，又非经，但是又非常重要。

（二）作品内容与创作方式方面，皆拟史著

《搜神记》中有些文本的叙事模式大体一致，都体现出史家的特点。如卷十八《亭楼鬼狐》、卷十八《斑狐与华表木》与卷十九《孔子夜获鳀鱼精》等识妖除妖的事例，皆是“先告知，再证明”的模式。李丰楙认为这种模式：

> 只要反复印证一种历史的真实，并不特别设计出说话或小说

1 〔东晋〕干宝撰，李建国辑校：《新辑搜神记》，中华书局2007年版，第19页。

的趣味性，这一情况恐非原本民间口述的原貌，而为史家据笔直书的实用功能所致。[1]

《搜神记》中除卷一《弦超与神女结夫妇》，卷十六之《宋定伯卖鬼》、《紫玉韩重婚姻》、《谈生》等少数篇目，注意细节描写和人物刻画外，大部分文本叙事简约，体现史家“实录”风格。[2]

干宝是一位优秀的史官。他认为，一部作品不可能完全通过耳闻目睹的方式，亲自所得来完成。他说：

> 况仰述千载之前，记殊俗之表，缀片言于残阙，访行事于故老，将使事不二迹，言无异途，然后为信者，固亦前史之所病。然而国家不废注记之官，学士不绝诵览之业，岂不以其所失者小，所存者大乎！今之所集，设有承于前载者，则非余之罪也。若使采访近世之事，苟有虚错，愿与先贤前儒分其讥谤。[3]

干宝承认，如果说《搜神记》完全没有失真之处，这是不可能的。但又辩解，“非余之罪”，“愿与先贤前儒分其讥谤”。这里，干宝把自己《搜神记》的创作与史著的撰写进行类比，是需要注意的。

（三）从创作目的来说，强调“实录”的一面

谈到自己的创作目的，干宝《搜神记·序》云：

1　李丰楙：《神化与变异：一个“常与非常”的文化思维》，中华书局2010年版，第202页。

2　参贾平《论干宝〈搜神记〉的撰写意图及文体定位》，《民族文学研究》，2014（1）。

3　〔东晋〕干宝撰，李建国辑校：《新辑搜神记》，中华书局2007年版，第19页。

> 其著述，亦足以发明神道之不诬也。……幸将来好事之士录其根体，有以游心寓目而无尤焉。[1]

这里的“神道”，主要是指具有预知未来的神秘能力。干宝著有《周易干氏注》一书。其中，注《系辞下》之“精义入神以致用也”一句，干宝曰：“能精义理之微，以得未然之事，是以涉于神道而逆祸福也。”[2]“神道”，即预知未然之事的神妙莫测之道。“神道”亦指神术，鬼怪神仙之术。《后汉书·左慈传》亦有类似用法，其云：“左慈字元放，庐江人也。少有神道。”[3]在干宝看来，《搜神记》这本书的著述目的，就是为了说明“神道”不是虚妄的，“发明神道之不诬”是干宝的主要创作意图。

干宝《搜神记·序》也谈到了对读者的预期：

> 幸将来好事之士录其根体，有以游心寓目而无尤焉。[4]

干宝以“好事之士”来称呼他将来的读者。先来看所谓“好事之士”。干宝的好友葛洪在《抱朴子·自序》中也用了“好事者”一词，可作借鉴：

> 道士弘博洽闻者寡，而意断妄说者众。至于时有好事者，欲

1 〔东晋〕干宝撰，李建国辑校：《新辑搜神记》，中华书局 2007 年版，第 19 页。

2 〔清〕马国翰：《玉函山房辑佚书》“经编”“易类”，广陵书社 2005 年版，第 225 页。

3 〔南朝宋〕范晔：《后汉书》卷 82，中华书局 1965 年版，第 2747 页。

4 〔东晋〕干宝撰，李建国辑校：《新辑搜神记》，中华书局 2007 年版，第 19 页。

有所修为，仓卒不知所从，而意之所疑又无足谘。今为此书，粗举长生之理。其至妙者不得宣之于翰墨，盖粗言较略以示一隅，冀非愤之徒省之可以思过半矣。岂谓暗塞必能穷微畅远乎，聊论其所先觉者耳。[1]

葛洪认为的“好事者”，是指喜欢道教之人，他们想有所修为，又不知从哪里学起，心有疑难却又无处解惑。“好事者”中，不乏真诚而又发愤学习的“先觉者”，他们从葛洪的著书中，可以得到启发教益。

干宝所指的“好事之士”，也不是指一般的读者，更不是指那些有闲情喜欢多事的人。而应是和干宝一样相信“神道之不诬”进而“雅爱搜神”的人。他写完后，主动给名士刘惔阅读，就是一个很有力的证据。据《晋书》卷八十二《干宝传》：

（干宝）以示刘惔，惔曰：“卿可谓鬼之董狐。”[2]

刘惔是当时清谈领军人物，又有善“知人”[3]的美誉。刘惔认为《搜神记》是对神鬼之事的真实再现。

谈到《搜神记》等六朝志怪小说的撰写意图与文体定位时，鲁迅《中国小说史略·六朝之鬼神志怪书（上）》说的是很明白：

1 〔唐〕房玄龄：《晋书》卷72，中华书局1974年版，第1912页。
2 〔唐〕房玄龄：《晋书》卷82，中华书局1974年版，第2150页。
3 〔唐〕房玄龄：《晋书》卷75《刘惔传》，中华书局1974年版，第1992页。

> 文人之作，虽非如释道二家，意在自神其教，然亦非有意为小说。盖当时以为幽明虽殊途，而人鬼乃皆实有，故其叙述异事，与记载人间常事，自视固无诚妄之别矣。[1]

干宝这些创作者，并“非有意为小说”，即并不是有意“虚构”，这种说法是符合实际的。鲁迅第一次从现代意义上提出了志怪小说的概念，对六朝志怪小说的创作意图作了经典论述。鲁迅先生说的“人鬼乃皆实有”是一方面；另一方面，是能预知未来的精妙之理，也确实存在。两方面的结合，大致也就是干宝所说的，“亦足以发明神道之不诬也”。

我们这里要补充说明的一点是，干宝为什么无意为小说的原因，从根本上说，应该还是认为“实录”高于“虚构”。甚至认为“虚构”的东西，是没有价值的。基于这样一个认识和判断，决定了干宝等人不会有意为小说。

第二节　刘知幾对“虚构”问题的阐释

在中国文化发展史上，刘知幾较早地揭示出一个事实：经史子集均存在虚构。不仅如此，四部之中，虚构的内容，又互有交叉。经部、子部和集部中的虚构内容，都曾进入到史部作品中。

一、刘知幾对经部虚构的批判及其影响

儒家经典《诗经》、《尚书》、《礼记》、《周易》、《春秋》五部，

1　鲁迅：《中国小说史略》，商务印书馆 2011 年版，第 39 页。

是我国保存至今的最古文献。记载了我国早期思想文化发展史上政治、军事、外交、文化等各个方面的史实资料与以及孔子等儒学思想家的重要思想，为历代儒家学子研习书经的主要典籍，合称为“五经”。

刘知幾认为，儒家《五经》所载的言论，历来为人们所信奉，然而事实上，其内容却并不完全可靠。见《史通·疑古》：

> 夫《五经》立言，千载犹仰，而求其前后，理甚相乖。何者？称周之盛也，则云三分有二，商纣为独夫；语殷之败也，又云纣有臣亿万人，其亡流血漂杵。斯则是非无准，向背不同者焉。

刘知幾考察《五经》，发现其内容经常前后矛盾。譬如，称颂周之强盛时，便说天下三分周有其二，而商纣为独夫民贼；强调殷纣覆亡之惨败，则言殷商拥有亿万臣民，死者无数，血流漂杵。这说明经书是非标准不一，赞同或反对的依据亦不确定。

对于儒家经典个别篇目中，存在一些不实记载的问题，早在战国时，孟子就已提出质疑。《孟子·尽心下》曰：

> 孟子曰：“尽信书，则不如无书。吾于《武成》，取二三策而已矣。仁人无敌于天下，以至仁伐至不仁，而何其血之流杵也。”[1]

后来，孔安国也提出了疑问。见《史通·暗惑》：

1 〔清〕阮元：《十三经注疏》，中华书局 2009 年版，第 6035 页。

又《东观汉记》曰：赤眉降后，积甲与熊耳山齐云云。难曰：案盆子既亡，弃甲诚众。必与山比峻，则未之有也。昔《武成》云“前徒倒戈”、“血流漂杵”，孔安国曰：“盖言之甚也。”“如积甲与熊耳山齐”者，抑亦“血流漂杵”之徒欤?

《武成》说前面的部队倒转戈矛向己方攻击，流血成河，漂起了春杵。此种描述，孔安国认为言过其实。刘知幾注意到，《东观汉记》记载刘盆子失败投降时，被缴的兵器、盔甲堆积得像熊耳山一样高。这种记录显然言过其实。故刘知幾认为，这同《武成》“血流漂杵”一样，都是极其夸张的不实记录。这样的记载，很容易被人指出问题，后人对儒家经典的质疑，其来有自。

然需要提到的一点是，相较而言，其他人的质疑，如刘知幾《史通》这么大的冲击力的，恐怕不多。刘知幾的贡献在于，集中篇幅，大力抨击《尚书》等书中的不实记录，醒人耳目，振聋发聩。

《尚书》是我国最早的一部历史文献汇编。“尚”即“上”，《尚书》即上古之书。保存大量历史文献，追述部分古代事迹。汉代以后被封为最重要的儒家经典著作之一。其价值、影响非同凡响，而刘知幾并不盲从前人观点。在《史通·疑古》中，他以自身通览史书、洞鉴古今的学识和魄力，对《尚书》这部儒家经典著作，所记内容发出了十大疑问。

刘知幾所列十条中的前五条，集中批评《尚书》中尧舜禹汤等上古贤明君王事迹的有关记载，认为其有失实之处。

其一，以《春秋左氏传》、《论语》的记载为据，质疑《尚书·虞书》及陆贾《新语》，指出“《尧典》成文而广造奇说”，认为尧治理天下时善恶不分、贤愚混杂。

其二，以《汲冢琐语》、《山海经》的记载为据，质疑《尚书·尧典》，提出“禅授为疑”、“得非舜虽废尧，仍立尧子，俄又夺其帝者乎”的大胆设想。

其三，以夏桀、赵王嘉、周厉王、楚义帝等“自古人君废逐”之事为据，质疑《虞书·舜典》、孔安国《传》相关所载。舜在位五十年，禅让于禹，交出权柄。最后死于潮闷湿热、瘴气横行的苍梧之野，“兼复二妃不从，怨旷生离，万里无依”，故怀疑舜是被禹放逐而死。

其四，《汲冢书》中有“益为启所杀”、“太甲杀伊尹”、“文丁杀季历”等数事，“语益正经”。刘知幾认为这些记载是可能真实存在的，指出“若启之诛益，亦由晋之杀玄乎”。

其五，以《逸周书》、《墨子》中的记载，质疑《汤誓·序》中的“汤放桀于南巢，唯有惭德”之语，乃孔子“欲灭汤之过，增桀之恶者”。

后五条，则主要是批驳《尚书》对于商、周两朝之事的记载失实之处。

其六，刘知幾认为“武王为《泰誓》，数纣过失，亦犹近代之有吕相为晋绝秦，陈琳为袁檄魏”。指出“自古言辛、癸之罪，将非厚诬乎”，[1] 敢为蒙受恶名的桀、纣辩护，勇气非凡。

其七，为武庚翻案。认为“虽君亲之怨不除，而臣子之诚可

---

1 〔唐〕刘知幾撰，〔清〕浦起龙释：《史通通释》，上海古籍出版社 1978 年版，第 388 页。

见，考诸名教，生死无惭”。

其八，刘知幾认为文王为西伯时心怀不臣之心，欺凌天子。

其九，太伯让天下是为避免招来杀身之祸的无奈之举。

其十，刘知幾怀疑周公旦“行不臣之礼，挟震主之威”。

刘知幾《疑古》一篇，不盲从前人是汤武而非桀纣的观念，从史籍矛盾处寻绎经典中的不实端倪，并大胆质疑。他认为尧舜禹汤、文武周孔等圣君贤臣的事迹不尽为实录，事实上，他们有可能为篡位霸权而不择手段，而桀、纣、武庚之流，亦未必如汤武之臣笔下那般不堪。由此，刘知幾得出结论，远古之书如《尚书》者，多处记载经不起推敲，“其妄甚矣”。刘知幾认同孟子“尽信书，不如无书”的观点，又更加地离经叛道、放胆直言。故千载之下，和者寥寥。

《史通》一书对《尚书》《春秋》所载圣君贤臣的事迹大胆质疑，对孔子修史过程中某些做法也大加批判。这恰如投巨石入深谷，回声绵延而不绝。刘知幾的这些观点，令后世的一些文史学者极为不满，对之多有驳斥，甚至删削净尽，除之而后快。

唐昭宗光化三年（900），学者柳璨撰《史通析微》（又名《柳氏释史》）一书，该书是最早专门评论《史通》的著作，今已不存。据《旧唐书·柳璨传》可知：“璨以刘子玄所撰《史通》讥驳经史过当，璨纪子玄之失，别为十卷，号《柳氏释史》。”[1] 批评《史通》对先贤经史多有指摘、评价失当。又北宋孙何著有《驳史通》“若干篇”，今已不存。《驳史通序》尚在，其曰：

1 〔五代后晋〕刘昫：《旧唐书》卷 179，中华书局 1975 年版，第 4670 页。

> 恃其诡辩，任其偏见，往往凌侮六经，诟病前圣。其尤乖剌者，有疑六十一条，必谓舜放尧，禹逐舜，桀、纣非暴，汤、武非仁，太甲诛伊尹，文王（按：应为文丁）杀季历，管、蔡无罪，周公不忠，援抉公言，以二帝三王之际，皆曹操、司马仲达阴贼猜忌以取天下，意尼父文饰其善，弥缝其恶。吁，可怪也！凡人著书，纵不能羽翼名教，张大圣贤，亦当以是证妄，以直矫枉。
>
> 今子玄方欲据拾遗阙，刊正疑误，而先逆经悖道，拔本塞源，取诸子一时之言，破百代不刊之典，多见其不知量也。[1]

柳璨、孙何等人对刘知幾批评的越是严厉，也越说明刘知幾观点的影响之剧。至清代纪昀《史通削繁》，则将《疑古》一篇删削殆尽，只字未留。

《史通·自叙》云："余著《史通》，见者亦互言其短。"刘知幾有此遭遇，和其《疑古》诸篇有很大关系。刘氏之论，出治史者之真心，言人所不敢言。后世，特别是思想日益解放的近代以来，多有同声相应者。吕思勉《史通评》就《疑古》指出："论经所载事之不足信，虽乖经义，有裨史识。"[2] 所评甚是。今天看来，对经部作品不实记录的大胆批判，既是刘知幾不凡史才与卓越史识的表现，也是留给文史研究者的一笔弥足珍贵的财富。

二、史部的虚构与刘知幾的态度

《史通·暗惑》批评了很多史著里面的虚构，驳斥《史记》、

1 曾枣庄：《全宋文》，巴蜀书社 1993 年版，第 5 册，第 178 页。

2 〔唐〕刘知幾撰，〔清〕浦起龙通释，吕思勉评，李永圻、张耕华导读整理：《史通》，上海古籍出版社 2008 年版，第 285 页。

《汉书》、《东观汉记》、《晋阳秋》及房玄龄《晋书》诸作。这里只取其中一个颇有趣味且很有影响的例子。《史记·仲尼弟子列传》改编自《孟子》等书的一段记载。

《孟子·滕文公上》曾记载一个故事：

> 陈良，楚产也，悦周公、仲尼之道，北学于中国。北方之学者，未能或之先也。彼所谓豪杰之士也。子之兄弟事之数十年，师死而遂倍之！
>
> 昔者孔子没，三年之外，门人治任将归，入揖于子贡，相乡而哭，皆失声，然后归。子贡反，筑室于场，独居三年，然后归。他日，子夏、子张、子游以有若似圣人，欲以所事孔子事之，强曾子。曾子曰："不可。江汉以濯之，秋阳以暴之，浩浩乎不可尚已。"[1]

孔子去世，弟子们都非常悲痛。孔门十二哲中的卜商、颛孙师、言偃，看到有若长相似孔子。便以侍奉孔子的方式来侍奉有若，甚至还强迫曾子也要这样做。曾子出于对孔子的尊重，并不认同他们的做法。战国时期，宋国人陈相，本是跟随其师陈良，学习周公、孔子的学说。后来，"陈相见许行而大悦，尽弃其学而学焉"。孟子批评说："子倍子之师而学之，亦异于曾子矣。"[2]孟子借这个故事，鞭挞陈相兄弟背叛师门，抛弃儒学的行为。

1 〔清〕阮元：《十三经注疏》，中华书局 2009 年版，第 5884 页。

2 《孟子·滕文公上》，见〔清〕阮元：《十三经注疏》，中华书局 2009 年版，第 5885 页。

唐代之前，孟子本与庄子、荀子并称。曾国藩《圣贤画像记》云："秦汉以来，孟子盖与庄、荀并称。至唐，韩氏独尊异之。"《孟子》一书以论辩说理见长。行文为了避免过于枯燥乏味，故巧设譬喻，以小故事说明大道理。引人入胜，本无不妥。有若仅仅因为长相神似孔子，就被师兄弟们当做孔子接班人、众人之师来崇奉。这个故事很难说是真实的。但因为它颇有戏剧性，所以生性"爱奇"[1]的司马迁，在撰写《史记·仲尼弟子列传》时就采录了。为了强化其生动性与现场感，又增加两个小细节。一个编造的故事，在添枝加叶之后，被堂皇地载入正史。这看似荒诞的事情发生了：

孔子既没，弟子思慕，有若状似孔子，弟子相与共立为师，师之如夫子时也。他日，弟子进问曰："昔夫子当行，使弟子持雨具，已而果雨。弟子问曰：'夫子何以知之？'夫子曰：'《诗》不云乎？"月离于毕，俾滂沱矣。"昨暮月不宿毕乎？'他日，月宿毕，竟不雨。商瞿年长无子，其母为取室。孔子使之齐，瞿母请之。孔子曰：'无忧，瞿年四十后当有五丈夫子。'已而果然。问夫子何以知此？"有若默然无以应。弟子起曰："有子避之，此非子之座也！"[2]

司马迁笔下，有若言未有中的窘迫背后，是孔子神乎其神的超自然

1 〔西汉〕扬雄撰，王荣宝疏：《法言义疏·君子篇》，中华书局 1987 年版，第 507 页。
2 〔西汉〕司马迁：《史记》，中华书局 1982 年版，第 2216 页。

能力。孔子不仅可以准确预知天气，就连遭遇生育困难的弟子何时能有子嗣都能未卜先知。

细读《史记》中的上述内容可知，向弟子解释自己何以预知下雨时，孔子的根据是《诗经·小雅·渐渐之石》中的一句诗："月离于毕，俾滂沱矣"。过去一般认为这里的"离"字通"丽"，为靠近之意。先民以为，月亮出现在毕宿附近时，往往会有大雨，这是他们总结出的气象规律。但是，这规律时而应验，时而不灵。其他弟子质问有若，"他日，月宿毕，竟不雨"的原因时，有若无法给出合理的答案。

为什么同样是月亮出现在毕宿附近，但第一次下雨，而第二次没有下雨呢?《史记》最终也没有给出答案。其后，东汉人对这个问题，也很感兴趣。王充《论衡》一书，"冀悟迷惑之心，使知虚实之分"[1]。其《论衡·明雩》就煞有介事地记载了一个故事：

> 孔子出，使子路赍雨具。有顷，天果大雨。子路问其故，孔子曰："昨暮月离于毕。"后日，月复离毕。孔子出，子路请赍雨具，孔子不听，出果无雨。子路问其故，孔子曰："昔日，月离其阴，故雨。昨暮，月离其阳，故不雨。"[2]

这次，王充借孔子之口，给出一个原因：虽然都是月离于毕，但前日，月亮靠近的是毕宿之阴，故而有雨；昨日，月亮靠近的则是毕

1 〔东汉〕王充撰；刘盼遂校释：《论衡校释》，中华书局 2009 年版，第 1180 页。
2 〔东汉〕王充撰；刘盼遂校释：《论衡校释·对作》篇，中华书局 2009 年版，第 666 页。

宿之阳，故而无雨。

中国近代气象事业创始人竺可桢的观点，值得参考。他认为，“月离于毕”，不是月亮靠近毕宿的意思。“月离”通“月丽”，是满月的意思。满月在毕宿的时间，正好是处暑节气，处于黄河、长江流域的多雨季。下雨，是有很大可能的。没下雨，也有可能。这是一个概率问题。[1] 先秦时期，没有人，仅仅以满月近毕宿为据，就能精确预言会不会下雨。孔子也做不到这一点。《论语·述而》记载：“子不语怪力乱神。”[2]《汉书·艺文志》“方技略”下“神仙”条，亦云：“孔子曰：‘索隐行怪，后世有述焉，吾不为之矣。’”[3] 孔子也不会有预言之举。

司马迁《史记》所谓孔子预言下雨的故事，究竟出自哪里呢？《孔子家语》有类似记载。两者相较，似乎可以从中发现一些端倪。据《孔子家语·辨政》：

1 近代气象学家竺可桢曾经考证过，“月离于毕”中的“离”并非离开之意，而通“丽”字，“月丽”也就是满月的意思。六千年前的上古时期，满月在毕宿的时间正好是处暑节气，此正是黄河、长江流域多雨的季节，因而那时人们看到圆圆的月亮挂在毕宿附近，就知道雨季来临了。竺可桢《天道与人文》其三《顺应天时》“月离于毕俾滂沱兮”条云：“《诗·小雅》‘月离于毕俾滂沱兮’，其说颇费解。……《诗经》所言天象，均系农夫、村妇口吻歌咏粗浅之谣谚，如‘三星在户’、‘七月流火’之类。一经后儒解释，望文生义，乃纠缠不清矣。……《诗经》谓‘月离于毕’，月乃望月，非新月也。‘离’作‘丽’解，即《管子·五行篇》‘经纬星历，以视其离’之意也。实际箕星好风、毕星好雨之理，乃我国古代秋初月望时，月在毕，春分月望时；月在箕，而春月多风、秋初多雨之故。”（竺可桢《天道与人文》，北京出版集团公司 2016 年版，第 104 页）竺可桢的看法，应该是最切合实际的。

2 〔清〕阮元：《十三经注疏》，中华书局 2009 年版，第 5393 页。

3 〔东汉〕班固：《汉书》，中华书局 1962 年版，第 1780 页。

> 齐有一足之鸟，飞集于宫朝，下止于殿前，舒翅而跳，齐侯大怪之，使使聘鲁，问孔子。孔子曰："此鸟名曰商羊，水祥也。昔童儿有屈其一脚，振讯两眉而跳且谣曰：'天将大雨，商羊鼓舞。今齐有之，其应至矣。'急告民趋治沟渠，修堤防，将有大水为灾，顷之大霖雨，水溢泛诸国，伤害民人，唯齐有备，不败。"景公曰："圣人之言，信而征矣。"[1]

孔子预言下雨的根据是童谣，相较于《史记》中孔子引用《诗经》"月离于毕，俾滂沱矣"[2]云云，就事件本身推断，《孔子家语》中的记载应该更早一点。因为更通俗，民间色彩更浓郁。被文人改造后，才有了《史记》中的说法。[3]

再来看商瞿有五子的事情。这个解释起来，难度更大。先来看《孔子家语》的记载。和《史记》的简净文字相比，《孔子家语》的行文，稍显繁琐，甚至带有一种略具原始风貌的粗疏感。见《孔子家语》卷九《七十二弟子解》第三十八条：

> 梁鳣，齐人，字叔鱼。少孔子三十九岁。年三十未有子，欲出其妻。商瞿谓曰："子未也。昔吾年三十八无子，吾母为吾更取室。夫子使吾之齐，母欲请留吾。夫子曰：'无忧也，瞿过四十，当有五丈夫。'今果然。吾恐子自晚生耳，未必妻之过。"

1 〔战国〕无名氏撰，杨朝明通解：《孔子家语通解》，齐鲁书社 2013 年版，第 166 页。

2 〔清〕阮元：《十三经注疏》，中华书局 2009 年版，第 1075 页。

3 关于《孔子家语》是否为伪书的问题，观点不一。过去的疑古派多认为是伪书。随着近代简帛文献的出土，今天更多的人认为其书是先秦旧籍。我们采信后者的观点。

从之，二年而有子。[1]

可知，商瞿的本意是劝说梁鳣不要休妻。至于孔子有没有说过那些话，恐怕也很难考证。甚至有没有商瞿这个人，都是问题。

对于这件事，钱穆《先秦诸子系年·孔子弟子通考》“商瞿”条指出：

叶梦得云：“自司马迁以来，学者皆言孔子传《易》商瞿。瞿本非门人高第，略无一言见于《论语》。性与天道，子贡且不得闻，而谓商瞿得之乎？”

今按：据《列传》，瞿年长于回、赐，其从游当不在后。而孔子晚年喜《易》，瞿得其传，亦当在孔子晚世。则瞿之从学久矣，而顾无一语见于《论语》，又不见于其后群弟子之称述。则其人尚在若有若无间，遑论传《易》之事哉？[2]

钱穆综观史料，承续叶梦得之观点，指出所谓商瞿此人，“尚在若有若无间”。商瞿若为后世儒生虚构出的人物，那么有若在孔子死后因貌似先师而被孔门弟子推上师座的事情便也不甚可靠。

刘知幾率先指出，《史记·仲尼弟子列传》中，有若被当成孔子来对待这个事情就是虚构出来的，根本就不可能发生。《史通·暗惑》云：

1 〔战国〕无名氏撰；杨朝明通解：《孔子家语通解》，齐鲁书社 2013 年版，第 445 页。
2 钱穆：《先秦诸子系年》，商务印书馆 2005 年版，第 89 页。

难曰：孔子弟子七十二人，柴愚参鲁，宰言游学，师、商可方，回、赐非类。此并圣人品藻，优劣已详；门徒商榷，臧否又定。如有若者，名不隶于四科，誉无偕于十哲。逮尼父既殁，方取为师；以不答所问，始令避坐。同称达者，何见事之晚乎？

刘知幾认为，有若“名不隶于四科，誉无偕于十哲”，仅因样貌就被其他弟子敬立为老师，而不能回答问题时，又被赶下老师的位置。这种事情不可能发生，孔子那些贤明的弟子也不会这么做。

为辅证这一观点，刘知幾《史通·暗惑》补充说：

（卜商）退老西河，取疑夫子，犹使丧明致罚，投杖谢愆。何肯公然自欺，诈相策奉？此乃儿童相戏，非复长老所为。

卜商，因为被西河的老百姓当成孔子来对待，就受到了丧子、失明之惩罚。事见于《礼记·檀弓上》。其云：

子夏（卜商之字）丧其子而丧其明。曾子吊之曰：“吾闻之也，朋友丧明则哭之。”曾子哭，子夏亦哭，曰：“天乎！予之无罪也。”曾子怒曰：“商，女何无罪也？吾与女事夫子于洙泗之间，退而老于西河之上，使西河之民，疑女于夫子，尔罪一也；丧尔亲，使民未有闻焉，尔罪二也；丧尔子，丧尔明，尔罪三也。而曰女何无罪与！”子夏投其杖而拜曰：“吾过矣！吾过矣！吾离群而索居，亦已久矣。”[1]

---

1 〔清〕阮元：《十三经注疏》，中华书局2009年版，第2778页。

子夏因儿子死而哭瞎了眼睛。他认为自己无罪过，不明白为何要遭此灾难。前来吊祭的曾子指出，卜商年老退居西河，西河人把其视若孔子，敬重有加。这就是第一条大罪过。子夏听后扔掉手杖，下拜认错，认为自己离开朋友独自居住太久，以至于见识日益鄙陋。可见，在弟子的眼里，孔子的地位尊贵无比。其声名与荣誉，绝不容他人染指。即使是被孔子赞扬为“起予者”的子夏亦不可与孔子同日而语，甚至比肩而立。只此一件事，即可见出，孔子的弟子多智慧超群，老成持重，绝不会仅仅因为思念老师之故，而随意将无名有若当做老师来侍奉、求教，自欺而无法欺人，致贻笑大方之家。故而，刘知幾认为,《史记》所载“乃儿童相戏，非复长老所为”。换言之,《史记》中关于孔门推有若为师之事取自《孟子》，又有所增删，但其记载不足为信。

在《史通·暗惑》中，刘知幾进而又指出，司马迁沿袭前人旧说，且从“子书”中取材，真伪难辨，又不作查验，实在可叹可悲：

> 观孟轲著书，首陈此说；马迁裁史，仍习其言。得自委巷，曾无先觉，悲夫！

刘知幾批评史迁在著史上存在缺漏，本不会激起太多责难。但因他兼批孟子，这便遭来后人反驳。《四库全书总目》“史评类”下“《史通》”条就专门提到了这件事：

> 孔子门人，欲尊有若，事出《孟子》，定不虚诬。[1]

1 〔清〕永瑢:《四库全书总目》卷 88，中华书局 1965 年版，第 751 页。

四库馆臣判断真伪的标准是“事出《孟子》”而“定不虚诬”。这样一比较，刘知幾的质疑与批判，更值得珍视。

刘知幾对《史记》、《汉书》等书提出的批评，为后世称道。纪昀《史通削繁》言：“刘氏之书，诚载笔之圭臬也”、“其抉择精当之处，足以龙门失步、兰台变色。”[1]《四库全书总目》有云：“其缕析条分，如别黑白。一经抉摘，虽马迁、班固几无词以自解免。亦可云载笔之法家，著书之监史矣。”[2]刘知幾对于正史、杂史中的“虚构”处，多有指出。这对后来的小说家、学者在如何正确看待经典史籍方面，产生了一定影响。《史通·采撰》曰：

> 其失之者，则有苟出异端，虚益新事，至如禹生启石，伊产空桑，海客乘槎以登汉，姮娥窃药以奔月。如斯踳驳，不可殚论，固难以污南、董之片简，霑班、华之寸札。而嵇康《高士传》，好聚七国寓言，玄晏《帝王纪》，多采《六经》图谶，引书之误，其萌于此矣。

纪昀《史通削繁》评价其语云：“《史记》亦多采异说，如《秦本纪》伯翳、石槨之类，殆如戏剧矣，但大段雅驯耳。”[3]对于刘知幾《史通》的观点，纪昀非常认同，又踵事增华。

三、子部与集部中的虚构及其正史化

刘知幾指出子部和集部存在虚构的问题。子部和集部常借助虚

1 〔清〕纪昀：《史通削繁》，广文书局 1979 年版，第 1 页。
2 〔清〕永瑢：《四库全书总目》卷 88，中华书局 1965 年版，第 751 页。
3 〔清〕纪昀：《史通削繁》，广文书局 1979 年版，第 41 页。

构之人物或事件，或用来说理，或用来抒情，这是常识，本不必赘言。我们要指出的是，刘知幾在论述这些虚构内容时，还点明了其逐渐正史化的过程。此处仅以其中具有代表性的两个人物及其事迹为例，进行论证。一是春秋“叶公沈诸梁”变东汉“叶令王乔”再变为传说中的“仙人王子乔”。一是《史记·屈原列传》“渔父”形象对《离骚》的承变。

叶公，沈尹氏，名诸梁，故又被称为沈诸梁。主要事迹见《春秋左氏传·哀公十六年》：

> 叶公亦至，及北门，或遇之，曰：“君胡不胄？国人望君如望慈父母焉。盗贼之矢若伤君，是绝民望也。若之何不胄？”乃胄而进。又遇一人曰：“君胡胄？国人望君如望岁焉，日日以几。若见君面，是得艾也。民知不死，其亦夫有奋心，犹将旌君以徇于国，而反掩面以绝民望，不亦甚乎？”乃免胄而进。
>
> 遇箴尹固，帅其属将与白公。子高曰：“微二子者，楚不国矣。弃德从贼，其可保乎？”乃从叶公。
>
> 使与国人以攻白公。白公奔山而缢，其徒微之。生拘石乞而问白公之死焉，对曰：“余知其死所，而长者使余勿言。”曰：“不言将烹。”乞曰：“此事克则为卿，不克则烹，固其所也，何害？”乃烹石乞。王孙燕奔黄氏。
>
> 诸梁兼二事，国宁，乃使宁为令尹，使宽为司马，而老于叶。[1]

---

1 〔清〕阮元：《十三经注疏》，中华书局 2009 年版，第 4732 页。

叶公，曾因平定白公之乱等诸多功绩，而被当地人立祠以追思。

东汉末年，叶公祠仍在。但在民间传说中，被祭祀的对象“叶令”，由“沈诸梁”变成“王乔”。还附会了王乔的三个神奇之处。详见《风俗通义》“正失”第二“叶令祠”条：

> 叶令祠，俗说孝明帝时，尚书郎河东王乔，迁为叶令，乔有神术，每月朔常诣台朝。帝，怪其来数而无车骑，密令太史候望。言其临至时，常有双凫从东南飞来。因伏伺，见凫，举罗，但得一双鞋耳。使尚方识视，四年中所赐尚书官属履也。
>
> 每当朝时，叶门鼓不击自鸣，闻于京师。后天下一玉棺于厅事前，令臣吏试入，终不动摇。乔曰：“天帝独欲召我。”沐浴服饰，寝其中，盖便立覆。宿夜葬于城东，土自成坟。县中牛，皆流汗吐舌，而人无知者。百姓为立祠，号叶君祠。
>
> 牧守班录，皆先谒拜。吏民祈祷，无不如意；若有违犯，立得祸。明帝迎取其鼓，置都亭下，略无音声，但云“叶”。太史候望，在上西门上，遂以占星辰，省察气祥。言此令即仙人王乔者也。[1]

叶令王乔相关的神奇事迹主要有三个。一是做官上朝时，鞋子化野鸭，载其入京城。二是死前天降玉棺，死后坟墓自起而城中牛皆流汗不止、吐舌喘息。三是，其地门鼓自鸣，鼓入京城后，却仅仅只能发出“叶”的声音。

东汉应劭《风俗通义》接着引用了《春秋左氏传》“叶公子高”

---

1 〔东汉〕应劭著，赵泓译注：《风俗通义全译》，贵州人民出版社 1998 年版，第 65 页。

的相关记载，目的是为了说明这样一个事实：人们为了纪念春秋时楚人沈诸梁（即叶公），而修建叶公祠。王乔乃是汉孝明帝时人，二者差异甚远，故应劭紧接着说出结论：

> 此乃春秋之时，何有近孝明乎！[1]

应劭的结论，并没有得到太多的反响。对普通大众来说，质朴无文的史实，其魅力终究不敌浪漫神奇的传说。作为神仙术士的“王乔”，逐渐取代了历史真实存在的“叶公”。东晋干宝作《搜神记》，其书卷一第21则“叶令王乔”条，选录了其中第一个故事。南朝刘宋史官范晔作《后汉书》，卷八十二上《方术列传》第七十二上，全录民间传说的三件奇事，又增改了个别的字词，让整个故事的讲述变得更为流畅，而对于整个故事的大致情节及其性质并无影响。

待范晔《后汉书》编成刊刻后，所述内容即成定论，不复原貌，足惑后人。对此，刘知幾《史通·杂说中》鞭辟入里地指出：

> 夫学未该博，鉴非详正，凡所修撰，多聚异闻，其为踳驳，难以觉悟。案应劭《风俗通》载楚有叶君祠，即叶公诸梁庙也。而俗云孝明帝时有河东王乔为叶令，尝飞凫入朝。及干宝《搜神记》，乃隐应氏所通，而收流俗怪说。……既而宋求汉事，旁取令升之书；……编简一定，胶漆不移。故令俗之学者，说凫履登朝，则云《汉书》旧记。……。摭彼虚词，成兹实录。语曰：“三

1 〔东汉〕应劭著，赵泓译注：《风俗通义全译》，贵州人民出版社1998年版，第67页。

人成市虎。”斯言其得之者乎!

刘知幾看来，那些学业未精，见闻未广，不能深谙事理之人，所撰史著，大多内容驳杂，以至将虚做实，以讹传讹，乱人视听，却不自知自省。刘知幾深感痛心，认为《后汉书》这般记王乔之事，将虚妄荒诞之言当做真有其事记载，实在贻害无穷。

除了指出子部作品中的虚构外，刘知幾还以屈原《离骚·渔父》等为例，说明即使如《史记》类作品，也存在将集部辞赋中虚构的内容，纳入正史的现象。见《史通·杂说下》“别传”条：

> 自战国以下词人属文，皆伪立客主，假相酬答。至于屈原《离骚》辞，称遇渔父于江渚；宋玉《高唐赋》，云梦神女于阳台。夫言并文章，句结音韵。以兹叙事，足验凭虚。
>
> 而司马迁、习凿齿之徒，皆采为逸事，编诸史籍，疑误后学，不其甚邪！必如是，则马卿游梁，枚乘谮其好色；曹植至洛，宓妃睹于岩畔。撰汉、魏史者，亦宜编为实录矣。

刘知幾指出，自战国后，词人为文皆习用主客问答之体，《离骚》中灵均遇渔父于江渚，《高唐赋》里楚王梦神女于阳台，此类叙述，字斟句酌，讲究文采，足见所凭非实。而后世司马迁、习凿齿之流，却将之作为珍闻逸事，录入正史，可谓误人匪浅。若袭此风，那么司马相如之风流、曹植与宓妃之韵事皆可作为史料编入正史中去。刘知幾坚决反对这种不加辨择，以虚为实的著史做法。

纵观《史通》全书，刘知幾的贡献之一，应是指出“四部”中普遍存在“虚构”的内容，并且都不同程度地渗入到正史中（严格来说，正史也在“四部”之中，这里只是为了表述更全面、更准确，故把正史单独列出）。除个别情况外，刘知幾坚决反对深入到正史中的虚构内容。

第三节　刘知幾反对或支持的“虚构”

刘知幾认识到了虚构在经史子集中的普遍存在。更为重要的是，刘知幾还为各种虚构做了一个分类。对于有的虚构内容，刘知幾给予严厉批评。对另外一类，刘知幾则进行了一定的许可和赞扬。无论是批评还是赞扬，都是一种规范与指引。从这一点来说，刘知幾的“虚构”观，具有较为重要的文学史意义。

一、刘知幾反对的三类虚构

作为一位杰出的史家，刘知幾反对一些作品中的虚构内容。尤其是在这些作品和历史著作发生了千丝万缕的联系的时候，刘知幾对其真实性的要求就更加的严格与细化。如《史通·杂说下》，刘知幾在批判刘向《列女传》、《列仙传》等作品时，集中且细致地论述了这一点。也可以说代表了其对文学虚构的一个基本认识。他明确反对刘向《列女传》、《列仙传》等作品中非实录的内容。并将之分成三大类。这些观点，对后世的文学观念及其创作实践，都有一定的规范作用。

（一）直接篡改历史事实，违背国史

刘知幾坚决反对和国史记载相违背的虚构内容。《史通·杂说

下》对刘向的有关做法提出了严正的批评：

> 怀嬴失节，目为贞女；刘安覆族，定以登仙。立言如是，岂顾丘明之有传，孟坚之有史哉！

刘知幾认为，《左传》明明说怀嬴为两个君主所宠幸，刘向《列女传》却视她为贞节的女子；《汉书》明明说淮南王刘安因谋乱而被灭族，刘向《列仙传》却说他成仙而登上天堂。说这样的话，刘知幾认为刘向没有尊重左丘明与班固所作的史书。

怀嬴，秦穆公之女，嬴姓，曾是晋怀公（姬圉）的夫人，所以叫怀嬴。后来又嫁给了晋怀公的叔叔晋文公（姬重耳），故又被称为文嬴。事见《左传·僖公二十二年》：

> 晋大子圉为质于秦，将逃归，谓嬴氏曰："与子归乎？"对曰："子，晋大子，而辱于秦。子之欲归，不亦宜乎？寡君之使婢子侍执巾栉，以固子也。从子而归，弃君命也。不敢从，亦不敢言。"[1]

晋怀公姬圉做太子时，曾在秦国做人质。秦穆公为了让他留在秦国安心当人质，就将自己的女儿嬴氏嫁给他。姬圉打算逃回晋国时，问妻子是否愿意一起出逃，怀嬴不愿与丈夫一起逃走，但也不打算揭发他。后来，晋公子重耳从楚国流亡到秦国。秦穆公为了对付

1 〔清〕阮元：《十三经注疏》，中华书局 2009 年版，第 3936 页。

晋怀公姬圉，又将嬴氏嫁给他的叔叔——流亡落魄的重耳。据《左传·僖公二十三年》所载：

> 秦伯纳女五人，怀嬴与焉。輾沃盥，既而挥之。怒，曰："秦晋，匹也，何以卑我？"公子惧，降服而囚。[1]

为了维护秦晋结盟的政治关系，秦穆公两次将自己的女儿嬴氏作为了政治交易工具。历史上的嬴氏，事实上是一个无法左右自己命运的牺牲品，本是一个悲剧女性形象。

刘向主要生活在西汉王朝由盛转衰的汉成帝时期。当时，出身低微的赵飞燕、赵合德姐妹专宠。成帝无后，天象异常。《汉书·楚元王传》载：

> 向睹俗弥奢淫，而赵、卫之属起微贱，逾礼制。向以为王教由内及外，自近者始。故采取《诗》、《书》所载贤妃贞妇，兴国显家可法则，及孽嬖乱亡者，序次为《列女传》，凡八篇，以戒天子。[2]

针对赵飞燕姐妹奢靡淫乱、扰乱朝纲的行为，刘向出于教化后宫的目的，收集整理《诗经》、《尚书》等前代典籍中"贤妃贞妇"之故事，编撰为《列女传》一书。同时，以之劝诫汉成帝。

1 〔清〕阮元：《十三经注疏》，中华书局 2009 年版，第 3942 页。
2 〔东汉〕班固：《汉书》，中华书局 1962 年版，第 1958 页。

刘知幾所批评的“怀嬴失节，目为贞女”一事，详见《列女传·节义·晋圉怀嬴》：

怀嬴者，秦穆之女，晋惠公太子之妃也，圉质于秦，穆公以嬴妻之。圉将逃归。谓嬴氏：“子其与我行乎?”嬴氏曰：“从子而归，是弃君也；言子之谋，是负妻之义也，吾不敢泄言，亦不敢从。”君子谓怀嬴善处夫妇之间。[1]

刘向以所谓“君子”的名义，赞扬“怀嬴善处夫妇之间”，且为其作“颂”曰：

晋圉质秦，配以怀嬴。圉将与逃，嬴不肯听。
亦不泄言，操心甚平。不告所从，无所阿倾。[2]

正如有学者指出，刘向按照预先设置的主题，对材料与“原型”进行加工，选取利于主题表达的部分，删除与主题无关或背离的成分。刘向特意选择《左传》记载的怀嬴对国君即父亲忠孝，对丈夫太子圉贞义的事迹，舍弃史书中怀嬴再嫁重耳的事实，重构了故事情节，刻意将怀嬴塑造为义妇。这就决定了刘向在编撰怀嬴故事时，不会如实抄录史料。[3]刘知幾出于历史学家要尊重历史的责任感，提出“为史者，不选事而书”(《史通·言语》）的要求，故对

1 〔西汉〕刘向：《古列女传》，哈尔滨出版社 2009 年版，第 137 页。
2 同上。
3 详参冯利华《刘向〈列女传〉晋圉怀嬴故事考论》一文，见《西部学刊》2019 年第 17 期。

刘向“选事而书”的做法非常不满。

刘向的作品除《列女传》外，又有《列仙传》。刘知幾指出刘向《列仙传》中，记载了刘安成仙的故事。刘安是汉高祖刘邦之孙。汉文帝十六年（公元前164年），被封为淮南王。在哲学上，刘安以道家的观点为中心，同时又好神仙黄白之术。考《汉书·淮南王刘安传》可知：

> 淮南王安为人好书，鼓琴，不喜弋猎狗马驰骋，亦欲以行阴德拊循百姓，流名誉。招致宾客方术之士数千人，作为《内书》二十一篇，《外书》甚众，又有《中篇》八卷，言神仙黄白之术，亦二十余万言。[1]

《汉书·淮南王刘安传》又云：

> 伍被自诣吏，具告与淮南王谋反。吏因捕太子、王后，围王宫，尽捕王宾客在国中者，索得反具以闻。上下公卿治，所连引与淮南王谋反列侯、二千石、豪桀数千人，皆以罪轻重受诛。
>
> ……
>
> 上使宗正以符节治王。未至，安自刑杀。后、太子诸所与谋皆收夷。国除为九江郡。[2]

1 〔东汉〕班固：《汉书》卷44，中华书局1962年版，第2145页。

2 同上书，第2153页。

正如《汉书》所云，历史上的刘安因谋反而遭覆族之祸。然据刘向《列仙传》记载，刘安没有被杀反而成仙而去。刘知幾对刘向做法很不满。

今本刘向《列仙传》记载了七十位神仙，却没有“淮南王刘安”。补续刘向《列仙传》而作的葛洪《神仙传》卷六有《淮南王传》。来看下葛洪《神仙传》的相关记载：

> 八公谓王曰：“伍被人臣，而诬其主，天必诛之，王可去矣。此亦天谴王耳，君无此事，日复一日，人间岂可舍哉？”乃取鼎煮药，使王服之，骨肉近三百余人，同日升天，鸡犬舔药器者，亦同飞去。八公与王驻马于山石上，但留人马踪迹，不知所在。[1]

历史上的刘安畏罪自杀，株连九族。葛洪《神仙传》云淮南王刘安在八公引导下研习道教，最终“白日飞升”。刘安飞升的时候，就连家里的鸡犬也跟着升天。对此，刘知幾《史通·采撰》中的评判可谓一语中的：

> 古今路阻，视听壤隔，谈者或以前为后，或以有为无，泾渭一乱，莫之能辨。而后来穿凿，喜出异同，不凭国史，别讯流俗。

刘知幾认为，古今无路可通，后人不能看到或听到古代的事情，而谈说的人或者前后颠倒，或者有无不辨，泾渭一乱，就没人能够分

1 〔东晋〕葛洪著，邱鹤亭注译：《神仙传注译》，中国社会科学出版社 2004 年版，第 192 页。

辨。后来著史的人穿凿附会，喜欢和别人不同，他们不凭借国史，却另外去从流俗中打听。对这类虚构，刘知幾是极力反对的。

（二）“不附于物理”

刘向的作品中，违理失实的地方，较为多见。刘知幾对其中如人变动物或者凭空消失之类的记载，最为反对。《史通·杂说下》曰：

> 伯奇化鸟，对吉甫以哀鸣；宿瘤隐形，干齐王而作后。此则不附于物理者矣。

“伯奇化鸟”一事，今本刘向《新序》、《说苑》诸作皆不载此事。《太平御览》卷九百二十三“羽族部十”下“伯劳”条引曹植《贪恶鸟论》：

> 广昔尹吉甫信用后妻之谗，而杀孝子伯奇。吉甫后悟，追伤伯奇。出游于田，见异鸟鸣于桑，其声嗷然。吉甫心动曰：“无乃伯奇乎？”乃顾曰：“伯劳乎，是吾子，栖吾舆；非吾子，飞勿居。”言未卒，鸟寻声而栖于盖。归入门，向室而号。[1]

尹吉甫是周宣王时的太师，西周时期著名的贤相，辅助周宣王中兴周朝。他的儿子伯奇是一个孝子。却因为后母的谗言，被尹吉甫杀死。伯奇的鬼魂，化而为鸟，对父亲哀鸣。

“宿瘤”指的是“宿瘤女”。据《列女传·辩通传·齐宿瘤女》：

---

1 〔北宋〕李昉：《太平御览》，中华书局 1960 年版，第 4098 页。

> 宿瘤女者，齐东郭采桑之女也，项有大瘤，故号宿瘤。闵王出游，百姓尽观，宿瘤采桑如故。王曰：奇女也！遂以为后。[1]

宿瘤女，战国时期齐国东郭（今山东省淄博市临淄区）人。终日以采桑为业，因脖颈处长一巨大肉瘤，所以人称“宿瘤女”。

“隐形”指的是“无盐女”。见《列女传·辩通传·齐钟离春》：

> 钟离春者，齐无盐邑之女，宣王之正后也。其为人极丑无双，臼头，深目，长壮，大节，卬鼻，结喉，肥项，少发，折腰，出胸，皮肤若漆。行年四十，无所容入，衒嫁不雠，流弃莫执。于是乃拂拭短褐，自诣宣王，谓谒者曰：“妾齐之不雠女也。闻君王之圣德，愿备后宫之扫除，顿首司马门外，唯王幸许之。”谒者以闻，宣王方置酒于渐台。左右闻之，莫不掩口大笑曰：“此天下强颜女子也，岂不异哉！”于是宣王乃召见之，谓曰：“昔者先王为寡人娶妃匹，皆已备有列位矣。今夫人不容于乡里布衣，而欲干万乘之主，亦有何奇能哉？”钟离春对曰：“无有。特窃慕大王之美义耳。”王曰：“虽然，何善？”良久曰：“窃尝善隐。”宣王曰：“隐固寡人之所愿也，试一行之。”言未卒，忽然不见。宣王大惊，立发隐书而读之，退而推之，又未能得。明日，又更召而问之，不以隐对，但扬目衔齿，举手拊膝，曰：“殆哉殆哉！”如此者四。宣王曰：“愿遂闻命。”
>
> ……

1 〔西汉〕刘向：《古列女传》，哈尔滨出版社 2009 年版，第 191 页。

宣王喟然而叹曰："痛乎无盐君之言！乃今一闻。"于是拆渐台，罢女乐，退谄谀，去雕琢，选兵马，实府库，四辟公门，招进直言，延及侧陋。卜择吉日，立太子，进慈母，拜无盐君为后。而齐国大安者，丑女之力也。君子谓钟离春正而有辞。诗云："既见君子，我心则喜。"此之谓也。

颂曰：无盐之女，干说齐宣。分别四殆，称国乱烦。宣王从之，四辟公门。遂立太子，拜无盐君。[1]

钟离春，姓钟离，名春。相传为齐国无盐邑（今山东东平）人，世称无盐女。其状貌丑陋无比，年四十而未嫁。她关心政事，有隐身之术。曾自诣齐宣王，当面指责其奢淫腐败，宣王为之感动，乃"罢女乐，退谄谀"，并卜择吉日，立无盐为后。脖子上长着大瘤的女子，比较淡定，没有围观国王出行；另外一个奇丑无比的女子，被说成会隐身的法术。两个女子竟然分别被齐闵王、齐宣王纳为王后。

刘知幾说，很明显，人被杀死后，能化为小鸟，为自己伸冤；奇丑无比的女子，会凭空消失，甚至因此成为王后。这些记载，无疑都不合情理，极为荒诞。

扬雄曾经嘲笑司马迁喜爱记载奇异的事情，所以《史记》显得非常芜杂。可是扬雄自己的作品中又多有荒诞之事。故刘知幾《史通·杂说下》曰：

1 〔西汉〕刘向：《古列女传》，哈尔滨出版社 2009 年版，第 189 页。

雄哂子长爱奇多杂。又曰不依仲尼之笔，非书也，《自序》又云不读非圣之书。然其撰《甘泉赋》，则云“鞭宓妃”云云，刘勰《文心》已讥之矣。然则文章小道，无足致嗤。观其《蜀王本纪》，称杜魄化而为鹃，荆尸变而为鳖，其言如是，何其鄙哉！所谓非言之难而行之难也。

刘知幾看来，所谓殴打伏羲的女儿宓妃，让她给屈原送酒菜，杜宇的魂魄化为杜鹃鸟，荆人鳖灵死后又复活，这样的记载，都是颇为庸俗浅薄的。刘知幾同时也认识到要完全摒弃这种记载其实很难做到。还要看到，在文学作品中，刘知幾允许这种荒诞虚构的内容出现。“其撰《甘泉赋》，则云‘鞭宓妃’云云，刘勰《文心》已讥之矣。然则文章小道，无足致嗤”，这说明，刘知幾认为文学作品中“虚构”，是可以接受的。刘知幾又说：“观其《蜀王本纪》，称杜魄化而为鹃，荆尸变而为鳖，其言如是，何其鄙哉！”其认为，《蜀王本纪》之类的史书中有这些记载，确实不合情理。刘知幾指明文史有别，又对两类作品分别对待，这种做法无疑是非常理性且务实的。

（三）“以彼乌有，特为指实”

刘向曾整理《战国策》，故非常熟悉里面的故事。刘向在创作《列女传》时，就把《战国策》里面的小故事，改编成史传的模式。据《战国策·燕策一》第五则“人有恶苏秦于燕王者”条：

燕王曰：“夫忠信，又何罪之有也？”苏秦对燕王曰：“足下不知也。臣邻家有远为吏者，其妻私人，夫归，妻使妾奉卮酒进之。妾知其药酒也，乃阳僵弃酒，主父大怒而笞之。故妾一僵而弃酒，上以活主父，下以存主母也。忠至如此，然不免于笞，此以忠信得罪者也。臣之事，适不幸而有类妾之弃酒也。”[1]

这个故事，明显是苏秦为了给自己辩护而编造的一个寓言。刘向《列女传·节义传·周主忠妾》则将之改成历史人物传记：

周主忠妾者，周大夫妻之媵妾也。大夫号主父，自卫仕于周，二年且归。其妻淫于邻人，恐主父觉，其淫者忧之，妻曰：“无忧也，吾为毒酒，封以待之矣。”三日，主父至，其妻曰：“吾为子劳，封酒相待。”使媵婢取酒而进之。媵婢心知其毒酒也，计念进之则杀主父，不义，言之又杀主母，不忠，犹与因阳僵覆酒，主父怒而笞之。既已，妻恐媵婢言之，因以他过笞欲杀之，媵知将死，终不言。主父弟闻其事，具以告主父，主父惊，乃免媵婢，而笞杀其妻。使人阴问媵婢曰：“汝知其事，何以不言，而反几死乎？”媵婢曰：“杀主以自生，又有辱主之名，吾死则死耳，岂言之哉！”主父高其义，贵其意，将纳以为妻，媵婢辞曰：“主辱而死而妾独生，是无礼也。代主之处，是逆礼也。无礼逆礼有一犹愈，今尽有之，难以生矣。”欲自杀，主闻之，乃厚币而嫁之，四邻争娶之。君子谓忠妾为仁厚。夫名无细而不闻，行无隐而不彰。诗云：“无言不酬，无德不报。”此之谓也。

颂曰：周主忠妾，慈惠有序。主妻淫僻，药酒毒主。使妾奉

1 〔西汉〕刘向：《战国策》，上海古籍出版社 2006 年版，第 1657 页。

进，僵以除贼。忠全其主，终蒙其福。[1]

刘向这里讲述了一个因奸杀人的故事。故事的用意不在破案，而在于说明涉案的媵妾，在忠义不能两全的情况下，如何机智地处理好了这件事情。最后让自己有了一个好的归宿，得到“慈惠有序”的褒奖与“忠全其主，终蒙其福”的福报。

又《战国策·秦策二》第十二则“甘茂亡秦且之齐”条，记载了甘茂和苏代的一段对话：

> 甘茂亡秦，且之齐，出关遇苏子，曰：“君闻夫江上之处女乎？”苏子曰：“不闻。”曰：“夫江上之处女，有家贫而无烛者，处女相与语，欲去之。家贫无烛者将去矣，谓处女曰：‘妾以无烛，故常先至，扫室布席，何爱余明之照四壁者？幸以赐妾，何妨于处女？妾自以有益于处女，何为去我？’处女相语以为然而留之。今臣不肖，弃逐于秦而出关，愿为足下扫室布席，幸无我逐也。”苏子曰：“善。请重公于齐。”[2]

甘茂以江上处女自比，希望苏代能够在齐王面前推荐他。这样做，对苏代不仅无损害，还会有小小的帮助。这个道理类似于“邻壁之光，堪借照焉”的意思。刘向《列女传·辩通传·齐女徐吾》将甘茂提到的“江上处女”的寓言故事，也改编成了人物传记：

1 〔西汉〕刘向：《古列女传》，哈尔滨出版社2009年版，第151页。
2 〔西汉〕刘向：《战国策》，上海古籍出版社2006年版，第267页。

齐女徐吾者，齐东海上贫妇人也。与邻妇李吾之属会烛，相从夜绩。徐吾最贫，而烛数不属。李吾谓其属曰："徐吾烛数不属，请无与夜也。"徐吾曰："是何言与？妾以贫烛不属之故，起常早，息常后，洒扫陈席，以待来者。自与蔽薄，坐常处下。凡为贫烛不属故也。夫一室之中，益一人，烛不为暗，损一人，烛不为明，何爱东壁之余光，不使贫妾得蒙见哀之？恩长为妾役之事，使诸君常有惠施于妾，不亦可乎！"李吾莫能应，遂复与夜，终无后言。君子曰："妇人以辞不见弃于邻，则辞安可以已乎哉！"诗云："辞之辑矣，民之协矣。"此之谓也。

颂曰：齐女徐吾，会绩独贫。夜托烛明，李吾绝焉。徐吾自列，辞语甚分。卒得容入，终没后言。[1]

刘向塑造了一个家世贫穷但富于辩才的智慧女性形象。刘向通过齐女徐吾之口，讲了这样一个道理：做什么事都不要斤斤计较，唯恐别人占了便宜；要尽可能帮助穷人朋友，助人为乐！他的目的可以说达到了。

这两个故事，通俗易懂，又说理深刻。但是，把寓言故事视为历史著述，是不合适的。正因如此，对上述刘向《列女传》的相关改编，刘知幾非常不满。《史通·杂说下》批评说：

此并战国之时，游说之士，寓言设理，以相比兴。及向之著书也，乃用苏氏之说，为二妇人立传，定其邦国，加其姓氏。

1 〔西汉〕刘向：《古列女传》，哈尔滨出版社 2009 年版，第 199 页。

及向之著书也，乃用苏氏之说，为二妇人立传，定其邦国，加其姓氏，以彼乌有，特为指实，何其妄哉！

刘知幾认为，所谓的“忠妾”和“贫女”，这些都是战国时的游说之士为作类比说理而虚构的寓言故事的主角。而到刘向著书时，竟将苏秦等人虚构的寓言故事当作实事，为那两个女子立传，给她们附会上国家与姓氏。刘向将寓言改编成历史的做法，非常荒唐。刘知幾的言论可谓掷地有声。

二、支持的三类虚构

刘知幾对“虚构”的种种批评多是从“补史”的角度出发。一旦无需判断是否为“实录”，或者脱离了“补史”这个目的的束缚，不再强调是记录史实时，刘知幾则认为，只要在常理上能说的过去就可以了。他认为，杂史或者小说作品，不一定要或者根本不可能做到完全“实录”，只要能起到征验、劝惩的目的，甚至只是达到修辞的需要，就起到了应有的作用。

（一）正史中涉及军国大事的内容

一些现代看来明显是虚构的东西，然而在当时却是无法判断真伪“若存若亡”的“鬼神之事”。刘知幾认为，这些内容如果关系到军国的大事，是涉及兴亡的道理，就可以记载下来，以表现征兆的灵验。《史通 · 书事》曰：

怪力乱神，宣尼不语；而事鬼求福，墨生所信。故圣人于其间，若存若亡而已。若吞燕卵而商生，启龙漦而周灭，厉坏门以祸晋，鬼谋社而亡曹，江使返璧于秦皇，圯桥授书于汉相，此则事关军国，理涉兴亡，有而书之，以彰灵验可也。

刘知幾认为，怪力乱神，孔子并不谈论。然而侍奉鬼神以求福报，又被墨子所深信。有些事只是若有若无而已，圣人也不好判断真伪与否。如简狄吞燕卵而生殷契，龙涎被打开而周朝灭亡，恶鬼毁坏大门而祸害晋侯，众鬼在社坛边谋划而曹国灭亡，大江的使者送还玉璧给秦始皇，老人在圯桥传授奇书给汉相张良等等。刘知幾认为，这些事情是可以在史书中记录下来的。我们以其中一个为例，来分析下刘知幾的观点。

“江使返璧于秦皇”，事见《汉书·五行志》，原出《史记·秦始皇本纪》。秦始皇三十六年，使者郑容从关东夜过华阴道。有人持璧拦住他，请他代为献给镐池君，并说祖龙将死，说完忽然不见了。郑客将璧献给朝廷后发现，该玉璧是八年前秦始皇渡江时落入江中的。次年七月，秦始皇死掉了。

《搜神记》卷四，也有类似的故事：

秦始皇三十六年，使者郑容从关东来，将入函关，西至华阴，望见素车白马，从华山上下。疑其非人，道住止而待之。遂至，问郑容曰：“安之？”答曰：“之咸阳。”车上人曰：“吾华山使也。愿托一牍书，致镐池君所。子之咸阳，道过镐池，见一大梓，有文石，取款梓，当有应者。”即以书与之。容如其言，以石款梓树，果有人来取书。明年，祖龙死。[1]

1 〔东晋〕干宝撰，钱振民点校：《搜神记》，岳麓书社2006年版，第44页。

对此，钱锺书《管锥编·史记会注考证》认为：

> “有人持璧遮使者曰‘为吾遗镐池君’”一节；《考证》引梁玉绳据《搜神记》考“今年祖龙死”当作“明年”。按阎若璩《潜邱劄记》卷二早据李白《古风》言此；刘延世《孙公谈圃》卷中记一蓬头小青衣送王安石以白杨木笏，“荆公恶甚，弃之墙下，曰：‘明年祖龙死！’”可参印。《搜神记》卷四所记事亦见《水经注》卷一九《渭水》及《后汉书·襄楷传》章怀注所引《春秋后传》；使者至鄗池，见宫阙，授书谒者而待命，闻内“语声言‘祖龙死’”。与《史记》、《搜神记》情节不同，波折似胜也。[1]

古代社会，最高统治者的生死问题，是极为重要的事情，后世难免附会一些传说。对于这些传说故事，即使不能判断真假，刘知幾认为也是可以记录于史著的。今天看来，这些内容无疑是虚构的，是构成后世小说的重要内容之一。刘知幾在主观上并不支持虚构，然而在客观上，他认识到，此类“虚构”的内容确实成为诗歌、散文及小说等文学创作的素材来源。

（二）涉及惩劝、有延年益寿等作用的鬼神之事

刘知幾对将鬼神之事载入史书中的做法，有较为严格的要求。但是对偏记小说，杂史杂记之类记载鬼神之事的行为，态度则是相对比较开通的，如果能“益寿延年”、“惩恶劝善”，鬼神之事也是可以记载的。

1　钱锺书：《管锥编》，三联书店 2001 年版，第 434 页。

刘知幾将干宝《搜神记》诸作，归于“偏记小说”中的“杂记”一类。对于“杂记”所载的神祇灵异之事。刘知幾并不是一味地反对，而是有选择地赞成。《史通·杂述》指出：

> 阴阳为炭，造化为工，流形赋象，于何不育。求其怪物，有广异闻，若祖台《志怪》、干宝《搜神》、刘义庆《幽明》、刘敬叔《异苑》。此之谓杂记者也。

刘知幾认为，天地阴阳就像大烘炉，熔铸万物，赋予万物形状外貌，什么样的事物都有。搜求其中的怪异事物，也有助于增加异闻。

对于“杂记”一类作品，《史通·杂述》所持态度是比较开明的：

> 杂记者，若论神仙之道，则服食炼气，可以益寿延年；语魑魅之途，则福善祸淫，可以惩恶劝善，斯则可矣。及谬者为之，则苟谈怪异，务述妖邪，求诸弘益，其义无取。

杂记一类，如果谈论神仙之道，涉及服食丹药练养气功时，足可以延年益寿。述说鬼怪由来时，就说为善者得福，为恶者得祸，可以劝人为善，诫人作恶。刘知幾认为，这样还是可以的。刘知幾反对的是，一些荒诞的人来编撰这类书。因为随意地谈论怪异，专门讲述妖邪，从远大的利益考虑，这种做法是不可取的。

对于刘知幾的上述观点，浦起龙《史通评释》评曰：“此谓搜采怪异之书，足当外史劝诫乃佳。”[1] 纪昀《史通削繁》评点《史通·杂述》全篇曰：“此篇详核而精审。”又云：“唯神仙之道，三句近鄙。”[2] 两者的观点，都有可取之处。

今天看来，刘知幾对《搜神记》的评价立足点，摆脱了“实录”还是“虚构”的纠结。而是着眼其作用，推崇的是“福善祸淫，可以惩恶劝善”的内容，反对的是“苟谈怪异，务述妖邪”的做法。其观点有合理之处。

（三）对一些梦卜类的记载，刘知幾较为赞赏

先秦著作中，刘知幾最推崇的就是《左传》一书。《左传》记载了很多预言应验的故事。这个特点古人早就发现了。东晋范宁《春秋穀梁传序》曾经这样评价《左传》道：“左氏艳而富，其失也巫。”[3] 他先称赞了《左传》文辞的华美，又用一个“巫”字表达了对它的批评：明明是史书，又不是占卜，神神怪怪的事情却写了很多。范宁的批评是有依据的，《左传》中确有不少此类记载。如《左传·昭公二十一年》：

> 秋七月壬午朔，日有食之。公问于梓慎曰：“是何物也，祸福何为？”对曰：“二至、二分，日有食之，不为灾。日月之行也，分，同道也；至，相过也。其他月则为灾，阳不克也，故常为水。”于是叔辄哭日食。昭子曰：“子叔将死，非所哭也。”八

1 〔唐〕刘知幾撰，〔清〕浦起龙释：《史通通释》，上海古籍出版社 1978 年版，第 274 页。
2 〔清〕纪昀：《史通削繁》，广文书局 1979 年版，第 112 页。
3 〔清〕阮元：《十三经注疏》，中华书局 2009 年版，第 5127 页。

月，叔辄卒。[1]

公元前521年秋，七月初一壬午日，发生日食。鲁昭公询问梓慎说："这是什么东西，有什么祸福？"梓慎回答说："冬至夏至，春分秋分，发生日食，没有灾祸，是日月的运行。在春分秋分时，日月同道，在冬至夏至时，日月相过。其他月份则为灾，因为阳气不胜，所以常为水灾。"当时，叔辄为日食而哭泣。昭子说："叔辄快死了，因为这不是应该哭泣的。"八月，叔辄去世。

王劭是刘知幾最为赞赏的唐前史家之一。王劭曾著《齐志》，该书已佚。部分内容见于李百药《北齐书》。如所载张亮事，即见李白药《北齐书·张亮传》：

> 武定初，（张亮）拜太中大夫。薛敬尝梦亮于山上挂丝，以告亮，旦占之曰："山上丝，幽字也。君冀为幽州乎？"数月，亮出为幽州刺史。[2]

《左传》记叙叔辄听说有日蚀而哭泣，昭子说："子叔大概要死了吧？"秋七月，叔辄死。到王劭《齐志》记叙张伯德梦见山上挂丝，占卜的人说："大概要做幽州长官了吧？"秋七月，张伯德被拜为幽州刺史。

两者的共同点是什么呢？刘知幾认为，它们都是运用了要叙述

---

1 〔清〕阮元：《十三经注疏》，中华书局2009年版，第4557页。

2 〔唐〕李百药：《北齐书》卷25，中华书局1972年版，第360页。

某件事，必定先埋下伏笔，前后相互弥补，不用回过头来倒叙的方法。如《史通·模拟》指出：

> 夫将叙其事，必预张其本，弥缝混说，无取睠言。如《左传》称叔辄闻日蚀而哭，昭子曰："子叔其将死乎？"秋八月，叔辄卒。至王劭《齐志》称张伯德梦山上挂丝，占者曰："其为幽州刺史乎？"秋七月，拜为幽州刺史。以此而拟《左氏》，有所谓貌异而心同也。

刘知幾一直主张，在史书编撰中，摹拟前人是免不了的，因为摹拟也是对前人的一种学习。刘知幾认为，摹拟有两种，一种是"貌同而心异"，一种是"貌异而心同"。前一种摹拟是失败的摹拟，仅是形似。后一种摹拟才是成功的摹拟，是神似。用刘知幾《史通·模拟》的话来说，"盖貌异而心同者，模拟之上也；貌同而心异者，模拟之下也"。刘知幾本意谈的是如何学习古人来叙事。谈的是应该如何来模拟《左传》中"预言"等写作手法。我们要指出的是，从上述言论中可以看出，一定条件下，刘知幾并不反对史著记载那些以"预言"、"梦卜"形式来呈现的虚构内容。

刘知幾对史传文学、杂史、小说的虚构问题，有较为清醒的认识，并给予准确的评价。刘知幾，推崇"实录"，但也认识到了"虚构"的普遍存在。那些不能区别实录与否的作品，即使是看起来若有若无的"虚构"之事，也有其存在的价值。他一反过去对虚构性作品的轻视，指出它们同样具有价值，可以起到"益寿延年"、"惩恶扬善"的作用。刘知幾是一位尊重事实的史学家，他对虚构有较为准确的认识，并对林林总总的内容作出了相对合理的分类，同时还指出了它们的实际贡献。如是，则大大提高了相关作品的地位。这种灵活开通的处理方式，无疑将会给小说创作的发展与繁荣带来一定的促进作用。

结　语

中国古代大量的叙事类作品，很难完全区分它们是文学还是历史。在尊重客观事实的前提下，基于研讨方便的目的，对于这些作品中“虚构”问题的相关探讨，我们可以从作品的创作与接受两个方面分别进行。

就创作者而言。其在进行创作的时候，尤其是进行叙事时，所谓的“虚构”，几乎是不可能完全避免的。因为，涉及叙事，很难完全避免细节的描述，而一旦涉及细节的描述或者是追溯，就很难完全避免虚构的存在。这一点是客观存在的，无论创作者有没有意识到，或者说，无论作者是不是在一开始就有意识进行“虚构”。作家在创作时，包括今天在我们看来有些并非是小说的作品，都在有意或者无意地进行虚构以对作品进行润色。

就接受者而言。即使不是对作品和作者进行批评的专门理论家，只是一些普通的阅读者，甚至是口头作品的收听者，对作品中虚构内容的存在，也不是毫无察觉的。他们对作品中虚构内容的态度，不是被动地全盘接受，而是有自己的主观看法，甚至反过来影响了创作者的写作。接受者的相关看法，不是一成不变的，而是经历了一个由排斥到接受的过程。

结合两方面总体而言，甚至可以说，无论是叙事性作品的创作者还是这些作品的接受者，由于认知能力的时代局限性及文学史自身发展的复杂性等等主客观原因，他们对此类作品虚构问题的相关认知及其评价，都经历了一个长期多变、不断深化、逐渐成熟的过程。

对今天的研究者来说，在唐代文学创作特别是小说创作逐步走向自觉虚构之前，人们对文学作品虚构的认识发生了重大变化。由认识不到，至不承认，直到给予虚构较为准确的定位。这种文学观念上的转变，对中国叙事文学的发展，特别是古典小说的文体独立来说有着重要的作用。在这一演变过程中，刘知幾的理论贡献是不容忽视的。

第五章 《史通》对《汉志》、《隋志》等的继承与发展

中国是史学大国，古代史家一直有着崇高地位，史家、史著对文学发展之影响不容忽视，史志目录关于小说的论断，尤须关注。《汉书·艺文志》为我国现存最早史志目录，首创“小说家”概念并加以评述；《隋书·经籍志》是我国现存最古官修目录之一，亦论及小说家。二者皆为彼时正统史家的主流论断，对我们准确分析、全面把握刘知幾及其《史通》文论价值有很大的帮助。要深入分析《史通》小说观，就需要关注《汉志》、《隋志》小说观及其对前者的影响。

第一节 《汉志》、《隋志》的小说作者观及对《史通》的影响

魏征修撰《隋书》之前，王劭已有《隋书》传世。魏征《隋书·王劭传》对王劭及其所修《隋书》多有轻视之语。而刘知幾对王劭则极为偏爱，反之，对魏征《隋书》大加讥弹，反复贬低魏氏《隋书》，对《隋志》小说观更是很少提及。《隋志》为刘知幾所不满者，在其“广包众作”、“骋其繁富”，不合断代为史的要求。

《史通·书志》云："近世有著《隋书》者，乃广包众作，勒成二志（按：指《天文》、《艺文》二志），骋其繁富，百倍前修。非唯循覆车而重轨，亦复加阔眉以半额者矣。但自史之立志，非复一门，其理有不安，多从沿革。唯《艺文》一体，古今是同，详求厥义，未见其可。愚谓凡撰志者，宜除此篇，必不能去，当变其体。"又如《史通·断限》谓"《隋书》则仰包梁代"，亦指《隋志》而言。由于多方面的原因，《史通》对《汉志》、《隋志》两者的评价并不高，特别是对《隋志》更是多有指责。但事实上，刘知幾《史通》小说观念和《汉志》、《隋志》的观点多有相同或者相通之处，比如在对"小说家"的重视方面，三者有其内在的一致性，《史通》甚而在后两者基础上又有发展。

一、《汉志》的"狂夫"、"稗官"与"闾里小知"说

汉前小说的创作过程大致可分为口头流传与采集加工两个阶段。与之相应，小说作者有两类：一为所谓"小说"初创者，一是"小说"著录者。沿此思路可通过四个层次剖析《汉志》小说作者观。

首先，来看《汉志》有关"小说"初创者之论述。《汉志·诸子略》"小说家"序云："如或一言可采，此亦刍荛、狂夫之议也。"《说文》曰："议，语也，从言义声。"[1]《汉志》此句意为"小说若有一言可采，亦为刍荛、狂夫之语"。《汉志》视小说初创者为"刍荛"、"狂夫"，并将之同类连用。我们来明析下《汉志》"狂夫"之

1 〔东汉〕许慎：《说文解字》，中华书局1963年版，第52页。

所指。

汉前“狂夫”其意主要有五。一为凶残之人。《诗经·齐风·东方未明》云：“狂夫瞿瞿。”[1]二为悖逆之人。《墨子·非攻下》：“武王乃攻狂夫。”[2]《汉书·息夫躬传》：“如使狂夫嗥謼于东崖”[3]。三为巫觋之属。《周礼·夏官·序官》：“方相氏，狂夫四人。”[4]《国语·晋语一》：“狂夫阻之衣也。”韦昭注：“狂夫，方相氏之士也。”[5]四为狂愚无知者。《尉缭子·武议》：“人人谓之狂夫也。”[6]《史记·赵世家》云：“狂夫之乐，智者哀焉。”[7]五为自谦其夫。如刘向《列女传·楚野辩女》云：“既有狂夫。”[8]

《汉志》“小说家”之“狂夫”应指第四种，承自《史记》。类似者有《汉书·盖宽饶传》：“狂夫之言，圣人择焉。”[9]《汉书·晁错传》：“狂夫之言，而明主择焉。”[10]《汉志》认为小说家为“狂夫”，其言“可采”、“可择”，但总体来说，对之还是轻视的。因为《史记》、《汉书》都认为“狂夫”之言只是“千虑一得”。《汉书·韩信列传》原文照录《史记·淮阴侯列传》云：“广武君曰：‘臣闻智者

1 〔清〕阮元：《十三经注疏》，中华书局 2009 年版，第 742 页。
2 〔清〕孙诒让：《墨子间诂》，见《诸子集成》第 4 册，上海书店出版社 1986 年版，第 94 页。
3 〔东汉〕班固：《汉书》，中华书局 1962 年版，第 2181 页。
4 〔东汉〕郑玄注，〔唐〕贾公彦疏：《周礼注疏》，中华书局 1980 年版，第 946 页。
5 〔春秋〕左丘明撰，徐元诰集解，王树民、沈长云点校：《国语集解（修订本）》，中华书局 2002 年版，第 267 页。
6 〔战国〕尉缭子：《尉缭子》，中州古籍出版社 2010 年版，第 65 页。
7 〔西汉〕司马迁：《史记》，中华书局 1982 年版，第 1807 页。
8 〔西汉〕刘向著，王照圆注：《列女传补注》，华东师范大学出版社 2012 年版，第 243 页。
9 〔东汉〕班固：《汉书》，中华书局 1962 年版，第 3246 页。
10 同上书，第 2283 页。

千虑，必有一失；愚者千虑，必有一得。故曰“狂夫之言，圣人择焉”。’故恐臣计未必足用，愿效愚忠。”[1]此乃后来《金楼子》之所据。《金楼子》卷四“立言”“第九上”将《汉书》说法夸大十倍，其云：“智者之谋，万有一失；狂夫之言，万有一得。是以君子取狂夫之言，补万得之一失也。”[2]

其次，看下《汉志》对小说著录者的有关论述。《汉志》视小说采集者为“稗官”。其云：“小说家者流，盖出于稗官。街谈巷语，道听途说者之所造也。”“稗官”之说，论者甚多，不胜枚举。行文需要，这里只关注汉唐之前的史料记载并略论之。

就传世文献来看，唐前提到“稗官”者，概有如下数处。《文心雕龙·谐隐》云：“文辞之有谐隐，譬九流之有小说。盖稗官所采，以广视听。”[3]又颜师古注《汉书》之“稗官”云：“如淳曰：……《九章》‘细米为稗’。街谈巷说，其细碎之言也。王者欲知闾巷风俗，故立稗官，使称说之。……师古曰：……稗官，小官。《汉名臣奏》唐林请省置吏，公卿大夫至都官稗官各减什三，是也。”[4]南宋韩醇注柳宗元《上襄阳李愬仆射献唐雅诗启》“稗官里人”之“稗官”曾云：“《国语》：为里人所命次。”[5]其言《国语》有“稗官”为“为里人所命次”云云，不见今本之《国语》。

近年出土的《睡虎地秦墓竹简》、《云梦龙岗秦简》、《张家山汉墓竹简》等，内容主要是秦汉两代法律条文，材料可信度很高，为

1 〔西汉〕司马迁：《史记》，中华书局 2006 年版，第 1870 页。
2 〔南朝梁〕萧绎：《金楼子校笺》，中华书局 2011 年版，第 796 页。
3 〔南朝梁〕刘勰著，范文澜注：《文学雕龙注》，人民文学出版社 1958 年版，第 272 页。
4 〔东汉〕班固：《汉书》，中华书局 1962 年版，第 1745 页。
5 〔唐〕柳宗元：《柳宗元集》，中华书局 1979 年版，第 917 页。

理解《汉志》“稗官”提供了重要资料及研究线索。先看秦简。《睡虎地秦墓竹简》之《金布律》云：“官啬夫免，效其官而有不备者，令与其稗官分，如其事。”[1]《云梦龙岗秦简》“禁苑”云：“取传书乡部稗官。其田及作务勿以论。”[2]再看下西汉早期墓葬张家山汉墓出土的竹简。《张家山汉墓竹简》之《金布律》云：“□□□□□□□吏□□□□告官及归任行县道官者，若稗官有印者，听。券书上其廷，移居县道，居县道皆封臧（藏）。”[3]《张家山汉墓竹简》之《秩律》云：“都官之稗官及马苑有乘车者，秩各百六十石，有秩毋乘车者，各百廿石。”[4]

由上可大致推出，在秦代及西汉早期，“稗官”是级别很低的一类官员。俸禄“百六十石”，有的掌印而有的没有。有乡三老“啬夫”之属官者，职责为保管生产资料等相关物质。一旦不称职还有连坐之责，要和“啬夫”一起赔偿损失。就地位较低与主要活跃于乡间里巷而言，和《汉志》所言“稗官”有较高契合度。

第三，与“狂夫”和“稗官”身份认同相对应，《汉志》视小说创作活动云“君子弗为”，而小说著录者即所谓“闾里小知”。《汉书·艺文志》诸子略“小说家”序云：“孔子曰：‘虽小道，必有可观者焉，致远恐泥，是以君子弗为也。’然亦弗灭也。闾里小知者之所及，亦使缀而不忘。”[5]这段话可解读出三层意义。其一，《汉志》对小说创作活动最严厉且直接的批评莫过于引述孔子“君

---

1 睡虎地秦墓竹简整理小组：《睡虎地秦墓竹简》，文物出版社 1978 年版，第 63 页。
2 刘信芳：《云梦龙岗竹简》，科学出版社 1997 年版，第 28 页。
3 张家山二四七号汉墓竹简整理小组：《张家山汉墓竹简》，文物出版社 2001 年版，第 66 页。
4 同上书，第 80 页。
5 〔东汉〕班固：《汉书》，中华书局 1962 年版，第 1745 页。

子弗为”一语。出处见《论语·子张》：“子夏曰：‘虽小道，必有可观者焉，致远恐泥，是以君子不为也。’”[1]《汉志》改“子夏”为“孔子”，意在增强观点的权威性。其二，“闾里小知”是《汉志》对小说家的贬低性断语。“闾里”是指平民聚居之处。《周礼·天官·小宰》：“听闾里以版图。”唐贾公彦疏：“在六乡则二十五家为闾，在六遂则二十五家为里。闾里之中有争讼，则以户籍之版、土地之图听决之。”[2]“闾里小知”，是见识不广的乡间百姓。其三，“君子弗为”与“闾里小知者之所及”两种说法互为呼应。“君子”与“小知”之对举化自《论语·卫灵公》。其云：“子曰：‘君子不可小知而可大受也，小人不可大受而可小知也。’”[3]《汉志》所谓“闾里小知”，潜台词是“闾里小人”。歧视色调颇为浓郁。与之相应，《汉志》视小说编撰为简单整理，轻描淡写称之为“缀而不忘”。

最后，《汉志》对“小说家”之评点，虽寥寥数语，然细观之与其“狂夫”、“稗官”、“闾里小知”之断语，正相呼应。《汉志》评《伊尹说》二十七篇云：“其语浅薄，似依托也。”评《鬻子说》十九篇为“后世所加”。评《师旷》六篇曰“其言浅薄”、“似因托之”。评《务成子》十一篇云：“称尧问，非古语。”评《天乙》三篇曰：“其言非殷时，皆依托也。”评《黄帝说》四十篇为：“迂诞依托。”由“浅薄”、“依托”、“迂诞”等用语可以看出，《汉志》对小说家所载来源可靠性及内容可信度皆持保留态度。《汉志》认为

1 〔清〕阮元：《十三经注疏》，中华书局2009年版，第5501页。

2 同上书，第1407页。

3 同上书，第5401页。

小说初创和著录者本就是“千虑而能有一得”之“狂夫”与地位无足轻重的“稗官”及“闾里小知”。[1]

二、《隋志》的“舆人”与“职方氏”“训方氏”

《隋志》之于《汉志》小说观较早被认为是承袭关系。如鲁迅《中国小说史略·史家对于小说之著录及论述》曰：“(《隋志》)所论列则仍袭《汉书·艺文志》。”[2] 当下小说研究者多关注《汉志》、《隋志》不同之处。谭帆先生《小说考》指出：“《隋志》‘小说家’的内涵和指称已与《汉志》迥然有别，一方面，它重新确立了以集缀人物言说应对的琐言为文类主体的观念，另一方面，它实际上成了容纳无类可归的‘小道’、‘小术’之作的渊薮。”[3] 杜云虹《隋书经籍志研究》认为：“《汉志》与《隋志》皆认为小说为街谈巷语之说，但对于小说的态度却截然不同。《汉志》小序充斥着对小说的轻视与否定，而《隋志》小序则充分肯定、高度评价小说的重要作用。”[4] 不同于上述以小说作品为视角来探究《汉志》、《隋志》之异同的做法，我们由小说作者的角度入手，从小说的初创者、著录者及《隋志》论及的小说作者三方面细论之。

其一，就初创者而言，《隋志》将《汉志》之“狂夫”改为

---

1 《汉志》“小说家”收录作品的相关作者来看，除了《青史子》作者为“古史官”。《宋子》作者为另有稷下学宫的道家人物宋子等。大多数小说作者，如《待诏臣饶心术》、《待诏臣安成未央术》、《臣寿周纪》的作者，基本上都属于《虞初周说》作者一类，是皇帝身边的“方士侍郎号黄车使者”等。即使这些小说作者身份属实，总体来说社会地位也是不高的。

2 鲁迅：《中国小说史略》，上海古籍出版社 1998 年版，第 3 页。

3 谭帆：《中国古代小说文体文法术语考释》，上海古籍出版社 2013 年版，第 7 页。

4 杜云虹：《隋书经籍志研究》，文物出版社 2016 年版，第 264 页。

“舆人”。其云：“小说者，街说巷语之说也。《传》载舆人之诵，《诗》美询于刍荛。”“《传》”指《左传》。见《左传·僖公二十八年》：

> 夏四月戊辰，晋侯、宋公、齐国归父、崔夭、秦小子慭次于城濮。楚师背酅而舍，晋侯患之。听舆人之诵曰：“原田每每，舍其旧而新是谋。”……楚左师溃。楚师败绩。[1]

鲁僖公二十八年夏四月初一，晋文公、宋成公、秦国公子慭与齐国大夫国归父、崔夭等兵驻城濮。楚军则背靠丘陵扎营，两军对峙，战争一触即发。在晋文公忧虑能否战胜强楚之时，“舆人”诵曰：“田地里庄稼郁郁葱葱，旧田虽然好，新田也要种。”意思是要勇于一战。后来，晋文公果然在城濮之战中打败了强大的楚国。

“舆人之诵”又见被唐刘知幾《史通·六家》称之为“春秋外传”的《国语·晋语三》：

> 惠公入而背外内之赂。舆人诵之曰：“佞之见佞，果丧其田。诈之见诈，果丧其赂。得国而狃，终逢其咎。丧田不惩，祸乱其兴。”既里、丕死，祸，公陨于韩。郭偃曰：“善哉！夫众口祸福之门。是以君子省众而动，监戒而谋，谋度而行，故无不济。”[2]

---

1 〔清〕阮元：《十三经注疏》，中华书局 2009 年版，第 3962 页。

2 〔春秋〕左丘明撰，徐元诰集解，王树民、沈长云点校：《国语集解》，中华书局 2002 年版，第 304 页。

晋惠公归国后，背弃诺言而不兑现许给他人的好处。“舆人诵之”曰：“讨好之人被作弄，到底没有得到田地。欺诈之人被欺诈，终究没有得到好处。贪心得国者，到头来会遭到灾殃。丢掉田地而不去报复者，祸乱就要临头。”不久灾祸到来，里克、丕郑果然被杀，惠公也在韩地兵败被俘。对于“舆人之诵”的作用，《国语》作者借大夫郭偃之口谈出自己的看法：其为“祸福之门”，君子应“省众而动，监戒而谋”，如此方能“无不济”。

“舆人之诵”后缩写为“舆诵”、“舆颂”。《晋书·郭璞传》云：“今圣朝明哲，思弘谋猷，方辟四门以亮采，访舆诵于群心，况臣蒙珥笔朝末，而可不竭诚尽规哉！”[1]《隋书·炀帝上》云：“听采舆颂，谋及庶民，故能审政刑之得失。”[2]都是指有利于君主施政的言论。

正如韦昭注《国语》“舆人诵之”所言：“舆，众也，不歌曰诵。”[3]《隋志》“舆人”，指众人；“诵”，意为陈述，指普通百姓对某件事的议论、意见。这种议论富有劝诫意味，且似乎天然具有公正合理性，能准确预言事件成败吉凶。春秋时期，战争前夕或者国君新立等重大军国大事决断前，其重要性尤甚。魏晋隋唐时期，“舆诵”神秘色彩逐渐淡化，但仍不可忽视。贤明君主重视它可以知为政之得失，昏庸统治者忽视这些议论将招致祸端。

由上可知，“狂夫”和“舆人”虽皆为地位较低的普通人，然

---

1 〔唐〕房玄龄：《晋书》，中华书局 1974 年版，第 1904 页。

2 〔唐〕魏征：《隋书》，中华书局 1973 年版，第 63 页。

3 〔春秋〕左丘明撰；徐元诰集解；王树民，沈长云点校：《国语集解》，中华书局 2002 年版，第 303 页。

其“言”之作用已有根本不同。狂夫之言为“万有一得”，以补智者、君子“万得之一失也”；而“舆人”则变成具有某种神秘力量的预言家。这无疑抬高了小说作者的地位。结合《隋志》收录的殷芸《小说》相关内容，可更清楚看出这一点。《小说》卷二“周六国前汉人”第48条载：“秦世有谣云：‘秦始皇，何强梁；开吾户，据吾床；饮吾浆，唾吾裳；餐吾饭，以为粮；张吾弓，射东墙；前至沙丘当灭亡。’始皇既焚书坑儒，乃发孔子墓，欲取经传。墓既启，遂见此谣文刊在冢壁，始皇甚恶之。及东游，乃远沙丘而循别路，忽见群小儿攒沙为阜，问之：‘何为？’答云：‘此为沙丘也。’从此得病而亡。”[1] 在这里，构成小说主体的歌谣类似“舆人之诵”，歌谣初创者也就是小说初创者，亦和“舆人”相仿。

其二，《隋志》对《汉志》的改变亦体现于小说著录者认识层面。《汉志》云：“小说家者流，盖出于稗官。”《隋志》则曰：“小说者，街说巷语之说也。……《周官》：诵训‘掌道方志以诏观事，道方慝以诏辟忌，以知地俗’；而训方氏‘掌道四方之政事，与其上下之志，诵四方之传道而观衣物’是也。”与《汉志》不同，《隋志》认为小说著录者与《周官》“诵训”、“训方氏”相类。这里《周官》即《周礼》。研读相关资料，可借以推断《隋志》对小说著录者的定位。

先看“诵训”一职。《周礼》“诵训”云：“掌道方志以诏观事，掌道方慝以诏辟忌，以知地俗。”[2] 郑玄注“诵训掌道方志以诏观事”

1 〔南朝梁〕殷芸：《殷芸小说》，上海古籍出版社1984年版，第51页。

2 〔清〕阮元：《十三经注疏》，中华书局2009年版，第1610页。

曰："说四方所识久远之事，以告王观博古所识，若鲁有大庭氏库、殽之二陵。"[1] 贾公彦疏曰：

> "诵训"至"观事"。《释》曰："云'掌道方志'者，志即今之识也，谓道四方所记识久远之事以告王也。云'以诏观事'者，谓告王观博古之事也。"《注》："说四"至"二陵"。《释》曰："《左氏传》昭十八年，宋、卫、陈、郑皆火，梓慎登大庭氏之库以望之。《注》云：'大庭氏'，古亡国之君，在黄帝前。其处高显。'殽之二陵'，僖三十二年，秦之蹇叔子见师袭郑，哭而送之，曰：'晋人御师必于殽，殽有二陵焉。其南陵，有夏后皋之墓也；其北陵，文王之所避风雨也。'并所识久远之事，故引之以证方志之义。"[2]

贾公彦认为，"诵训掌道方志以诏观事"意为"道四方所记识久远之事以告王"、"观博古之事也"。其内容主要涉及"大庭氏库"、"殽之二陵"之类，"并所识久远之事，故引之以证方志"。

又郑玄注"掌道方慝以诏辟忌，以知地俗"曰："方慝，四方言语所恶也。不辟其忌，则其方以为苟于言语也。知地俗，博事也。郑司农云：'以诏辟忌，不违其俗也。'《曲礼》曰：'君子行礼，不求变俗。'"[3] 郑司农，即东汉经学家郑众。其语不知何书所出。《礼记·曲礼下》云："君子行礼，不求变俗。祭祀之礼，居丧

1 〔清〕阮元：《十三经注疏》，中华书局2009年版，第1610页。
2 同上。
3 同上。

之服，哭泣之位，皆如其国之故，谨修其法而审行之。去国三世，爵禄有列于朝，出入有诏于国，若兄弟宗族犹存，则反告于宗后，去国三世，爵禄无列于朝，出入无诏于国，唯兴之日，从新国之法。”[1]“君子行礼，不求变俗”，大意为君子虽然居住在别国，但在祭祀、居丧时，三代以内仍要保留本国习俗。对郑玄所注，贾公彦疏曰：

> “掌道”至“地俗”。《释》曰：“诵训又掌说四方言语所恶之事，以诏告令王避其忌恶。所以然者，使王博知地俗言语之事，故郑云‘博事也’。”《注》“方慝”至“变俗”。《释》曰：“引《曲礼》‘君子行礼，不求变俗’者，上土均云礼俗，《注》亦引此文。彼谓先王旧俗是礼事，不变之。此引不求变俗，谓不变其乡俗所嫌恶。皆是不求变俗，各证一边之义，故不同也。”[2]

贾公彦认为，“诵训”负责向王解说四方典故及语言忌讳，而使王能广泛了解古代之事及四方风俗，以使其不至于触犯或者作了不应有之改变。

再看《周礼》“训方氏”之论，其曰：“掌道四方之政事，与其上下之志，诵四方之传道而观衣物。”[3]郑玄于“训方氏掌道四方之政事，与其上下之志”句下注曰：“道，犹言也，为王说之。四方，

---

1 〔清〕阮元：《十三经注疏》，中华书局 2009 年版，第 2721 页。

2 同上书，第 1610 页。

3 同上书，第 1867 页。

诸侯也。上下，君臣也。”[1]贾公彦疏曰：“训方氏训四方美恶而向王言之，以其政事及君臣上下皆有善恶。”[2]又郑玄注“诵四方之传道”曰：“传道，世世所传说往古之事也。为王诵之，若今论圣德尧舜之道矣。”[3]贾公彦疏曰：“上所云政事及上下之志，知则向王道，未必诵之。此文，古昔之善道，恒诵之在口，王问则为王诵之。以其善道可传，故须诵之。”[4]可知，贾氏认为，“训方氏”职责是为周王诵说所辖四方诸侯之政事治理、上下关系及所思所想及对周王传诵四方所谓“古昔之善道”。贾公彦《旧唐书》卷一百八十九有传。永徽中，官至太学博士。《周礼义疏》为其奉敕所撰。《四库全书总目提要》评曰：“公彦之疏，亦极博该，足以发挥郑学。朱子语录称五经疏中，《周礼疏》最好。”贾氏对“诵训”、“训方氏”的看法应大致能代表《隋志》编著者。

《隋志》视小说家与“诵训氏”、“训方氏”相类。余嘉锡先生《小说家出于稗官说》云：“诵训氏所掌，乃四方之古迹方言风俗，训方氏所掌，则其政治历史民情也，当为后世地理志、郡国书之所自出，于小说家奚与焉？”[5]余氏所论，似可商榷。《隋志》小说家收录作品与其小说作者观可互相印证，如所收录的殷芸《小说》卷一载：“齐鬲城东有蒲台，秦始皇所顿处。时始皇在台下萦蒲系马，至今蒲生犹萦，俗谓之始皇蒲。”又“始皇作石桥，欲过海观日出处。时有神人能驱石下海，石去不速，神人辄鞭之，皆流血，至

1 〔清〕阮元：《十三经注疏》，中华书局2009年版，第1867页。

2 同上。

3 同上。

4 同上。

5 余嘉锡：《余嘉锡论学杂著》，中华书局1963年版，第270页。

今悉赤。阳城十一山石尽起东倾，如相随状，至今犹尔”。[1]皆所谓“所识久远之事”。可见，古迹风俗、历史民情恰恰是《隋志》小说家关注点。《隋志》以“职方”、“训方氏”来比拟小说作者，合乎其自身逻辑性，不宜贸然指责其“于小说家奚与焉”。清惠士奇《礼说》卷五曾云：“土训，道地图；诵训，道方志；古之稗官也。稗官，乃小说家流。”[2]潘建国先生《稗官说》认为“土训、诵训、训方氏就是周官系统的‘稗官’”、“《隋志》‘子部 小说家’早就提出过类似的观点”；“惜语焉不详，故一直未能得到研究者的充分重视”[3]。事实上，《隋志》并没有“提出过类似的观点”。《隋志》“诵训”、“训方氏”虽确有和《汉志》“稗官”类似的地方，如对街谈巷议的采集等，但两者之异要远大于同。

其三，从《隋志》“小说家”提及的小说作者来看。《隋志》“小说家”收录作品涉及作者17人。其中，有明确处士身份或所任官衔者为11位，分别为楚大夫宋玉、东晋处士裴启、东晋中郎郭澄之、梁金紫光禄大夫顾协、后汉给事中邯郸淳、宋临川王刘义庆、梁武帝之安右长史殷芸、梁南台治书伏挺、周兽门学士阴颢、仪同刘徽与后魏丞相士曹行参军信都芳。从上面即可看出小说作者成分涵盖社会多个阶层，有王公如临川王刘义庆，也有处士裴启。还有身份地位处于二者之间的各级官吏。还有6部作品点明作者姓名而没有注明身份的有郭颁、刘孝标、阳玠松、萧贲、席希秀、庾元威。其中既有公子王孙如萧贲，也有普通官僚如郭颁等。可以看

1 〔南朝梁〕殷芸：《殷芸小说》，上海古籍出版社1984年版，第1页。

2 据《四库全书》本《礼说》。

3 潘建国：《“稗官”说》，《文学评论》1999年第2期。

出，小说作者身份已经多样化了。

综上，《隋志》对《汉志》有重大突破，开唐代小说学之先声。视小说作者由“狂夫”改为“舆人”；由“稗官”转向“诵训”、“训方氏”。“舆人”与“诵训”、“训方氏”的主要服务对象是“王”、“国君”，主要目的是为了国家的政通人和。淡化甚至完全忽略了“稗官”之“稗”的一面，即“小”、“细碎”以及所言并不可靠的成分。《隋志》“小说家”提及的小说作者也涵盖从处士到皇族的多个阶层。这些变化无疑提升了小说家的学理定位。较之《汉志》，《隋志》对小说家更为重视，不仅体现于《隋志》对《汉志》的更改上，还在于《隋志》对《左传》、《周礼》等的承袭与变化上。

三、《隋志》对《左传》、《周礼》等儒家经典的继承与更改

《隋志》论证小说家时，承袭化用《左传》、《周礼》等儒家经典的同时又做了细微删改，其背后隐含意义值得深究。《左传·襄公十四年》“师旷侍于晋侯”云：“自王以下，各有父兄子弟，以补察时政。史为书，瞽为诗，工诵箴谏，大夫规诲。士传言，庶人谤，商旅于市，百工献艺。故《夏书》曰：‘遒人以木铎徇于路，官师相规，工执艺事以谏。’正月孟春，于是乎有之，谏失常也。天之爱民甚矣，岂其使一人肆于民上，以从其淫，而弃天地之性？必不然矣。”[1]《左传》这段话主要谈论了解民意的各种途径及其意义，是关于政治治理方面的问题。《隋志》化用《左传》这段话来谈其小说观。

---

1 〔清〕阮元：《十三经注疏》，中华书局 2009 年版，第 4251 页。

《隋志》子部小说家序云："古者圣人在上，史为书，瞽为诗，工诵箴谏，大夫规诲，士传言而庶人谤。孟春，徇木铎以求歌谣，巡省观人诗，以知风俗。过则正之，失则改之。"[1]基本袭用了《左传》的相关说法，但其"徇木铎以求歌谣，巡省观人诗"之论又隐隐有将小说家创作活动比拟古代采诗的意味。《礼记・王制》："天子五年一巡守（狩）……觐之诸侯，问百年者就见之，命太师陈诗以观民风。"[2]《汉书・食货志》："孟春之月，群居者将散，行人振木铎徇于路以采诗，献之大师，比其音律，以闻于天子。"颜师古注说："谓各趣农亩也"，"行人，遒人也，主号令之官。铎，大铃也，以木为舌，谓之木铎。徇，巡也。采诗，采取怨刺之诗也。""大师，掌音律之官，教六诗以六律之音者。比谓次之也。"[3]唐前对"采诗"活动评价很高，如欧阳询《艺文类聚》卷五十六"杂文部二"引挚虞《文章流别论》云："《书》云：诗言志，歌永言。言其志，谓之诗。古有采诗之官，王者以知得失。"[4]《汉志》虽然也提到了"一言可采"，然只是间或采纳"狂夫"之言。《隋志》"采诗之官"的"采"，"王者以（之）知得失"，与《汉志》有着根本区别。

这一点，在《隋志》有关论点的隐含意义中也可以看出。《隋志》所言本于《左传》。观《左传》所载，则可发现其将史、瞽、工、大夫等诸人之活动和上天意志联系在一起。即所谓的"正月孟春，于是乎有之，谏失常也。天之爱民甚矣，岂其使一人肆于

1 〔唐〕魏征：《隋书》，中华书局 1973 年版，第 1012 页。

2 〔清〕阮元：《十三经注疏》，中华书局 2009 年版，第 2875 页。

3 〔东汉〕班固：《汉书》，中华书局 1962 年版，第 1123 页。

4 〔唐〕欧阳询：《艺文类聚》，上海古籍出版社 2013 年版，第 1517 页。

民上，以从其淫，而弃天地之性？必不然矣”。从这里可以反射出《隋志》对小说作者的态度。《隋志》亦认为，上天爱护人民，不会让一个人凌驾于人民之上去胡作非为、放纵邪恶本性而抛弃天地的本性。进而言之，《隋志》视采集小说为补察时政的一种途径，也是上天救民于水火，帮助民众反抗统治者残暴统治的一种方式。基于此，《隋志》论述“子部”典籍时总结出一个观点：“《易》曰：‘天下同归而殊途，一致而百虑。’儒、道、小说，圣人之教也。”[1]《易·说卦传》云：“圣人”者，“立天之道，曰阴与阳；立地之道，曰柔与刚；立人之道，曰仁与义。兼三才而两之”。小说家再也不是班固《汉志》所谓“君子弗为”的“不入流”者，而成为和儒家、道家人物一样重要的“圣人”。

将上述《隋志》与《左传》之论两项比较，还可以发现《隋志》删掉了“商旅于市，百工献艺”及“工执艺事以谏”等句。为什么要删掉这些呢？可结合杜预、孔颖达的注疏来看。杜预注《左传》“商旅于市”曰：“旅，陈也，陈其货物，以示时所贵尚。”孔颖达疏云：

> “旅、陈”，《释诂》文也。商旅于市，谓商人见君政恶，陈其不正之物，以谏君也。《易》云“商旅不行”，旅亦是商。此云“陈”者，彼云“商旅不行”，故以“旅”为“商”，此文连于市，若以“旅”为“商”，且云“商旅于市”，则文不成义，故以旅为陈也。刘炫云：《王制》言巡守之事，云“命市纳贾，以观民之

1 〔唐〕魏征：《隋书》，中华书局1973年版，第1051页。

所好恶，志淫好辟”。

郑玄云“市，典市者。贾，谓物贵贱厚薄也。质则用物贵，则侈物贵”。此亦彼类。彼上观民，此民观上。商陈此物，自为求利，非欲谏君。但观所陈，则贵尚可见。在上审而察之，其过足以自改，故亦为谏类，则齐屦踊之比是也。[1]

孔颖达认为，商人通过货物采购与陈列方式来进谏，统治者审察货品则可知为政之得失。孔氏所论很有道理，“踊贵屦贱”之典就能很好说明这一点。《左传·昭公三年》：“公笑曰：‘子近市，识贵贱乎？’对曰：‘既利之，敢不识乎？’公曰：‘何贵何贱？’于是景公繁于刑，有鬻踊者。故对曰：‘踊贵屦贱。’既已告于君，故与叔向语而称之。景公为是省于刑。君子曰：‘仁人之言，其利博哉。晏子一言而齐侯省刑。’”[2]《全唐文》卷八百九十四罗隐《谗书·市赋》进一步发挥齐景公与晏子的对话云：“始先生以踊屦之讥，革寡人之非。今先生以交易进退，祛寡人之蒙昧。彼主之者魁帅，张之者驵侩。吾知之矣。谨以从政，庶无尤悔。”[3]

又《左传》“百工献艺”四字，杜预注曰：“献其技艺，以喻政事。”孔颖达疏曰：

《周礼·考工记》云：“审曲面势以饬五材，以辨民器，谓之百工。”郑玄云：“五材各有工。言百，众言之也。”则工是巧人，

1 〔清〕阮元：《十三经注疏》，中华书局2009年版，第4251页。

2 同上书，第4412页。

3 〔清〕董诰：《全唐文》，中华书局1983年版，第9331页。

能用五材金、木、水、火、土者也。此百事之工，各自献其艺，能以其所能，譬喻政事，因献所造之器，取喻以谏上，即《夏书》所云“工执艺事以谏”是也。[1]

孔颖达认为，工匠充分了解金木水火土等所谓“五材”的自然物的形状、性能，并根据材料本身的曲直方圆，施以人工，制为器物，为百姓所用，是百工的职责所在。同时，工匠们可以利用加工而成的器物向统治者进谏，也就是《夏书·胤征》所云“工执艺事以谏”。结合《礼记·月令》所载监工于“季春之月”每天都对百工说的一句话，可更好理解孔氏所言，其云：“毋或作为淫巧，以荡上心。”[2]警告工匠不要制作淫邪奇巧之物以动摇君王的心志。反言之，如果统治者令工匠制作出的东西是淫巧、奢侈的，工匠亦应加以规劝。

唐代工匠、商人，尤其是私营工商业者，地位非常低下。据《资治通鉴》卷一百九十载，唐武德七年四月颁布的“租庸调法”明确规定：“工商杂类，无预士伍。”[3]《旧唐书》卷一百七十七《曹确传》载，贞观年间设定官职时唐太宗叮嘱房玄龄说：“朕设此官员，以待贤士。工商杂色之流，假令术逾侪类，止可厚给财物，必不可超授官秩，与朝贤君子比肩而立，同坐而食。”[4]《唐六典》卷三《尚书户部》亦以法律形式明文规定士农工商之界限，其云：“辨天

1 〔清〕阮元：《十三经注疏》，中华书局 2009 年版，第 4251 页。

2 同上书，第 2953 页。

3 〔北宋〕司马光：《资治通鉴》，中华书局 2009 年版，第 2304 页。

4 〔五代后晋〕刘昫：《旧唐书》，中华书局 1975 年版，第 4607 页。

下之四人，使各专其业：凡习学文武者为士，肆力耕桑者为农，功作贸易者为工，屠沽兴贩者为商。工、商之家不得预于士。”[1]

《隋志》去掉《左传》中工匠、商人的相关语句，说明在其看来小说家的地位已非工匠、商人可比。相对于工商业者来说，小说家的社会认可度更高。《隋志》出于净化小说作者队伍并提升小说家地位的目的，在化用《左传》的同时，删掉了“工、商”业者。

《隋志》论及小说作者时，对《周礼》等有关记载亦有改动。《隋志》论“训方氏”曰：“诵四方之传道而观衣物是也。”《周礼》“训方氏”云：“诵四方之传道。正岁则布而训四方，而观新物。”[2]两者有明显差异。一是《隋志》删去“正岁则布而训四方”句。二是改“观新物”为“观衣物”。郑玄注“正岁，则布而训四方”曰：“布告以教天下，使知世所善恶。”[3]贾公彦疏：“正岁，谓夏之建寅正月，则布告前所道所诵之事，教天下，使知世所善恶也。”[4]《隋志》认为“小说家”不是“(夏历)正月初一，就布告天下而训导四方人民”的这类人，小说家告诫世人的手段不是采用布告的方式。《隋志》又将《周礼》“观新物”改为“观衣物”。余嘉锡《小说家出于稗官说》云：“《周礼》经文及注疏，均作‘新物’，此作‘衣’，误，但《隋书》各本皆如此，前人亦无校正之者，今姑仍之。”[5]认为此为版本原因，并无他意。“衣物”和“新物”区别非常明显。单纯归结为版本错误过于简单化。《隋志》是有意改

1 〔唐〕李林甫：《唐六典》，中华书局1992年版，第74页。
2 〔清〕阮元：《十三经注疏》，中华书局2009年版，第1867页。
3 同上。
4 同上。
5 余嘉锡：《余嘉锡论学杂著》，中华书局1963年版，第269页。

动。“新物”是新出产之物，“衣物”指衣服与日用器物。不仅仅限于“新”，还有古旧之物。《南史·谢灵运传》：“(灵运)性豪侈，车服鲜丽，衣物多改旧形制，世共宗之，咸称谢康乐也。”[1]《东观汉记·东平宪王苍传》：“飨卫士于南宫，皇太后因过按行阅视旧时衣物。惟王孝友之德。今以光烈皇后假髻帛巾各一、衣一箧遗王，可时瞻视，以慰《凯风》寒泉之思。”[2]前者“衣物”是指新物，后者则指旧物。殷芸《小说》卷一第五条载：“高祖初入咸阳宫，周行府库，金玉珍宝，不可称言。其尤惊异者，有青玉九枝灯，高七尺五寸，下作盘龙，以口衔灯，灯燃则鳞甲皆动，烂炳若列星而盈室焉。”[3]卷一第九条载：“武帝时，长安巧工丁缓者，为恒满灯，七龙五凤，杂以芙蓉莲藕之奇。又作卧褥香炉，一名被中香炉，本出房风，其法后绝，至缓始更为之，机环运转四周，而炉体常平，可致之被褥，故以为名。”[4]这种写灯、香炉等日用器物的内容在殷芸《小说》及其后的小说作品如《朝野佥载》中都很常见。姚振宗《隋书经籍志考证》考“小说家”下“《杂书钞》十三卷”条云：“本志不立艺术类，故附著于小说，兵家二类。”[5]考“小说家”下“《水饰》一卷”条又云：“案自《古今艺术》至此(指《水饰》)皆艺术之流，大抵因《汉志》‘小说家’有小道可观之语，遂杂入

1 〔唐〕李延寿：《南史》，中华书局1975年版，第538页。

2 〔东汉〕班固等撰：《东观汉记校注》，中华书局2008年版，第242页。

3 〔南朝梁〕殷芸：《殷芸小说》，上海古籍出版社1984年版，第6页。

4 同上书，第11页。

5 〔清〕姚振宗：《隋书经籍志考证》，见《二十五史补编》本，中华书局1955年版，第5538页。

之此类。”[1]姚振宗的话有几分道理，但还没有点到《隋志》的本质，《隋志》本来就认为这些作品属于小说类的。它们都属于“观衣物”的范围内，而不仅仅是没有立“艺术类”的原因。在《隋志》看来，小说家视线所及本就包括艺术类在内各行业的新旧之物。

《隋志》化用《左传》，以“采诗说”喻小说作者的创作活动，大大提高小说家创作活动的文化品格，是对小说创作活动的充分认可与大力褒扬。《隋志》删掉《左传》工商业者的相关内容，说明其认为工商业者不如“小说家”地位高。工商业者地位低下是当时社会现实。《隋志》割断工商业者与“小说家”的联系，维护了小说作者的社会地位。另外，《隋志》改《周礼》“观新物”为“观衣物”，删掉“正岁则布而训四方”等句，开阔了小说作者的关注视野，也从某种程度解除了对小说家的束缚。这些对于小说一家的繁荣与发展来说，无疑意义重大。

《隋书》之修撰，始于武德，成于贞观。《隋志》原是唐贞观年间《五代史志》的原稿，后并入《隋书》。高彦休《唐阙史序》云：“自武德、贞观而后，吮笔为小说、小录、稗史、野史、杂录、杂记者多矣。”[2]纵观有唐一代，小说作家作品不断涌现。之所以武德、贞观以后出现小说创作的一时盛况，正与《隋志》、《汉志》等著作关于小说的观点、观念发生的重大改变有关。其创作心态，概如段成式《酉阳杂俎序》所云：“固役而不耻者，抑志怪小说之

1 〔清〕姚振宗：《隋书经籍志考证》，见《二十五史补编》本，中华书局1955年版，第5540页。

2 〔唐〕高彦休：《唐阙史》，见《唐五代笔记小说大观》，上海古籍出版社2000年版，第1327页。

书也。”[1]

无论在文字表述、内涵意义，还是在隐含指涉方面，《汉志》、《隋志》都存在着一定的承变关系。较之《汉志》，《隋志》大幅提升小说作者的身份地位、学理定位及文化品格。这些观点及其带来的影响，对《史通》的相关观点，是有着重要启发的。即使是刘知幾这样的著名史家，他首先是一个鲜活的现实人物，其理论建构的绝对客观，只是一个理想的状态，不可能不受到个人的偏爱的影响。尽管刘知幾《史通》对《汉志》小说作者观，所谈甚少，对《隋志》小说观几乎只字未提。但是，今天的《史通》文论研究，对《汉志》、《隋志》的相关论断，要给予充分重视与深入发掘，以还原与保持历史本身及衍生理论的最大真实与客观性。

我们由小说作者角度入手，细论两《志》小说观念之嬗变及其意义：《汉志》首次列“小说”为一家，在其基础之上，《隋志》“小说家”的地位有了较大提升；这对刘知幾《史通》不可能没有影响。刘知幾《史通·杂述》提及的小说“自成一家”，且和正史“参行”的观点，事实上就是在《汉志》、《隋志》的基础上对小说作者地位的进一步提高。此外，《汉志》对《史通》的影响，亦体现在对小说作品的分类上。

第二节　由“小说”、“小说家”到《史通》的“自成一家”

“小说”一词，最早见于《庄子·杂篇·外物》。同收于《庄

1 〔唐〕段成式撰，许逸民校笺：《酉阳杂俎校笺》，中华书局 2015 年版，第 1 页。

子》“杂篇”的《天下》篇，被认为是“最早的一篇中国学术史，批评先秦各家学派的论著”[1]，集中论述道、儒、墨、名四家[2]，却没有提到“小说家”。有“小说”而无“小说家”的这种情况，一直延续到西汉前期。刘安等《淮南子·要略》作为《淮南子》全书纲要，主要谈及道、儒、墨、刑名及纵横等五家之学；司马谈《论六家要旨》先后阐释“阴阳”、“儒者”、“墨者”、“法家”、“名家”、“道家”等所谓“六家”之说。这些学术著作都没有提到“小说家”。

《七略》是“我国最早的分类书目”[3]，为西汉后期著名学者刘歆在其父刘向《别录》基础上总群书而撰。七略分为辑略、六艺略、诸子略、诗赋略、兵书略、术数略、方技略七部。其中，诸子略，综合《庄子·天下》、《淮南子·要略》、《论六家要旨》等所提到的“儒”、“道”、“阴阳”、“法”、“名”、“墨”、“纵横”七家，又加上“杂家”、“农家”、“小说家”而成“诸子十家”。西汉去古未远，诸子书保存颇多，而西汉后期尊儒学，又对诸家学说基本上还是兼收并蓄的，史学还未自成一家，地位不像后世那样广受推崇，所以诸子列在“六艺略”之后。《七略》一书，在唐代就失传了。

传世典籍中，最早收录“小说家”的当是《汉志》。东汉史家班固自称对《七略》“今删其要，以备篇籍”而成《汉志》。在《汉

1 〔战国〕庄子撰，陈鼓应注译：《庄子今注今译》，中华书局 2009 年版，第 905 页。

2 《庄子·天下》篇中提到慎到、田骈等人，但把他们与其师彭蒙放在一起，作为道家来看待。《荀子·非十二子》篇说慎到、田骈“尚法”，侧重了其法家思想的一面。今天多认为慎到等之思想为道、法合流而以法家为主。本文这里遵从《庄子·天下》篇的本意，把慎到等归入道家，故云《庄子·天下》篇未提及法家。

3 蒋伯潜：《校雠目录学纂要》，北京大学出版社，1990 年，第 15 页。

志》"诸子十家"中，可以看出班固对"小说"一家的重视。具体表现有三：

其一，表面上看，在《汉志》中，"小说"这一家是排除在"可观者"之外的。所谓"《六经》之支与流裔"，"小说家"亦不能位列其中；而"舍短取长，则可以通万方之略"的也只有"九家之言"。[1]但《汉志》首次将"小说"列为诸子中的一家，由此使其进入官修目录关注视线之内，实际上起到了抬高小说地位的作用。

其二，谈论九家之关系的时候，《汉志》提到："《易》曰：'天下同归而殊途，一致而百虑。'"[2]这一说法上承司马谈《论六家要旨》而来，又有改动，虽变化细微，却非常关键，故而值得注意。

司马谈论及诸子地位时，首次提到："《易大传》：'天下一致而百虑，同归而殊途。'"[3]这一说法出自《周易·系辞下》："《易》曰：'憧憧往来，朋从尔思。'子曰：'天下何思何虑？天下同归而殊途，一致而百虑。'"[4]司马谈借此说明诸家学说的共性。

《汉志》承续司马谈之说，但又将其中的"《易大传》"改为"《易》"。很明显这两者不应一概而论。司马谈所说的《易大传》，是指含《系辞下》在内的所谓"十翼"，为最早解释《易经》的著作，其说虽假托孔子之言而自重，实出自战国时期黄老学派后学之手。司马谈称之为《易大传》，以区别于汉代其他各家易传。"《易》"则多指《周礼》春官大卜所掌"三《易》之法"中的

1 〔东汉〕班固：《汉书》，中华书局2007年版，第339页。

2 同上书，第338页。

3 〔西汉〕司马迁：《史记》，中华书局2009年版，第758页。

4 〔清〕阮元：《十三经注疏》，中华书局2009年版，第183页。

“《周易》”，其地位高于《易大传》。

以《易》统括《易大传》并不是《汉书》的通用做法。《汉书》“郊祀志第五下”云：“《易大传》曰：‘巫神者殃及三世。’”[1]《汉书》中并没有把这里的“《易大传》”改为“《易》”。这也不是《汉书》所见版本的原因。《汉书》卷六十二《司马迁传》云：“《易大传》曰：‘天下一致而百虑，同归而殊途。’夫阴阳、儒、墨、名、法、道德，此务为治者也。直所从言之异路，有省不省耳。”[2]这里很明确就是用的“《易大传》”。

《汉志》以“《易》”替代“《易大传》”，夸大了诸子各家“殊途同归”说的权威性。再联系《汉志》首增“小说家”附于九家之后的做法，可以看出，班固上承司马谈《论六家要旨》之说，而又变“《易大传》”为“《易》”之目的，实际上是有意地在间接抬高小说的地位。

其三，《汉志》抬高“小说家”地位之意图，不止体现为改《易大传》为《易》一处，其他地方也有类似更换。其曰：“小说家者流，盖出于稗官。街谈巷语，道听涂说者之所造也。孔子曰：‘虽小道，必有可观者焉。’”[3]然所谓孔子“虽小道，必有可观者”云云，原话见《论语·子张第十九》，实非孔子所言，而是子夏之语。事实上，在《论语》一些篇章中，甚至可以看出孔子对传播道听途说的东西是很反感的。如《论语·阳货第十七》：“子曰：‘道

1 〔东汉〕班固：《汉书》，中华书局 2007 年版，第 193 页。
2 同上书，第 614 页。
3 同上书，第 338 页。

听而涂说，德之弃也。’ ”[1] 在孔子看来，传播道听途说的东西，是一种背离道德准则的行为。《汉志》立“小说”一家，同时两次篡改引文出处以抬高“小说家”地位之做法，《隋志》皆全盘继承并又有创新。

魏征所修《隋志》中“殊途同归”之“殊途”首次将“小说家”涵盖于内，并视之为与儒、道两家相提并论的圣人之教。见《隋志》：“小说者，街说巷语之说也。……孔子曰‘虽小道，必有可观者焉，致远恐泥。’ ”[2] “《易》曰：‘天下同归而殊途，一致而百虑。’儒、道、小说，圣人之教也，而有所偏。”[3]

由东汉迄唐初的官修目录，如《汉志》、《隋志》或间接或直接地抬高了“小说家”的地位，但对“小说”文体自身属性的有关认识，并没有相应变得更为清晰。就文体层面而言，《汉志》中的“小说家”实际上并不能被称之为独立的一家。九家之中，杂家内容最为多样，因为“杂家者流，盖出于议官。兼儒、墨，合名、法，知国体之有此，见王治之无不贯，此其所长也。及荡者为之，则漫羡而无所归心。”[4] “小说家”排序在“杂家”之后，比“杂家”还要杂。“杂家”尚可自成一家，即所谓“可观者”，而“小说家”就难以自成一家了。《汉志》只是将九家外很难归类的作品，都放到了“小说家”一栏。

《隋志》关于“小说”的认识，基本上还是继承《汉志》的说

1 〔清〕阮元：《十三经注疏》，中华书局 2009 年版，第 5486 页。

2 〔唐〕魏征：《隋书》，中华书局 1973 年版，第 1012 页。

3 同上书，第 1051 页。

4 〔东汉〕班固：《汉书》，中华书局 2007 年版，第 1742 页。

法。仍然坚持“小说者，街说巷语之说也”；拘牵于所谓“虽小道，必有可观者焉，致远恐泥”之成规[1]。当然，两者也不尽相同。如《汉志》收录的封禅、养生、医巫、厌祝类作品，因多已失传，故未被《隋志》收入“小说家”目录。《隋志》把器械发明方面的作品纳入“小说家”范围，如《古今艺术》、《鲁史欹器图》、《水饰》等，这样就使得“小说”一家所涉内容更为驳杂。

综上，人们对于“小说”的相关认识，最早起于先秦，经两汉，迄隋唐，目录学相关著作对子部诸子区分越来越细（其突出表现为“诸子家”类别增多）。在这个过程中，“小说家”越来越为人重视，但同时也出现了收录作品更为杂乱的局面。在此背景下，刘知幾提出了“小说”当“自成一家”的观点。《史通·杂述》曰：

> 《三坟》、《五典》、《春秋》、《梼杌》，即上代帝王之书，中古诸侯之记。行诸历代，以为格言。其余外传，则神农尝药，厥有《本草》；夏禹敷土，实著《山经》；《世本》辨姓，著自周室；《家语》载言，传诸孔氏。是知偏记小说，自成一家。而能与正史参行，其所由来尚矣。[2]

刘知幾在文学史上首次提出小说当“自成一家”的观点，对小说文体内在属性的相关认识也随之发生了一次根本性变化：小说文类的指称由子部开始转向史部。在刘知幾看来，古代的《三坟》、《五

1 〔唐〕魏征：《隋书》，中华书局1973年版，第1012页。

2 〔唐〕刘知幾撰，〔清〕浦起龙释：《史通通释》，上海古籍出版社1978年版，第273页。

典》、《春秋》、《梼杌》是上古帝王的史书，中古诸侯的记载。作为规范，历代流传。“偏记小说”自成体系，其与正史并行由来已久，刘知幾虽然没有明确说明，但也暗示出，小说之源头出自史官，而非《汉志》所说的“盖出自稗官”[1]。

刘知幾《史通》上述小说观念对欧阳修《新唐志》有很大影响。《新唐志》云：“上古三皇五帝以来世次，国家兴灭终始，僭窃伪乱，史官备矣。而传记、小说，外暨方言、地理、职官、氏族，皆出于史官之流也。”[2]欧阳修明确指出“小说”“出于史官一流”，同时将“小说”与“传记”、“方言”、“地理”、“职官”、“氏族”同等视之。这和刘知幾《史通》所言“偏记小说”与正史参行而又自成一家的观点，是非常相似的。

第三节 《汉志》、《隋志》的小说分类观及对《史通·杂述》的影响

刘知幾在《史通》中特设《杂述》篇，论述了纪传、编年二体以外，但又与之相密切关联的大量著作。刘知幾醒目地提出了“偏记小说”的概念，认为它们“自成一家”，并对之追本溯源，进行了分类和定性分析。在今天的中国文言笔记小说通史研究中，《史通·杂述》几乎成为不能不提到的重要篇章之一。其对《汉志》、《七录》、《隋志》等目录学著作的继承和发展，则成《史通》文论研究需要重点关注的内容之一。

1 〔东汉〕班固：《汉书》，中华书局2007年版，第338页。
2 〔北宋〕欧阳修、宋祁：《新唐书》，中华书局1975年版，第1421页。

一、“偏记小说”分为十类的原因与由史到“体兼子史”的转变

刘知幾《史通》之前，也有目录学著作对史部作品做出了较为详细的分类，其中以阮孝绪《七录》、魏征《隋志》最具代表性。梁代阮孝绪《七录》“纪传录”中曾把史学著作分为以下十二部：“国史”、“注历”、“旧事”、“职官”、“仪典”、“法制”、“伪史”、“杂传”、“鬼神”、“土地”、“谱状”、“簿录”。[1]《隋志》史部基本上继承了这个分类原则，去其“鬼神”一类，又将其余十一类史书细分为十三类。分《七录》“国史”为“正史”、“古史”、“杂史”；移“伪史”为第四类，并改称“霸史”；称“注历”为“起居注”；“旧事”仍为“旧事”；“职官”仍为“职官”；称“仪典”为“仪注”；称“法制”为“刑法”；“杂传”仍为“杂传”；称“土地”为“地理”；称“谱状”为“谱系”；“簿录”仍为“簿录”。[2]

《隋志》史部“杂史”与“杂传”共同点有两方面。一方面，是创作态度比较轻率，不够严谨。如“杂史”类“率尔而作，非史策之正也”，“杂传”类“率尔而作不在正史”。第二方面，是内容多虚妄怪诞之说。“杂史”类为“委巷之说，迂怪妄诞真虚莫测”，“杂传”类多“杂以虚诞怪妄之说”。两者的不同点，在于传主的身份不同。“杂史”类所记“大抵旨帝王之事”，“杂传”类所记颇为驳杂，凡“耆旧节士之序”、“名德先贤之赞”、“郡国之书”、“序鬼物奇怪之事”、“圣贤之风”，皆“因其事类，相继而作”。[3]

---

1 〔唐〕释道宣：《广弘明集》卷 3 “归正”篇“《七录》序”，上海古籍出版社 1991 年版，第 111 页。

2 〔唐〕魏征：《隋书》，中华书局 1973 年版，第 953–992 页。

3 同上。

刘知幾《史通·杂述》分列“偏记小说”为十大类。一曰“偏纪”，二曰“小录”，三曰“逸事”，四曰“琐言”，五曰“郡书”，六曰“家史”，七曰“别传”，八曰“杂记”，九曰“地理书”，十曰“都邑簿”。其中，“偏纪”、“逸事”两类，在《隋志》多入“杂史”类。“小录”、“郡书”、“杂记”三类，《隋志》多入“杂传”类。“地理书”、“都邑簿”两类，《隋志》则入“地理”类。《史通·杂述》中的“家史”、“别传”两类作品，在《隋志》则多未收录。刘知幾认识到“子之将史，本为二说”(《史通·杂述》)，但仍将《隋志》子部小说置于此篇评述，名之曰“琐言”。概而言之，《史通·杂述》中的“偏记小说”作品，多来自《隋志》史部的“古史”、“杂史”、“霸史”、“旧事”、“杂传”、“地理”与子部中的“小说”类。

对于刘知幾《史通·杂述》与《七录》、《隋书·经籍志·史部》的关系，学术界观点不一。逯耀东《〈隋书·经籍志·史部〉及其〈杂传类〉的分析》一文指出：“刘知幾对这类史学著作（按：即杂史类）的看法与《隋书·经籍志》的分类法较有不同，将正史与古史两种写作体裁以外的史学著作都归纳‘杂述’之中。……刘知幾《史通》的《杂述》包含的内容较《隋书·经籍志·史部·杂史》更丰富。”[1]马铁浩则认为《隋志》优于《史通》。其云：“六朝时期，杂传兴盛从《隋志》著录可见其大略。《史通》将杂传之书又作区分。徒见琐碎，且小录、别传、杂记诸类从名目，旨难窥知其义，不如

1　逯耀东：《魏晋史学的思想与社会基础》，中华书局2006年版，第56页。

《隋志》统而言之也。”[1] 马铁浩还指出，《史通·杂述》“十品”各举四书为例，其中有与《史通》他篇抵牾者。譬如，“偏纪”之《晋安帝纪》即《古今正史》中的《晋安帝阳秋》。“逸事”之《汲冢纪年》，又入《六家》之“《春秋》家”。“地理书”中的《华阳国志》，《古今正史》述“伪史”一节已言之。“若依刘氏准的，此三书皆当为‘正史’，而又作‘杂述’论列，足见其分类之粗疏”[2]。

我们比较赞同逯耀东的观点。《史通·杂述》所涉及“杂史”类的作品，较之《隋志》更为丰富。但是马铁浩所指出的问题也是客观存在的，就《史通》全书的角度来看，《史通·杂述》是互相矛盾的。然而，换一个角度来看，则并不是分类粗疏，这说明刘知幾《史通·杂述》的小说观，是自成一体的，可以单独拿出来进行研究。当然，也不否认，由于作品自身比较复杂的原因等，一些作品确实不好区分，如《华阳国志》，在《杂述》中是归入两类的，既是《郡书》，又是《地理书》。

我们这里不想仅仅评价《隋志》对“杂史”、“杂传”类作品的分析和《史通·杂述》二者孰为高下的问题。而是要进一步指出，《史通·杂述》的分类思想，和《隋志》有着根本的不同。二者分别处于不同的范畴。《隋志》的分类，更多坚持了纯史学的标准，而《史通·杂述》认识到“子之将史，本为二说”，但是涉及“杂述”类作品，则将“子”、“史”融为一体。并给予了此类作品一个新的名字“偏记小说”。与刘知幾“体兼子史”的思想相对应，《史

1 马铁浩：《论〈史通〉之史籍流别观》，《阜阳师范学院学报（社会科学版）》2010 年第 2 期。

2 同上。

通·杂述》此篇的源头可能不是《隋志》或者《七录》论述史著的相关内容，而是参考了更早的《汉书·艺文志·诸子略》对子部作品的相关论述。

《汉书·艺文志·六艺略》，将学习经书的基础读物分为《易》、《书》、《诗》、《礼》、《乐》、《春秋》、《论语》、《孝经》与小学共九种。分门别类，介绍儒家的经典著作。其中《春秋》一种，主要论述的是记事类的史学作品。其云："古之王者，世有史官，君举必书，所以慎言行，昭法式也。左史记言，右史记事，事为《春秋》，言为《尚书》。"[1] 对于子部作品，《汉书·艺文志·诸子略》则列为十家，为儒家、道家、阴阳家、法家、名家、墨家、纵横家、杂家、农家、小说家。《史通·杂述》仿《汉书·艺文志·诸子略》，将之分为十流。

《史通·杂述》对《汉书·艺文志·诸子略》的模仿，不仅仅是体现分类数量上，在具体的行文方面，也可以看出这一点。《汉志》论述诸家的行文模式，有清晰的章法可循。在分述各家的时候，基本都是先列出具体的作品，再具体点评。点评时，先溯源头，再列长处及短处。我们选其中篇幅较短的为例进行说明。论述完十家之后，有一个总体论述。《史通·杂述》先是追溯源头，刘知幾认为，古代的《三坟》、《五典》、《春秋》、《梼杌》等，就是上古帝王的史书，中古诸侯的记载，历代流传，足为规范。此外，还有一些作品，如神农遍尝草药，有《神农本草》；夏禹陈述各地风物，编著《山海经》。出自于周代，辨别姓氏的《世本》；传自

1 〔东汉〕班固：《汉书》卷 30，中华书局 1962 年版，第 1715 页。

于孔氏，记载孔子及其弟子的言论的《家语》等作品，都是所谓的“外传”。然后分述具体的作品，并对作品从正反两方面进行论述，最后加以总结。其中，点评诸家之短长的时候，《史通·杂述》在行文语气上都和《汉志》极为相似。《汉志》点评“阴阳家”云：“阴阳家者流，盖出于羲和之官，敬顺昊天，历象日月星辰，敬授民时，此其所长也。及拘者为之，则牵于禁忌，泥于小数，舍人事而任鬼神。”[1]《史通·杂述》点评“逸事”类云：“逸事者，皆前史所遗，后人所记，求诸异说，为益实多。即妄者为之，则苟载传闻，而无铨择。由是真伪不别，是非相乱。”二者在形式上都多用对仗句式，在内容上皆言及正反两方面。

二、逐类点评的顺序与非史料价值的评价尺度

刘知幾《史通·杂述》将小说分成“十类”。刘知幾对这十类“小说”作品的特点及其优点、不足处，都进行了详细论述。同时，对每一类，条分缕析，逐一点评其优劣所在。每一类作品都既有长处，又有不足。那么，这十类作品的排序先后，又有没有什么标准呢？排序背后的原因是什么呢？

有学者认为：“《史通·杂述》将正史之外的著作按照史料价值的高低分为十类。”具体来说，“如偏纪、小录类‘旨记即日当时之事，求诸国史最为实录’，因此列居首位。其次为第三类逸事‘国史之任，记事记言，视听不该，必有遗逸’。逸事属于史官的遗逸，因此其‘皆前史所遗，后人所记，求诸异说为益实多’，尚且多有

1 〔东汉〕班固：《汉书》卷30，中华书局1962年版，第1735页。

益处。第四类琐言多为‘街谈巷议，时有可观，小说卮言，犹贤于已’，其史料价值已经稍逊。第五、六类郡书、家史因有‘矜其乡贤美其邦族’、‘事惟三族言止一门’等缺陷，故而史料价值较小。第七类别传来源是前代史书，‘徒以博采前史聚而成书’，只不过是作者‘取其所好各为之录’，从中选取自己感兴趣的内容归为一类而已，价值更低。第八类杂记多记神仙鬼怪之事虚妄不经之谈，史料价值更小。第九、十类地理书、都邑簿属于制度类的‘辨其规模，明其制度，斯则可矣’，与刘知幾的史学范围已相距甚远。”[1]

我们认为，十流的次序有其价值高低的考量，但是，单纯地将所谓“史学价值”的高低，作为分类排序的唯一标准，也是值得商榷的。如果从单纯的史学角度跳开，再换一个“偏记小说”的独立角度看，详加分析刘知幾所谓的十大类“偏记小说”，会发现他实际上几乎论及了中国古代文言笔记小说的主要范围。从写人，记事、记言，记载风土人情、城市建筑等三个大的方面，对传统文言小说所涵盖的内容，进行了分析与限定。具体来说，“偏纪”的叙述对象是皇帝，“小录”则为大臣，这两者是记人。第三种“逸事”侧重记事。第四种“琐言”，则侧重记言。这些都是距离作者较远的人物、事迹与言行（一般来说是这样的，不排除作者本身就是朝廷大员）。然后，接下来说的“郡书”、“家史”则是身边的人物。“逸事”是传说中的人物，“杂记”的鬼神之类为主，是非现实的人物。而最后的“地理书”和“都邑簿”，分别记叙地方和京城的风土人情建筑之类。

1　于涌：《从〈史通 · 杂述〉看刘知幾的史学分类意识及史料观》，《兰台世界》2015 年第 32 期。

“偏纪”、“小录”两类，史学价值相对来说更高。但也不能单纯以史学价值的高低来作为十类作品具体排序的唯一标准。

十类作品，既有高下之别，又不是单纯的价值高下为序，而是参考了具体的内容进行分类。不同内容类别的作品，其先后顺序，并不是以史学价值之高下为尺度的。比如说，多载鬼神之事的“杂记”类作品，其史学价值，不一定高于“地理书”、“都邑簿”等。这种排序的背后原因是什么呢？我们认为，这十类“杂述”作品的前后顺序，体现了刘知幾不是以纯史学的角度来排序这些作品，而是认为这些作品“体兼子史”，以作品描写对象为标准归类并排序。

第四节 《史通·杂述》的小说史意义

在中国文言小说发展的早期，史学著作的“尚简”、“实录”等标准实际上限制了叙事性文学的虚构、重铺叙的本质需求，这样文与史对叙事不同要求的内在矛盾便凸显了出来。矛盾凸现的过程，并不是一蹴而就的，在二者的渐离渐远的过程中，一些作品的存在价值，就有必要进行探讨。

今天看来，从流变的角度来说，刘知幾《史通·杂述》所认为的史氏十流，绝大部分内容，要么是纯粹的文学作品如《搜神记》、《幽明录》等；要么具有很强文学性的野史、杂记，如《西京杂记》；还有一部分是杂传类，如《竹林名士》、《汉末英雄》等。此外，更早的《山海经》、《汲冢琐语》、《孔子家语》等作品，因具有很强的文学性，刘知幾也把它们都归于广义的“偏记小说”类。

刘知幾《史通》的有些论述已涉及后世小说的范畴。刘知幾本意并没有把它们作为文学体裁来讨论，而是认为这类作品是不同于“正史”的“偏记小说”。刘知幾是站在史家的立场上，对此类作品，提出了各种批评，认为这种题材的作品和纯正史学著作是不相同的，但是他也看到了此类作品对普通读者和史家的巨大影响力。

这些作品，在人物、情节或者环境描写、心理刻画等方面，并不刻意着墨，故而往往容易被今天的小说理论研究者所忽视。然而这些类似史著的作品处于文史交汇的领域，它们在很多方面都有不可替代的价值。如文学史的创作、文人小传的编写，甚至对于国家正史的编撰，都有不可忽视的作用和价值。既可以用来个人的娱乐消遣，又可以作为社会教化的一部分，还能够成为国家正史的材料来源，影响千载。所谓历代知识分子所追求的儒家目标，修身、齐家、治国、平天下，而至于不朽之名声，或都在其中。《史通·杂述》对众多此类亦文亦史的著作曾做出系列的评判和阐释，刘知幾的难能之处是承认现状，实事求是。

他把众多亦文亦史的著作，即所谓的“偏记小说”，分门别类，根据不同内容，给予不同评价，指出它们各有用途。有的可以补史之阙，有的可以增广见闻，有的可以光耀乡贤、美化邦族，即使最不济的街谈巷议、神仙杂说，也可以起到娱己悦人乃至惩恶劝善的作用。

在谈论如何修史的时候，刘知幾《史通·杂述》曾云：“不窥别录，不讨异书，专治周、孔之章句，直守迁、固之纪传，亦何能自致于此乎？”这一论断，将大量不入史的材料，如“偏纪”、“小录”等“偏记小说”，纳入史家的视野之内。由于时代观念变化等原因，这类作品，成了后人著史或者注史的凭据。需要指出，刘知幾的这一观点，影响到了李肇的《唐国史补》。而李肇《国史补》，对刘昫《旧唐书》和欧阳修《新唐书》的异同之处，进行比较和刊定时，确实起到了相应的作用。

不可否认的是，“偏记小说”和史著是有区别的。在这个亦文亦史、兼容子史的一大类文体的形成和发展过程中，需要某种存在的合理性或者说合法性。刘知幾认为：“盖凡编纂成书者，必有一定范围。于其所定范围中，必曾尽力蒐辑，故可信较为完备，否则有‘丘山是弃’者矣。此偏记、小录等书所以所记虽与正史同，而不容视为正史也。”[1]

刘知幾的《史通》的论述，使得这些亦文亦史的作品取得了存在的某种合理性。刘知幾认识到了这类小说的独立性，指出它有别于正史，同时又和正史并行不悖。可见，“面对纷繁复杂的文本和著作，刘知幾从实际出发，还是作出了明智而具有历史性的理论贡献”[2]。

综上可知，一些个人的偏好可能会影响到相对客观的理论建构。具体的文本表述与作者的真实想法或者客观历史事实，并不能完全等同。刘知幾的文学观念不见得完全就是《史通》所表述的那样。故《史通》文论研究，应寻绎、归纳其客观事实与理论主张相矛盾的地方，并以之为线索，挖掘、再现刘知幾在写作《史通》的过程中过滤掉的一些东西，特别是涉及《史通》小说观起源方面的问题时，尤其要重视这一点。

---

1 〔唐〕刘知幾撰，〔清〕浦起龙通释，吕思勉评，李永圻、张耕华导读整理：《史通》，上海古籍出版社 2008 年版，第 193 页。

2 吕海龙：《“文史分合”轨迹述论——兼评萧统、刘知幾文史观》，《上海大学学报》2011 年第 3 期。

第六章 《史通》对两《唐志》的影响

小说观念的转变，很重要的一个体现就是官修目录收录小说文本的变化。刘知幾小说观念的价值和意义，在很大程度上也体现在刘知幾及其《史通》对官修目录的承变和影响上。东汉至北宋的官修目录以《汉书·艺文志》、《隋书·经籍志》、《旧唐书·经籍志》、《新唐书·艺文志》、《崇文总目》等为代表。由汉迄宋，官修目录"小说家"[1]所收之作品出现了由"稍错以事"[2]到"叙事为宗"[3]的转变；相应的，"小说家"收录的作品也有较大更改，剔除了很多非叙事的作品，又补充了大量原先属于史部的著作。这一文体观念的转变，由刘知幾首倡，至欧阳修基本实现。此外，两《唐书》刘知幾本传都提到："(刘知幾)自以为见用于时而志不遂，乃著《史通》内外四十九篇，讥评今古。徐坚读之，叹曰：'为史氏者，宜

1 《汉志》称"小说家"。《隋志》称"小说"。《旧唐志》有"小说类"、"小说家"两种提法。《新唐志》有"小说类"、"小说家类"两种名称。《崇文总目》称"小说类"。各书名称虽不相同，但意思是一致的。本文除特殊说明外，概以"小说家"通称之。又"小说家"的归类，《隋志》称为"子"部，《旧唐志》、《新唐志》称为"丙部子录"。除特殊说明外，本章概以"子部"通称之。

2 〔明〕胡应麟：《少室山房笔丛》，上海书店出版社2009年版，第280页。

3 〔唐〕刘知幾撰，〔清〕浦起龙释：《史通通释》，上海古籍出版社1978年版，第277页。

置此坐右也。'"[1]事实上，刘昫及欧阳修作为"为史氏者"确实也受到了刘知幾《史通》的影响。《史通》成为了刘昫、欧阳修编撰两《唐志》等内容时的效仿对象。相关命题，少有人涉及，我们将之作为本章论述的重点。

第一节 《史通》采《隋志》史部作品入"小说"

刘知幾对于小说作者地位的直接论述并不多，他论述较多的是小说作品的文体属性。同时，刘知幾及其《史通》通过小说作品的收录变化，体现出了"叙事为宗"的小说观。

《隋志》将郭宪《汉武洞冥记》、《搜神记》等安排在史部"杂传"类。原因是虽多载"鬼物奇怪之事"、"虚诞怪妄之说"，然"推其本源，盖亦史官之末事也"[2]。又将王嘉《拾遗录》等收入史部"杂史"类。此类作品虽然或是"迂怪妄诞"、"真虚莫测"的"委巷之说"，或为抄撮"体制不经"之"旧史"，但《隋志》认为它们"大抵皆帝王之事"，故皆视之为"杂史"。[3]

《汉武洞冥记》，今通行本四卷。"洞冥"二字意取"洞心于道教，使冥迹之奥昭然显著"，所记多为与汉武帝有关的神怪传说及"绝域遐方"所贡"珍异奇物"等[4]。王嘉《拾遗录》，"文起羲、

1 〔北宋〕欧阳修、宋祁：《新唐书》，中华书局 1975 年版，第 4521 页。
2 〔唐〕魏征：《隋书》，中华书局 1973 年版，第 982 页。
3 同上书，第 962 页。
4 〔东汉〕郭宪：《古今逸史精编·别国洞冥记》，重庆出版社 2000 年版，第 90 页。

炎已来，事讫西晋之末”，“多涉祯祥之书，博采神仙之事”。全书“辞趣过诞，意旨迂阔”，“《山海经》所不载，夏鼎未之或存，乃集而记矣”[1]。对此，刘知幾进行了严厉的批评：“前史所遗，后人所记，求诸异说，为益实多。即妄者为之，则苟载传闻，而无铨择。由是真伪不别，是非相乱。如郭子横之《洞冥》，王子年之《拾遗》，全构虚辞，用惊愚俗。此其为弊之甚者也。”[2]

正是出于对《隋志》史部“杂史”、“杂传”等类目所收著作的不满，《史通·杂述》将其中大量的作品转移到“偏记小说”目录内。其云：“偏记小说，自成一家。而能与正史参行，其所由来尚矣。爰及近古，斯道渐烦。史氏流别，殊途并骛。榷而为论，其流有十焉：一曰偏纪，二曰小录，三曰逸事，四曰琐言，五曰郡书，六曰家史，七曰别传，八曰杂记，九曰地理书，十曰都邑簿。”[3]刘知幾这里提到的“偏记小说”共涉作品42部，其中《隋志》有著录者达30部。下面将《史通·杂述》“偏记小说”目录与《隋志》“小说家”进行对比[4]，以更清楚地揭示刘知幾采《隋志》“史部”作品入“小说”的趋势。见表如下：

1 〔东晋〕王嘉：《古今逸史精编·拾遗记》，重庆出版社2000年版，第145页。

2 〔唐〕刘知幾撰，〔清〕浦起龙释：《史通通释》，上海古籍出版社1978年版，第275页。

3 同上书，第273页。

4 为了行文骈俪的需要，刘知幾对篇名做了加工，把所有篇目名字都压缩到四字以内，其中尤以二字篇名最多。另外，古今相隔，一些作品的名目也发生了很大改变。所以表格所列作品篇名采用的是更为常见的通用名，而不完全是《史通·杂述》中的名目。

《杂述》"偏记小说"所收作品	《杂述》所归小类	《隋志》归类	《杂述》"偏记小说"所收作品	《杂述》所归小类	《隋志》归类
陆贾《楚汉春秋》	偏纪	史部杂史	虞预《会稽典录》	郡书	史部杂传
乐资《山阳公载记》	偏纪	史部杂史	扬雄《家牒》	家史	未著录
王韶《晋安陆纪》	偏纪	史部古史	殷敬《殷氏家传》	家史	未著录
姚最《梁后略》	偏纪	史部古史	《孙氏谱记》	家史	未著录
戴逵《竹林七贤论》	小录	史部杂传	陆景献《吴郡陆氏宗系谱》	家史	未著录
王粲《汉末英雄记》	小录	史部杂史	刘向《列女传》	别传	史部杂传
梁元帝《怀旧志》	小录	史部杂传	梁鸿《逸民传》	别传	未著录
卢思道《知己传》	小录	史部杂传	赵采《忠臣传》	别传	未著录
和峤《竹书纪年》	逸事	史部古史	徐广《孝子传》	别传	未著录
葛洪《西京杂记》	逸事	史部旧事	祖台之《志怪》	杂记	史部杂传
顾协《琐语》	逸事	子部小说家	干宝《搜神记》	杂记	史部杂传
谢绰《宋拾遗》	逸事	史部杂史	刘义庆《幽明录》	杂记	史部杂传
郭宪《洞冥记》	逸事	史部杂传	刘敬叔《异苑》	杂记	史部杂传
王嘉《拾遗记》	逸事	史部杂史	盛弘之《荆州记》	地理书	史部地理
刘义庆《世说新语》	琐言	子部小说	常璩《华阳国志》	地理书	史部霸史
裴启《语林》	琐言	不著录	辛氏《三秦记》	地理书	未著录
孔思尚《宋齐语录》	琐言	不著录	罗含《湘中山水记》	地理书	未著录
阳玠松《谈薮》	琐言	子部小说	潘岳《关中记》	都邑簿	未著录
圈称《陈留耆旧传》	郡书	史部杂传	陆机《洛阳记》、	都邑簿	史部地理
周斐《汝南先贤行状》	郡书	史部杂传	《三辅黄图》	都邑簿	史部地理
陈寿《益部耆旧传》	郡书	史部杂传	《建康宫殿簿》	都邑簿	未著录

从表中可以看出，刘知幾所认为的"偏记小说"，源于《隋志》史部类的共27部。其中，"杂传类"最多，共13部，为《竹林七贤》、《怀旧志》、《知己传》、《洞冥记》、《陈留耆旧传》、《汝南先贤传》、《益部耆旧传》、《会稽典录》、《列女传》、《志怪》、《搜神记》、《幽明录》、《异苑》。"杂史类"5部，为《楚汉春秋》、《山阳公载

记》、《汉末英雄传》、《宋拾遗》、《拾遗记》。“地理类”3部，《荆州记》、《洛阳记》、《三辅黄图》。“古史类”有3部，为《晋安陆记》、《梁后略》、《竹书纪年》。“谱系”、“旧事”、“霸史”各1部，分别为《世本》、《西京杂记》、《华阳国志》。集部没有。小说和集部的区别，在古人看来，是非常明显的。不像今天，小说恰恰是在所谓的集部内。

刘知幾《史通·杂述》采录原属《隋志》“史部”类的27部作品入其“小说”目录。其中，史部“杂传类”最多，共13部，几近半数。刘知幾的小说观念对欧阳修《新唐志·小说家》的作品收录标准有着非常明显且重大的影响。采“史部杂传类”入小说的这一趋势在欧阳修《新唐志》中也表现得异常突出。鲁迅《中国小说史略》开篇在论及“史家对于小说之著录”时曾指出：

> 宋皇祐中，曾公亮等被命删定旧史，撰志者欧阳修，其《艺文志》小说类中，则大增晋至隋时著作，自张华《列异传》、戴祚《甄异传》至吴筠《续齐谐记》等志神怪者十五家一百十五卷，王延秀《感应传》至侯君素《旌异记》等明因果者九家七十卷，诸书前志本有，皆在史部杂传类，与耆旧、高隐、孝子、良吏、列女等传同列，至是始退为小说，而史部遂无鬼神传。[1]

正如鲁迅先生所指出，《新唐志》“小说类”新增大量“晋至隋时著作”，而这些作品在“诸书前志”中“皆在史部杂传类”类。为什

1　鲁迅：《中国小说史略》，上海古籍出版社1998年版，第3页。

么新增这一时期的作品呢？这说明欧阳修并不认同“诸书前志”的小说观，同时又以实际行动凭借自己手中的修史权力对之进行反驳：使其以官修目录的面目出现。古代官修目录，长期以来都是我国目录学体系中最重要的组成部分之一，旨在“辨章学术，考镜源流”[1]，从一定程度上客观反映了当时的学术兴替和文化发展，代表了主流意识及国家意志。也就是说欧阳修通过《新唐志》的修撰，以官修目录的形式使其小说观得到大家的认可。从另一个方面说，正是因为得到了大家的认可，其小说观才得以在《新唐志》中有所体现。鲁迅先生认为《新唐志》的小说观与“诸书前志”皆有不同，其论凿凿。我们需要进一步指出的是，欧阳修的小说观与刘知幾《史通·杂述》遥相呼应，可见其深受刘知幾的影响，结合下面的内容，这一点可以得到更深入的理解。

第二节 《史通》对《旧唐志》的影响

在刘昫看来，刘知幾“学际天人，才兼文史”。其《史通》，“文学之书，胡宁比焉”[2]。此语并非虚誉，《旧唐志》“小说家”目录的编撰明显受到刘知幾“叙事为宗”的“小说观”的影响。这一点，通过与《隋志》“小说家”目录进行对比，可以更清楚的呈现

1 〔清〕章学诚著，王重民通解，傅杰导读，田映曦补注：《校雠通义通解》，上海古籍出版社 2009 年版，第 1 页。

2 后晋刘昫《旧唐书》卷五十二载：“刘、徐等五公，学际天人，才兼文史，俾西垣、东观，一代粲然，盖诸公之用心也。然而子玄郁结于当年，行冲彷徨于极笔，官不过俗吏，宠不逮常才，非过使然，盖此道非趋时之具也，其穷也宜哉！赞曰：学者如市，博通甚难。文士措翰，典丽惟艰。马、褚、兢、术，徐、元、子玄。文学之书，胡宁比焉！”

出来。我们将三者所收录的小说作品试作比较，列表如下：

隋　志	史通·杂述	旧唐志	隋　志	史通·杂述	旧唐志
《燕丹子》		小说	殷芸《小说》		小说
《杂语》			《迩说》		
《郭子》		小说	萧贲撰《辨林》		小说
《杂对语》			席希秀撰《辨林》		
《要用语对》			《琼林》		
《文对》			《古今艺术》		
《琐语》	小说		《杂书钞》		
《笑林》		小说	《座右方》		小说
《笑苑》			《座右法》		
《解颐》			《鲁史欹器图》		
刘义庆撰《世说》	小说	小说	《器准图》		
刘孝标注《世说》			《水饰》		
佚名《小说》		小说			

由上表可知，《隋志》共收录小说25部。《史通·杂述》去掉了其中的23部，分别为：《燕丹子》、《杂语》、《郭子》、《杂对语》、《要用语对》、《文对》、《琐语》、《笑林》、《笑苑》、《解颐》、刘孝标注《世说》、佚名《小说》、殷芸《小说》、《迩说》、萧贲《辨林》、席希秀《辨林》、《琼林》、《古今艺术》、《杂书钞》、《座右方》、《座右法》、《鲁史欹器图》、《器准图》、《水饰》。《旧唐志》基本上继承了《史通》的做法，将23部中的17部移出"小说家"，分别为：《杂语》、《杂对语》、《要用对语》、《文对》、《琐语》、《笑苑》、《解颐》、刘孝标注《世说》、《迩说》、席希秀《辨林》、《琼林》、《古今艺术》、《杂书钞》、《座右法》、《鲁史欹器图》、《器准图》、

《水饰》。

从上可以看出,《史通》清除了《隋志》"小说"类目下《古今艺术》、《杂书钞》、《座右法》、《鲁史欹器图》、《器准图》、《水饰》等器械物品类著作以及《杂对语》、《要用语对》、《文对》等语言修辞类作品。这一点,《旧唐志》与《史通》完全相同。表明《史通·杂述》认为《隋志》"小说家"中的上述两类作品根本不符合"叙事为宗"的小说收录标准,而《旧唐志》对刘知幾的观点较为认同。

《史通·杂述》"偏记小说"类所收作品与《隋志》"小说家"目录相同的只有两部:《琐语》、《世说新语》。《琐语》今已不传,我们以《世说新语》这部被《隋志》、《史通》、《旧唐志》都收录到小说目录的作品为例,再深入一层探讨刘知幾小说观与《隋志》的异同及其对《旧唐志》的影响。

《隋志》关于《世说新语》的观点是有些矛盾的。一方面将其收录于道听途说的"小说家"内,另一方面,又在《晋书》的编写过程中大量采录其中的材料,这实际上是混淆了小说和历史的界限。对此,刘知幾《史通·采撰》云:"晋世杂书,谅非一族,若《语林》、《世说》、《幽明录》、《搜神记》之徒,其所载或诙谐小辩,或神鬼怪物。其事非圣,扬雄所不观;其言乱神,宣尼所不语。皇朝新撰《晋史》,多采以为书。夫以干、邓之所粪除,王、虞之所糠秕,持为逸史,用补前传,此何异魏朝之撰《皇览》,梁世之修《遍略》,务多为美,聚博为功,虽取说于小人,终见嗤于君子矣。"[1] 刘知幾对《世说新语》所记内容的真实性表示怀疑,主

1 〔唐〕刘知幾撰,〔清〕浦起龙释:《史通通释》,上海古籍出版社 1978 年版,第 117 页。

张“严格把小说与历史区分开，按各自的虚实原则行事，不能混为一谈”[1]。这种看法在后世已成定论，如胡应麟《少室山房笔丛》“九流绪论下”云：“唐人修《晋书》，凡《世说》语尽采之，则似失详慎云。”[2]胡氏此论即继承了刘知幾《史通》中的观点。

然刘义庆《世说新语》，“皆轶事琐语，足为谈助”[3]，“读其语言，晋人面目气韵，恍然生动，而简约玄澹，真致不穷，古今绝唱也。孝标之注博赡精覈，客主映发，并绝古今”[4]，故而虽然“《世说》以玄韵为宗，非纪事比”[5]，刘知幾《史通·杂述》也将其收录于“小说”目录之内。其云：“街谈巷议，时有可观，小说卮言，犹贤于已。故好事君子，无所弃诸，若刘义庆《世说》、裴荣期《语林》、孔思尚《语录》、阳玠松《谈薮》。此之谓琐言者也。”[6]这一方面是对已有小说观念惯性思维的延续，另一方面，也是叙事、记言边缘模糊之客观现实的理性反映。刘知幾纳《世说新语》于“叙事为宗”的小说范畴之内，体现了刘知幾的学术识见与智慧所在。这一点，在刘昫的《旧唐志》中也可以找到相应的痕迹。相较《隋志》而言，《旧唐志》的小说目录有着重大变化，将大量的非叙事类作品，置于“小说家”之外，从而大大弱化了小说重“说”的色彩，同时也保留了具有一定叙事色彩的作品，如《世说新语》等。

---

1 孟昭连：《论胡应麟的小说史观》，见南开大学文学院《文学与文化》编委会：《文学与文化》第6辑，南开大学出版社2005年版，第184页。

2 〔明〕胡应麟：《少室山房笔丛》，上海书店出版社2009年版，第285页。

3 〔清〕永瑢：《四库全书总目》，中华书局1965年版，第1182页。

4 〔明〕胡应麟：《少室山房笔丛》，上海书店出版社2009年版，第285页。

5 同上。

6 〔唐〕刘知幾撰，〔清〕浦起龙释：《史通通释》，上海古籍出版社1978年版，第274页。

《旧唐志》“小说家”列唐前作品十四部，凡一百卷（按《旧唐志》云：“小说家十三部，凡九十卷。”统计有误）。如下：

> 《鬻子》一卷鬻熊撰。《燕丹子》三卷燕太子撰。《笑林》三卷邯郸淳撰。《博物志》十卷张华撰。《郭子》三卷郭澄之撰，贾泉注。《世说》八卷刘义庆撰。《续世说》十卷刘孝标撰。《小说》十卷刘义庆撰。《小说》十卷殷芸撰。《释俗语》八卷刘霁撰。《辨林》二十卷萧贲撰。《酒孝经》一卷刘炫定撰。《座右方》三卷庾元威撰。《启颜录》十卷侯白撰。[1]

《新唐志》几乎将《旧唐志》的小说目录完全继承下来。《旧唐志》收录小说14部。除被《旧唐书》误收录“小说家”而实属“道家”类的《鬻子》外[2]，《新唐志》将其他13部作品全部收入子部小说家。

---

1 〔五代后晋〕刘昫：《旧唐书》，中华书局1975年版，第2036页。

2 所谓“误收”一说，详参余嘉锡等的相关观点。余嘉锡《小说家出于稗官》指出：“此书梁时已亡，今所传乃道家书。《旧唐志》误入小说家，说详严可均《铁桥漫稿》卷五。”《汉书·艺文志·道家》载《鬻子》二十二篇，《汉书·艺文志·小说家》载《鬻子说》十九篇。《隋志》子部道家收录《鬻子》一卷。《新唐志》沿袭《隋志》的做法。《宋史·艺文志》、《四库全书》均将《鬻子》一卷列入杂家。《四库全书总目提要》卷117子部27杂家类《鬻子提要》云：“或唐以来好事之流，依仿贾谊所引，撰为赝本。”唐代的《鬻子》内容为何呢？我们可以从魏征《群书治要》、马总《意林》的引文中大致观览。从《意林》所引内容来看，大部分内容为杂说，最后小部分内容为佚事。不过从思想看，相对于道家，更接近于儒家的仁政思想，含有积极进取的意味在里面。魏征《群书治要》篇幅较长，所引《鬻子》和《意林》所引内容所涉相同，亦为谈论治国的道理，但具体的文字存在着较大差异。不过体例有类似的地方，即主要为言谈杂说，兼有佚事的记载。本文这里以《新唐志》所收录为准，同时参考了余嘉锡等人的观点。

通过将《隋志》“小说家”与《史通·杂述》“偏记小说”类所收书目进行对比即可发现，相对于《隋志》而言，刘知幾强化了“小说”的叙事色彩，但同时又保留了一些记言叙事兼有的作品。由这一点可以看出，刘知幾首倡小说当以“叙事为宗”，但并没有将“叙事为宗”绝对化。刘氏之观点，直接影响了《旧唐志》的小说观念，又间接影响了欧阳修的《新唐志》。

第三节 《新唐志》选录“志怪”、“因果”类作品入“小说”之考述

刘知幾与欧阳修是唐宋两代的文史大家，二人关于小说类目方面的论断主要见于《史通·杂述》及《新唐志》。前者对后者有着重要影响。下面对之详加探讨。

正如鲁迅先生所言，《新唐志》“小说家”“大增晋至隋时著作”，其中“志神怪者十五家一百十五卷”，“明因果者九家七十卷”，“诸书前志本有，皆在史部杂传类”。这里的“前志”是特指，还是泛指，如果是特指，指的哪一部著作？增加的具体作品有哪些？增减的依据或理论来源是什么？当时的官修目录有没有其他观点？这些问题，鲁迅先生未有说明。陈文新先生言：“在学术史上，任何对既存共识的否定都是引人注目的大事，值得深入考察和分析。”[1] 为了更清晰地理解与阐释《新唐志》小说观念的这一巨大转变，我们认为有必要作进一步分析。

1 陈文新：《“小说”与子、史——论“子部小说”共识的形成及其理论蕴涵》，《文艺研究》2012 年第 6 期。

欧阳修《新唐志》子部“小说家”收录唐前小说39部。现将其与《隋志》、《旧唐志》子部“小说家”收录作品进行对照后，列表如下：

《新唐志》丙部子录小说 / 卷数	旧唐书	隋书	《新唐志》丙部子录小说 / 卷数	旧唐书	隋书
《燕丹子》/1	子录小说	子部小说	干宝《搜神记》/30	史录杂传	史部杂传
邯郸淳《笑林》/3	子录小说	子部小说	刘之遴《神录》/5	史录杂传	史部杂传
裴子野《类林》/3			梁元帝《妍神记》/10	史录杂传	史部杂传
张华《博物志》/10	子录小说	子部杂家	祖台之《志怪》/4	史录杂传	史部杂传
张华《列异传》/1	史录杂传	史部杂传	孔氏《志怪》/4	史录杂传	史部杂传
郭澄之《郭子》/3	子录小说	子部小说	荀氏《灵鬼志》/3	史录杂传	史部杂传
刘义庆《世说》/8	子录小说	子部小说	谢氏《鬼神列传》/2	史录杂传	史部杂传
刘义庆《小说》/10	子录小说	子部小说	刘义庆《幽明录》/30	史录杂传	史部杂传
刘孝标《续世说》/10	子录小说		东阳无疑《齐谐记》/7	史录杂传	史部杂传
殷芸《小说》/10	子录小说	子部小说	吴均《续齐谐记》/1	史录杂传	史部杂传
刘齐《释俗语》/8	子录小说	子部杂家	王延秀《感应传》/8	史录杂传	史部杂传
萧贲《辨林》/20	子录小说	子部小说	陆果《系应验记》/1	史录杂传	史部杂传
刘炫《酒孝经》/1	子录小说		王琰《冥祥记》/1	史录杂传	史部杂传
庾元威《座右方》/3	子录小说	子部小说	王曼颖《续冥祥记》/11	史录杂传	史部杂传
侯白《启颜录》/10	子录小说		刘泳《因果记》/10	史录杂传	子部杂家
佚名《杂语》/5		子部小说	颜之推《冤魂志》/3	史录杂传	史部杂传
戴祚《甄异传》/3	史录杂传	史部杂传	颜之推《集灵记》/10	史录杂传	史部杂传
袁王寿《古异传》/3	史录杂传	史部杂传	《征应集》/2	史录杂传	
祖冲之《述异记》/10	史录杂传	史部杂传	侯君素《旌异记》/15	史录杂传	史部杂传
刘质《近异录》/2	史录杂传	史部杂传			

由上表可知，鲁迅《中国小说史略》所提到的“自张华《列异传》、戴祚《甄异传》至吴均《续齐谐记》等志神怪者十五家一百十五卷”，分别为张华《列异传》、戴祚《甄异记》、袁王寿

《古异传》、祖冲之《述异记》、刘质《近异录》、干宝《搜神记》、刘之遴《神录》、梁元帝《妍神记》、祖台之《志怪》、孔氏《志怪》、荀氏《灵鬼志》、谢氏《鬼神列传》、刘义庆《幽明录》、东阳无疑《齐谐记》、吴均《续齐谐记》，共15家115卷。

鲁迅所说的"王延秀《感应传》至侯君素《旌异记》等明因果者九家七十卷"，分别为王延秀《感应传》、陆果《系应验记》、王琰《冥祥记》、王曼颖《续冥祥记》、刘泳《因果记》、颜之推《冤魂志》、佚名《征应集》、侯君素《旌异记》，《新唐志》所收共9家61卷。其中，王琰《冥祥记》的卷数，《新唐书》著录为1卷，而《旧唐志》著录为10卷。其他各部作品之卷数，新旧《唐志》皆相同，故鲁迅先生所言"九家七十卷"，采纳的是《旧唐志》之说。

《新唐志》的这24家小说，《旧唐志》全部收录在史部"杂传"类。24部小说作品中的22部，《隋志》亦收录史部杂传里面。另外两部略有不同，其中，刘泳《因果志》，《隋志》归入子部杂家；佚名《征应集》，《隋志》未收录。由上可知，鲁迅先生所说"诸书前志本有，皆在史部杂传类"的"诸书前志"，直接指的是《旧唐志》，而远指《隋志》。

《新唐志》采前志史部杂传中的"志神怪"、"明因果"之作入"小说家"，其思想根源很明显不是《隋志》及《旧唐志》。欧阳修为什么会采这24部作品入"小说"呢？是因为受到《史通·杂述》对"偏记小说"之"杂记"类作品相关论述的影响。刘知幾云："阴阳为炭，造化为工，流形赋象，于何不育。求其怪物，有广异闻，若祖台《志怪》、干宝《搜神》、刘义庆《幽明》、刘敬叔《异苑》。此之谓杂记者也。”[1] 又云：“杂记者，若论神仙之道，则服食炼气，可以益寿延年；语魑魅之途，则福善祸淫，可以惩恶劝善，斯则可矣。”[2] 刘知幾认为，天地万物，多有怪异。其中，最可记载的有两大类，即“神仙之道”和“魑魅之途”。前者要有助服食丹药、炼养内气以益寿延年；后者需彰显善有善报、恶有恶报，以利于惩恶劝善。

欧阳修增加的两大类作品，恰恰是刘知幾所说的两种。一是“服食炼气”、“益寿延年”的“神仙之道”，如干宝《搜神记》、刘义庆《幽明录》等。干宝著述《搜神记》，“以明神道之不诬也”[3]，记载了大量长寿之人，如卷一的七百岁之彭祖及卷三本应活十九岁但经过神仙帮助而增寿到九十岁的颜超等。《幽明录》中许多故事，成为后世诗歌、小说、戏曲等文学作品取材的源泉。其中，刘晨、阮肇入天台的故事，最为我们熟知。二人与仙女结成秦晋之好，山中方历半载，人间已过百年。《搜神记》、《幽明录》中的此类故事，说的即是益寿延年的神仙之道。二是叙述“福善祸淫”以“惩恶劝善”的“魑魅之途”，如王延秀《感应传》、刘泳《因果记》等。此类小说多记载“冥感至圣、目睹神光者”[4]，今天虽多以散佚，但从题目也可大致判断，当以宣传因果报应、惩劝人心为旨归。

关于“小说家”应该增录哪些前志所无的“晋至隋时著作”，北宋时也有不同的声音存在。《崇文总目》最有代表性，其收录的

---

1 〔唐〕刘知幾撰，〔清〕浦起龙释：《史通通释》，上海古籍出版社 1978 年版，第 274 页。
2 同上书，第 276 页。
3 〔东晋〕干宝撰，李建国辑校：《新辑搜神记》，中华书局 2007 年版，第 19 页。
4 〔唐〕释道宣：《广弘明集》，上海古籍出版社 1991 年版，第 188 页。

“晋至隋时著作”除刘义庆《世说新语》、殷芸《小说》、张华《博物志》、吴均《续齐谐记》、颜之推《冤魂志》、干宝《搜神记》等寥寥数部与《新唐志》相同外，还涵括《新唐志》所未收的唐前有关绘画技法、兵器工艺的说明文及以钱币等物为描述对象的辞赋等，如史道规《八骏图》、陶弘景《古今刀剑录》、戴凯之《竹谱》、鲁褒《钱神论》。这类书目占到了现存《崇文总目》所收“晋至隋时著作”小说作品中约三分之一的份额。

欧阳修主修的《新唐书·艺文志》接受了刘知幾的观点，打上了刘氏小说当以“叙事为宗”之观念的烙印。《新唐书·艺文志》“小说家”将大量的记言类、科技发明类作品，如《杂对语》、《要用语》、《琐语》、《迩说》、《古今艺术》、《鲁史欹器图》、《器准图》、《水饰》等逐出了小说的队伍。此一现象之所以会出现，是和刘知幾小说当以“叙事为宗”的观念分不开的。

可见《崇文总目》选录小说的标准和《史通》、《新唐志》明显不同。但他们只是支流余绪，其观点很难经得住历史的检验，《崇文总目》在南宋时期已不流行，是为明证。即使是参纂者如欧阳修，也在《新唐志》中对《崇文总目》小说观进行了大力反拨，而更靠近刘知幾的观点。

结　语

东汉以后迄于唐宋，文言笔记小说在目录学方面，发生了根本转变。唐代以前，“小说”历来被视为子部之作；目录著作中“小说家”一类收录的具体作品也一直容纳大量的非记事类作品。唐代以后，官修目录“小说家”所收作品完成了由“稍错以事”到“叙事为宗”的转变。这一文体观念的转变，由刘知幾首倡，至欧阳修基本实现。

刘知幾《史通·杂述》认为，小说体兼子史，又“自成一家”，可“与正史参行”，推动了小说家地位的逐渐提高。更为重要的是，刘知幾《史通·杂述》还第一次提出小说当以“叙事为宗”的观点。就其内在实质来看，刘知幾开始了对记载“街谈巷语，道听途说”[1]之小说观的一次替代。同时，在外在表现上，他也促使“小说”目录所收作品，发生了根本改变。刘知幾大量删减《隋志》“小说家”目录内琐屑杂言、器械发明类的作品，又将众多原属《隋志》史部的著作归入小说一家。刘知幾的小说观，对于初唐小说发展的当下现实与未来趋势的判断给予了正确反映，同时刘知幾《史通》小说观又对唐后小说目录学的发展与变化起到了巨大的推动和促进作用。刘知幾的观点，对北宋欧阳修的影响最大。前者对后者，在如何评价小说地位、阐释小说属性以及增删“小说家”目录所收作品等方面，都有重要的影响。

要言之，在处理如何区分子史和正确把握两者关系的问题时，《史通》以为子、史之间并没有不可跨越的鸿沟，俾使小说出子部而入史部，由重在议论的“可采之言”，而强调其应“以叙事为宗”。这是刘知幾及其《史通》在小说目录学方面的贡献所在。《史通》中的一些观点和做法，对后世以至今天都有启发与借鉴意义。

1 〔东汉〕班固：《汉书》，中华书局 1962 年版，第 338 页。

第七章 《史通》影响下的唐宋笔记文学观念与创作

刘知幾《史通》小说观影响深远，泽被后世，非止一代。在其影响下，唐宋的笔记文学创作，自成一脉。其中，唐代的笔记文学作品中，尤以刘知幾次子刘餗《隋唐嘉话》以及中唐人李肇《唐国史补》等较有代表性。对于唐后而言，最有代表性的作品当为欧阳修的《归田录》。这些作品中，李肇《唐国史补》一书更被四库馆臣誉为“唐宋说部中，最为近正”[1]。可以说，刘知幾《史通》从理论观念和创作实践两个方面，推动了唐宋文言笔记文学“正”脉的形成。

第一节 刘知幾《史通》与刘餗《隋唐嘉话》

刘餗，唐代史学家，《隋唐嘉话》的编撰者，彭城人，为刘知幾次子。刘餗字鼎卿，取自《周易》卷五《鼎卦》，其云：“九四，

1 〔清〕永瑢:《四库全书简明目录》卷 14“小说家类”，华东师范大学出版社 2012 年版，第 532 页。

鼎折足，覆公餗，其形渥，凶。”[1]“覆公餗”，谓倾覆鼎中的珍馔，后因以“覆餗”喻力不胜任而败事。正如孔颖达所疏：“施之于人，知小而谋大，力薄而任重，如此必受其至辱，灾及其身也，故曰其形渥，凶。”[2]寓意不吉。

刘知幾给儿子取名，是反其意而用之。“餗”，指鼎中的美味佳肴。孔颖达疏曰：“餗，糁也，八珍之膳，鼎之实也。”[3]“鼎”，《说文解字》七篇上“鼎”部云：“三足两耳，和五味之宝器也。昔禹收九牧之金，铸鼎荆山之下，入山林川泽，螭魅蝄蜽，莫能逢之，以协承天休。”[4]“鼎”，原是三足两耳的食物容器。夏禹凭借铸鼎，接受天赐福佑。大禹之后，夏商周三代都以鼎为传国重器。故后世用鼎比喻王位。又，两汉魏晋时期，“鼎”喻指三公、宰辅、重臣之位。如《后汉书·陈球传》：“出自宗室，位登台鼎。”[5]作为形容词时，意思是显赫、盛大。左思《吴都赋》：“高门鼎贵。”[6]“卿”，古代对男子的敬称。《史记·孟子荀卿列传》：“荀卿，赵人。”[7]要言之，“鼎卿”的意思，就是重要的人物。

刘知幾希望其次子能成为做大事、担重任的人才。刘餗的名和字寄予了刘知幾对儿子的殷切期冀。刘餗确实也没有辜负父亲的厚望，留名史册，成为刘氏后嗣子孙中，刘知幾学术事业最合格、最

1 〔清〕阮元：《十三经注疏》，中华书局 2009 年版，第 126 页。

2 同上。

3 同上。

4 〔东汉〕许慎撰，〔清〕段玉裁注：《说文解字注》，上海古籍出版社 1988 年版，第 319 页。

5 〔南朝宋〕范晔：《后汉书》卷 56，中华书局 1965 年版，第 1834 页。

6 〔南朝梁〕萧统：《文选》卷 5，中华书局 1977 年版，第 88 页。

7 〔西汉〕司马迁：《史记》卷 74，中华书局 1959 年版，第 2348 页。

出色也是最有名的继承者。

一、刘餗是刘知幾的继承人

刘知幾家族，在当时颇有声望。考两《唐书》刘知幾本传，可知刘知幾六子、三孙、一曾孙，皆名重一时。或才学过人，多有著作；或事迹卓异，位居显宦。除刘知幾本传外，刘氏家族的事迹，亦散见于当时文坛名家所作的回忆性散文或墓志铭，如李华《三贤论》、梁肃《给事中刘公墓志铭》等。

长子刘贶，博通经史，明天文、律历、音乐、医算之术，官终起居郎、修国史。次子刘餗，历集贤院学士，兼知史官，终右补阙。著《史例》三卷、《传记》三卷、《乐府古题解》一卷。三子刘汇，左散骑常侍，终荆南节度使。四子刘迥以刚直称，进士及第，大历初，为吉州刺史，治行尤异。累迁给事中。五子刘秩，精于典章制度，当时有"才过刘向"的说法，著《政典》等书，直接影响了杜佑《通典》一书。幼子刘迅，以学行见重于时，时誉之为黄叔度。再看其孙辈、曾孙辈。刘知幾长子一脉中，有孙刘滋位至宰辅。有孙刘浃亦以学称。又，刘浃子敦儒，以孝顺著称。

考《旧唐书·刘子玄传》可知，在其死后，玄宗下令河南府进献《史通》一书。《玉海》卷四十九"艺文·唐《史通》"以小字自注曰："景龙二年作，开元十年十一月，子餗录上。"[1] 刘知幾《史通》，在其死后第二年，由其次子刘餗抄录后献给朝廷。刘餗子承父业，继承发展了刘知幾的学术思想。刘餗有《史例》一书，专门

1 〔南宋〕王应麟：《玉海》，上海古籍出版社 1992 年版，第 2 册第 337 页。

谈论写作史著的体例。王应麟《玉海》卷四十九《艺文·论史》门于《唐史例》下引《中兴书目》云“刘餗《史例》三卷，以前史详略由于无法，故隐括诸凡，附经为例”，“颇有法”[1]。

由上可大致得出一个结论。刘知幾后嗣中，长子刘贶、次子刘餗，担任过史官，修撰国史。就史学而言，刘餗的成就更高，影响更大。是刘知幾衣钵的继承者。黄庭坚《山谷集》卷二十六《书欧阳子传后》云：“司马谈之子迁，刘向之子歆，班彪之子固，王铨之子隐，姚察之子简，李大师之子延寿，刘知幾之子餗，皆以继世，功在汗简。”[2]黄氏所说，又被王应麟《玉海》卷四十六《艺文·正史》所抄录。

《旧唐书》卷一百〇二《刘餗传》载其著《传记》三卷。《新唐书·刘餗传》、《新唐书·艺文志》则云，刘餗有《国朝传记》，简称《传记》，一作《国史异纂》。三卷。又《册府元龟》卷五百五十六《国史部·采撰二》载，刘餗著《传记》三卷。刘餗所谓的《传记》，已无传本。刘餗的笔记文学作品，今天我们能看到的仅有《隋唐嘉话》。《直斋书录解题》著录此书仅一卷，今本则有三卷，还有一些散见他书的佚文[3]。

唐人《酉阳杂俎》及宋人著作中所引《传记》佚文，多见于《隋唐嘉话》。如段成式《酉阳杂俎》续集卷四“贬误”：“刘餗《传记》云：‘太宗使宇文士及割肉，以饼拭手，上屡目之。士及

---

1 〔南宋〕王应麟：《玉海》，上海古籍出版社1992年版，第2册第338页。

2 〔北宋〕黄庭坚著，郑永晓整理：《黄庭坚全集辑校编年》，江西人民出版社2011年版，第1528页。

3 当下通行本，系程毅中据《阳山顾氏文房小说》等版本点校，中华书局1979年出版。

佯不悟，徐卷而啖。’”[1]今见《隋唐嘉话》卷上。同卷又云：“据刘餗《传记》：‘有患应病者，问医官苏澄，澄言：“无此方。吾所撰《本草》，网罗天下药物，可谓周。”令试读之。其人发声辄应，至某药，再三无声，过至他药，复应如初。澄因为方，以此药为主，其病遂差。’”[2]今见《隋唐嘉话》卷中。周勋初论及“《隋唐嘉话》的原名与异称”时认为“唐人引用此书（按：指《隋唐嘉话》）时，均称《传记》”，“《传记》当是该书的原名”[3]。由上，可以认定《隋唐嘉话》应为《传记》之异称。

刘餗，天宝初，任集贤院学士。《新唐书·百官志二》：“集贤殿书院。学士、直学士、侍读学士、修撰官，掌刊辑经籍。凡图书遗逸、贤才隐滞，则承旨以求之。谋虑可施于时，著述可行于世者，考其学术以闻。”[4]其本职工作就是奉皇帝的命令，来收集图书，访求贤才。所以了解很多名人轶事。其《隋唐嘉话》一书，多记载南北朝至唐开元年间皇室宗亲及高层官僚等的言行事迹，以唐太宗和武后两朝为主。新、旧《唐书》和《资治通鉴》里的某些史实，即取材于此书。

刘餗把他认为不太符合当时史著要求的资料记录在《隋唐嘉话》一书里。刘餗的小说观深受刘知幾及其《史通》的影响。

1 〔唐〕段成式撰，许逸民校笺：《酉阳杂俎校笺》，中华书局 2015 年版，第 1636 页。当下通行本，系程毅中据《阳山顾氏文房小说》等版本点校，中华书局 1979 年出版。〔唐〕段成式撰，许逸民校笺：《酉阳杂俎校笺》，中华书局 2015 年版，第 1636 页。

2 〔唐〕段成式撰，许逸民校笺：《酉阳杂俎校笺》，中华书局 2015 年版，第 1639 页。

3 周勋初：《唐人笔记小说考索》，江苏古籍出版社 1996 年版，第 166 页。

4 〔北宋〕欧阳修、宋祁：《新唐书》，中华书局 1975 年版，第 1212 页。

二、刘餗《隋唐嘉话·序》中显示出刘知幾的影响

刘餗所著存世的仅有《隋唐嘉话》，他把自己这部作品明确界定为“小说”，刘餗《隋唐嘉话·序》开宗明义：

> 余自髫丱之年，便多闻往说，不足备之大典，故系之小说之末。[1]

这段话是值得细细品味的。先看其序文的开端：“余自髫丱之年，便多闻往说”。“髫”，古代小孩不束发，头发下垂，故有垂髫之说。“丱”，指古代儿童上翘的两只角辫。“髫丱”，即幼年、童年。类似的词，有髫年、髫龄、髫龀等。这句话的意思大致应是，刘餗从小就听到很多典故轶事，然后把这些故事整理下来，不足以载入国史大典，故成“小说”《隋唐嘉话》一书。刘餗说：“不足备之大典，故系之小说之末。”这是他对自己作品内容来源及大致定位的说明。

刘餗的《隋唐嘉话》，是在其父刘知幾影响下成书的。作者的这一深层创作心态，结合后面几个典故，可以更清楚地看出来。据《隋唐嘉话·序》：

> 昔汉文不敢更先帝约束而天下理康，若高宗拒乳母之言，近之矣。曹参择吏必于长者，惧其文害。观焉马周上事，与曹参异乎！许高阳谓死命为不能，非言所也。[2]

1 〔唐〕刘餗：《隋唐嘉话》，中华书局 1979 年版，第 1 页。

2 同上。

先看“汉文不敢更先帝约束而天下理康”一事。考《史记·孝文本纪》可知，汉孝文帝自代入长安，在位二十三年，宫室苑囿狗马服御无所增益。有不便，辄弛以利民。又，汉高祖刘邦承秦之正朔与服色，汉文帝亦未有变。《史记·孝文本纪》云：“汉兴，至孝文四十有余载，德至盛也。廪廪乡改正服封禅矣，谦让未成于今。呜呼，岂不仁哉！”[1] 司马迁赞扬汉文帝未改正朔、服色，亦未封禅，真是一位仁慈的君主。其用意在于暗讽汉武帝，武帝改水德为土德，由尚黑色为尚黄色，又举行泰山封禅大典。司马迁认为汉文帝更有资格做这些。刘餗引用汉文帝的事迹，是赞扬汉文帝对其父刘邦治国大政的完整继承。意在暗示自己的《隋唐嘉话》，也是遵从了刘知幾的教诲，而未敢有所更改。

刘餗云：“高宗拒乳母之言，近之矣。”说的是唐高宗不改其父太宗所做的决定：

> 高宗乳母卢，本滑州总管杜才干妻。才干以谋逆诛，故卢没入于宫中。帝既即位，封燕国夫人，品第一。卢既藉恩宠，屡诉才干枉见构陷。帝曰：“此先朝时事，朕安敢追更先朝之事。”卒不许。及卢以亡，复请与才干合葬，帝以获罪先朝，亦不许之。[2]

唐高宗李治的乳母卢氏，本是杜才干的妻子。杜才干因谋逆大罪为太宗所诛。唐高宗与卢氏感情很深，登基后封其为燕国夫人，进位

1 〔西汉〕司马迁：《史记》，中华书局 1959 年版，第 438 页。

2 〔唐〕刘餗：《隋唐嘉话》卷中，中华书局 1979 年版，第 32 页。

一品。卢氏自恃得宠，屡次想为自己的丈夫杜才干翻案而不得。临终前想要和丈夫合葬，唐高宗也没有答应。唐高宗之所以没有答应卢氏的要求，是因为如果给杜才干翻案，那么势必就是说自己的父亲太宗做错了。这对于为人子者来说，显然并不合适。

刘餗云："昔汉文不敢更先帝约束而天下理康，若高宗拒乳母之言，近之矣。"意在间接说明其亲刘知幾对自己的影响之大。尊重而不能改变父亲的观点。

对于皇帝来说，继承父亲的观点是必要的。对于为人臣子者来说，继承前人的制度也是非常重要的。刘餗接下来举了曹参和马周的事例来从正反两方面说明这一点。

先看正面曹参的例子，"曹参择吏必于长者，惧其文害"，事见《史记·曹相国世家》："参代何为汉相国，举事无所变更，一遵萧何约束。择郡国吏木诎于文辞，重厚长者，即召除为丞相史。吏之言文刻深，欲务声名者，辄斥去之。日夜饮醇酒。卿大夫以下吏及宾客见参不事事，来者皆欲有言。至者，参辄饮以醇酒，间之，欲有所言，复饮之，醉而后去，终莫得开说，以为常。相舍后园近吏舍，吏舍日饮歌呼。从吏恶之，无如之何，乃请参游园中，闻吏醉歌呼，从吏幸相国召按之。乃反取酒张坐饮，亦歌呼与相应和。参见人之有细过，专掩匿覆盖之，府中无事。"[1] 曹参清静无为，一切沿用旧章。曹参回答汉惠帝时，说出了原因，《史记·曹相国世家》记录了这段有趣的对话：

---

1 〔西汉〕司马迁：《史记》，中华书局1959年版，第2030页。

参免冠谢曰："陛下自察圣武孰与高帝？"上曰："朕乃安敢望先帝乎！"曰："陛下观臣能孰与萧何贤？"上曰："君似不及也。"参曰："陛下言之是也。且高帝与萧何定天下，法令既明，今陛下垂拱，参等守职，遵而勿失，不亦可乎？"惠帝曰："善。君休矣！"[1]

汉惠帝不如其父刘邦，曹参不如前任萧何，他们都要遵守已有的规章制度。可见，刘餗引曹参的事情，还是在说明父亲教导的重要性和遵从前人的必要性。

接下来，刘餗云："观焉马周上事，与曹参异乎！"是从反面论证改变前人规章制度会带来不好的结果。马周，初唐改革家，最早制定了"城门入由左，出由右"的交通规则。据《隋唐嘉话》卷中：

中书令马周，始以布衣上书，太宗览之，未及终卷，三命召之。所陈世事，莫不施行。旧诸街晨昏传叫，以警行者，代之以鼓，城门入由左，出由右：皆周法也。[2]

马周做事，不循旧法。刘餗对之是不太赞同的。刘餗还是赞同曹参的治国方针。但这一点，由于是言人之短，且有连带批评唐太宗的嫌疑，故刘餗没有直说。要明白刘餗的真实用意，还要结合《旧唐

1 〔西汉〕司马迁：《史记》，中华书局 1959 年版，第 2030 页。
2 〔唐〕刘餗：《隋唐嘉话》，中华书局 1979 年版，第 19 页。

书》卷七十四《马周列传》的记载：

> 周有机辨，能敷奏，深识事端，动无不中。太宗尝曰："我于马周，暂不见则便思之。"[1]

马周有随机应变的才能，善于陈述奏进，深识事理，所陈述的事情没有不切中要害的。太宗对马周很器重，一时看不到便要思念他。看到这种情况，时任中书侍郎的岑文本对自己的亲信私下谈论说：

> 吾见马君论事多矣，援引事类，扬榷古今，举要删芜，会文切理，一字不可加，一言不可减，听之靡靡，令人亡倦。昔苏、张、终、贾，正应此耳。然鸢肩火色，腾上必速，恐不能久耳。[2]

岑文本认为，马周论事作文，引经据典，推敲古今，举要删繁，切合情理，"一字不可加，一言不可减"，使人心情舒畅而不知疲倦，颇类苏秦、张仪、终军、贾谊之辈。然而，马周肩高耸、脸火色，官职上升一定很快，但寿命恐怕不能长久。据《旧唐书》卷一百九十一《方伎传》：

> 侍御史张行成、马周同问天纲，天纲曰："马侍御伏犀贯脑，兼有玉枕，又背如负物，当富贵不可言。近古已来，君臣道合，

---

1 〔五代后晋〕刘昫：《旧唐书》，中华书局 1975 年版，第 2619 页。

2 〔五代后晋〕刘昫：《旧唐书》卷 74《马周列传》，中华书局 1975 年版，第 2619 页。

> 罕有如公者。公面色赤，命门色暗，耳后骨不起，耳无根，只恐非寿者。”[1]

事实也正如岑文本和袁天纲所言，马周一时得宠，却其寿不永。于贞观二十二年（648年）逝世，终年四十八岁。

为什么会这样呢？刘餗用许高阳的事例来回答。其曰：“许高阳谓死命为不能，非言所也。”许高阳就是唐代著名文人许敬宗。事见《隋唐嘉话》卷中：

> 太宗之征辽，作飞梯临其城，有应募为梯首，城中矢石如雨，而竞为先登，英公指谓中书舍人许敬宗曰：“此人岂不大健。”敬宗曰：“健即大健，要是不解思量。”帝闻，将罪之。[2]

许敬宗跟随唐太宗攻打高丽，正在攻城时，对那些勇于冲锋陷阵的将士却出言不逊，认为他们有勇无谋。这样的说法，明显不合时宜。于是惹怒了太宗。

最后，《隋唐嘉话·序》又补充说：

> 释教推报应之理，余尝存而不论。若解奉先之事，何其明著。友人天水赵良玉睹而告余，故书以记异。[3]

1 〔五代后晋〕刘昫：《旧唐书》，中华书局1975年版，第5094页。

2 〔唐〕刘餗：《隋唐嘉话》，中华书局1979年版，第24页。

3 同上书，第1页。

之所以刘餗说这句话，这也和刘知幾《史通》有着密切的关系。在《隋唐嘉话》一书中，刘餗对无法证实的佛家因果报应之事，存而不论，不在其书收录范围。但是在自己看来确有其事的，则记录下来，如“解奉先”条。事见《隋唐嘉话》卷下：

> 洛阳画工解奉先为嗣江王家画壁像，未毕而逃。及见擒，乃妄云：“功直已相当。’因于像前誓曰：‘若负心者，愿死为汝家牛。”岁余，奉先卒。后岁余，王牸产一骑犊，有白文于背曰“解奉先”，观者日夕如市。时今上二十年也。”[1]

解奉先做工不守约，贪污人钱财，生前罚毒誓，死后竟真的投胎为人做牛，牛身上还留有自己的名字。这在现实生活中是不可能存在的，也是刘知幾所反对的。正是因为与刘知幾《史通》反对人变动物的观点有违背，所以，刘餗不得不在《序》里面特意指出来。

不过，刘餗的做法，并不是和其父刘知幾的观点完全对立。刘餗通过“记异”的方式惩恶扬善，告诫世人切勿妄贪不义之财。这是在用作品直接验证与践行刘知幾《史通·杂述》所言之论：

> 杂记者，若论神仙之道，则服食炼气，可以益寿延年；语魑魅之途，则福善祸淫，可以惩恶劝善，斯则可矣。及谬者为之，则苟谈怪异，务述妖邪，求诸弘益，其义无取。

1 〔唐〕刘餗：《隋唐嘉话》，中华书局 1979 年版，第 50 页。

刘餗和刘知幾的观点是基本一致的。而且，刘餗一再强调，“友人天水赵良玉睹而告余，故书以记异”。还是在反复说明自己的心理动机，说自己并不想违背刘知幾反对“人变动物”这一类“不合物理”的论断，唯恐读者们不能理解。

由上可知，刘餗《隋唐嘉话·序》论及“汉文不敢更先帝约束而天下理康”等事例，都是从多个角度反复强调子承父制或者后随前制的重要性和必要性。刘餗意在说明其书的创作，直接继承父亲刘知幾的观点和看法，或者是受到父亲的影响。其开篇“自髫丱之年，便多闻往说”一句，甚至是在昭示《隋唐嘉话》的具体内容也可能来自刘知幾。从这个角度上说，刘餗的观点，又是对刘知幾观点的另一种表现形式，是对现有《史通》中观点的一个补充和变形。明白这一点，也是很重要的。

三、从《隋唐嘉话》内容，来看刘知幾对刘餗的影响

刘餗《隋唐嘉话》提供了正史中不宜载入的人物的另一面，这一点也是颇为有趣的，即刘餗自言的所谓“不足备之大典，故系之小说之末”，也是刘知幾《史通·杂述》所言的“偏记小说，自成一家。而能与正史参行”。《隋唐嘉话》的内容，可以大致分为三类。皇族、大臣，是刘餗关注的重点人物，这些人的生平事迹与相关的梦卜传说，占据《隋唐嘉话》的大量篇幅，其后是典章制度的记载。而这三类内容，又都是和刘知幾《史通》的相关要求一一对应。

（一）皇帝与王公大臣的生平事迹

《隋唐嘉话》中对不同的皇帝，有攻击，有偏袒，尽管这些可

能与事实并不相符，其价值在于为后世史家编撰正史提供文本参考。《隋唐嘉话》卷上载，隋炀帝因为薛道衡、王胄的诗写的比自己好，就将其杀掉。卷下载，武则天冤杀阎知微事。这些攻击，似有不实之处。此外，《隋唐嘉话》也有对皇帝的偏袒，其中有的已经被证实是不实记录。如关于唐太宗掩袭匈奴等的记载。据《隋唐嘉话》卷上：

> 武德末年，突厥至渭水桥，控弦四十万，太宗初亲庶政，驿召卫公问策。时发诸州军未到，长安居人，胜兵不过数万。胡人精骑腾突挑战，日数十合，帝怒，欲击之。靖请倾府库赂以求和，潜军邀其归路。帝从其言，胡兵遂退。于是据险邀之，虏弃老弱而遁，获马数万匹，玉帛无遗焉。[1]

司马光《资治通鉴考异》卷九《唐纪一》“八月，太宗与突厥颉利可汗盟”条引刘餗《小说》的这段记载，司马氏按曰：

> 今据《实录》、《纪》、《传》，结盟而退，未尝掩袭，《小说》所载为误。[2]

刘餗《隋唐嘉话》中的此类记载，可供后世史家来证史、补史与校史。虽然可能不是历史事实，但是并非毫无价值。

1 〔唐〕刘餗：《隋唐嘉话》，中华书局1979年版，第5页。

2 〔北宋〕司马光：《资治通鉴（附考异）》，上海古籍出版社2017年版，第3460页。

《隋唐嘉话》的很多内容，对当时史著有所补充，成为后来著史者采录的对象，起到了真正“补史”的作用。如刘餗的《隋唐嘉话》中的有关记载，被《新唐书》所引用。以唐朝名将薛万彻为例，来说明这一点。薛万彻，两《唐书》皆有传。尚丹阳公主，为太宗妹夫。然万彻一介武夫，公主以之为耻，夫妻不睦。太宗设宴调和二人一事，不见于《旧唐书》。据《新唐书》卷八十三《诸帝公主·高祖十九女传》：

> 丹阳公主，下嫁薛万彻。万彻蠢甚，公主羞，不与同席者数月。太宗闻，笑焉，为置酒，悉召他婿，与万彻从容语，握槊赌所佩刀，阳不胜，遂解赐之。主喜，命同载以还。[1]

这个故事，更早见于《隋唐嘉话》卷中。其曰：

> 薛万彻尚丹阳公主。太宗尝谓人曰：“薛驸马村气。”主羞之，不与同席数月。帝闻而大笑，置酒召对，握槊，赌所佩刀子，佯为不胜，解刀以佩之。罢酒，主悦甚，薛未及就马，遽召同载而还，重之逾于旧。[2]

这里比较明显，欧阳修、宋祁所编撰的《新唐书》是采《隋唐嘉话》而立传。又如，有些内容是初唐名臣的家事，体现了或温馨或

1 〔北宋〕欧阳修、宋祁：《新唐书》，中华书局1975年版，第3644页。
2 〔唐〕刘餗：《隋唐嘉话》，中华书局1979年版，第25页。

残暴，或奢侈或俭朴的一面，或预见危机，或处于险境而不自知。有些可以入史，有些不适合入史。

皇帝及王公大臣的家庭中，有很多富有生活气息的故事。它们中的一些内容可以载入国史，而另一些则只能进入小说文本。如《新唐书》卷二百〇五《列女·房玄龄妻卢传》所言：

> 房玄龄妻卢，失其世。玄龄微时，病且死，诿曰："吾病革，君年少，不可寡居，善事后人。"卢泣入帷中，剔一目示玄龄，明无它。会玄龄良愈，礼之终身。[1]

房玄龄的妻子，性情刚烈，对其夫忠贞不贰，不惜自毁其一目以明守贞之志。确有入《列女传》的资格。不过，刘餗《隋唐嘉话》，又记录了卢氏的另一面。《隋唐嘉话》卷中载：

> 梁公（按：指房玄龄，被封梁国公）夫人至妒，太宗将赐公美人，屡辞不受。帝乃令皇后召夫人，告以媵妾之流，今有常制，且司空年暮，帝欲有所优诏之意。夫人执心不回。帝乃令谓之曰："若宁不妒而生，宁妒而死？"曰："妾宁妒而死。"乃遣卮酒与之，曰："若然，可饮此酖。"一举便尽，无所留难。帝曰："我尚畏见，何况于玄龄！"[2]

---

1 〔北宋〕欧阳修、宋祁：《新唐书》，中华书局1975年版，第5817页。

2 〔唐〕刘餗：《隋唐嘉话》，中华书局1979年版，第26页。

在古代，所谓“悍妇”、“妒妇”的话题，经常被提到。然现实是，如房玄龄之妻卢氏者，既“贞”且“悍”。所以刘餗将其“悍”的一面载入了不同于正史的《隋唐嘉话》之中。

类似善“妒”的故事，又见张鷟《朝野佥载》卷三：

> 初，兵部尚书任瓌敕赐宫女二人，皆国色。妻妒，烂二女头发秃尽。太宗闻之，令上官赍金壶瓶酒赐之，云：“饮之立死。瓌三品，合置姬媵。尔后不妒，不须饮；若妒，即饮之。”柳氏拜敕讫，曰：“妾与瓌结发夫妻，俱出微贱，更相辅翼，遂至荣官。瓌今多嬖，诚不如死。”饮尽而卧，然实非酖也，至夜半睡醒。帝谓瓌曰：“其性如此，朕亦当畏之。”因诏二女令别宅安置。[1]

和刘餗《隋唐嘉话》所记相比较，任瓌的名气不能和房玄龄相提并论。而任妻确实有其残忍之处。如“烂二女头发秃尽”等事，严重影响了其人物形象的正面性。这样的恶女子，善妒也就是成了恶行。而卢氏者，只有善妒，却不害人，则显得更为人性化。即使是同一个人，“贞洁”的一面可以进入国史，而“善妒”的一面就只能进入小说了。刘餗《隋唐嘉话》，起到了一定的补史作用。这是《隋唐嘉话》等小说典型范例的价值所在。

《史通·杂述》谈到“逸事”类“偏记小说”时，其云：“国史之任，记事记言，视听不该，必有遗逸。于是好奇之士，补其所亡”。“逸事”类小说，“皆前史所遗，后人所记，求诸异说，为益

1 〔唐〕张鷟：《朝野佥载》，中华书局 1979 年版，第 59 页。

实多”。刘知幾是赞成相关记载的。

（二）皇帝及高层官僚等人有关的占卜与鬼神故事

《周易·系辞上》云：“易有圣人之道四焉：以言者尚其辞，以动者尚其变，以制器者尚其象，以卜筮者尚其占。”[1]可知占卜之事，由来已久，各类书籍相关记载亦层出不穷。占卜的事情，《隋唐嘉话》中共有三处。以梦来占卜的有“隋文帝梦洪水没城”。据《隋唐嘉话》卷上：

> 隋文帝梦洪水没城，意恶之，乃移都大兴。术者云：“洪水，即唐高祖之名也。”[2]

隋文帝梦见洪水淹没都城，内心不悦，便将都城由汉长安城转移至东南方向新修建的大兴城（今唐长安城）。方术者认为，唐高祖李渊的“渊”字有洪水意。隋炀帝的这个梦与后来唐取代隋的历史事实吻合。

另外，以“枭鸣”占卜的有一处，见《隋唐嘉话》卷中：

> 有枭晨鸣于张率更庭树，其妻以为不祥，连唾之。文成云：“急洒扫，吾当改官。”言未毕，贺者已在门。[3]

清晨有枭鸣叫于庭院树上，妻子认为不祥，丈夫却说：“赶快洒扫

1 〔清〕阮元：《十三经注疏》，中华书局 2009 年版，第 167 页。

2 〔唐〕刘餗：《隋唐嘉话》，中华书局 1979 年版，第 3 页。

3 同上书，第 21 页。

庭院，我将升迁。”话音未落，道贺者已来到门口。

以“食箸”占卜的有一，见《隋唐嘉话》卷下：

今上之为潞州别驾，将入朝，有军人韩凝礼，自谓知兆，上因以食箸试之。既布卦，一箸无故自起，凡三偃三起，观者以为大吉征。既而诛韦氏，定天位，因此行也。凝礼起家五品，至今犹存。[1]

景龙元年，临淄王李隆基被贬潞州别驾。景龙四年，李隆基回归长安。不久之后，他发动唐隆政变，杀死韦皇后和安乐公主。李隆基拥立自己的父亲李旦荣登大宝，是谓唐睿宗。李隆基自潞州回长安之前，曾用“食箸”占卜。一箸无故自起，凡三放三起。观者韩凝礼认为是吉兆，此后李隆基至长安，果然诸事顺遂。

《隋唐嘉话》中记载的鬼神之事，共有两处。一是“李卫公李靖与华山山神”事，见《隋唐嘉话》卷上：

卫公始困于贫贱，因过华山庙，诉于神，且请告以位宦所至，辞色抗厉，观者异之。伫立良久乃去，出庙门百许步，闻后有大声曰：“李仆射好去。”顾不见人。后竟至端揆。[2]

李靖贫贱之时，路过华山庙，于是请山神告知未来的官职所在。李靖出庙门百许步后，听有人以仆射称之，后来李靖果然官至尚书左

1 〔唐〕刘餗：《隋唐嘉话》，中华书局 1979 年版，第 47 页。
2 同上书，第 5 页。

仆射。

再是《隋唐嘉话》“补遗”有“王铿梦中见母亲鬼魂”事：

> 齐宜都王铿（按：指萧铿），三岁丧母。及有识，问母所在，左右告以早亡，便思慕蔬食，祈请幽冥，求一梦见。至六岁，梦见一妇人，谓之曰：“我是汝之母。”铿悲泣。旦说之，容貌衣服，事事如平生也。[1]

南齐宜都王萧铿日夜思念亡母，果与母亲梦中相见。

预言被证实的故事，仅《隋唐嘉话》卷下有一处：

> 将军王果尝经峡口，见一棺于崖侧，将坠，使人迁之平处，得铭云：“更后三百年，水漂我，临长江，欲堕不堕逢王果。”[2]

这则记述的神奇之处在于，棺材的主人，可以预见三百年之后的遭遇。在《隋唐嘉话》中，这只是个例。

《史通·杂述》云：“阴阳为炭，造化为工，流形赋象，于何不育。求其怪物，有广异闻。”又《史通·书事》云：“怪力乱神，宣尼不语；而事鬼求福，墨生所信。故圣人于其间，若存若亡而已。”此类内容，“事关军国，理涉兴亡，有而书之，以彰灵验，可也”。刘知幾是赞成相关鬼神占卜记载的。

1 〔唐〕刘𫗧：《隋唐嘉话》，中华书局1979年版，第60页。

2 同上书，第38页。

（三）博物、杂记与典章制度的记录与介绍

《史通·杂述》论“地理书”类的“偏记小说”时，其云：“九州土宇，万国山川，物产殊宜，风化异俗，如各志其本国，足以明此一方。”《隋唐嘉话》中的此类记载，主要集中在下卷的后半部分。刘餗这样安排，说明他有了一定的体例意识。认识到这些内容，不同与前面以事为主的记载，但同时又是不可或缺的组成部分。见《隋唐嘉话》卷下：

> 俗五月五日为竞渡戏，自襄州已南，所向相传云：屈原初沉江之时，其乡人乘舟求之，意急而争前，后因为此戏。[1]

记录五月五日赛龙舟的典故来源。

又《隋唐嘉话》卷下：

> 旧人皆服衮巾，至周武始为四脚，国初又加巾子焉。[2]

记述的是唐代服饰掌故。再如高齐代面之舞、隋末踏摇娘等事，于戏曲史研究亦有参考价值。

综上，正如《史通·杂述》言：“书有非圣，言多不经，学者博闻，盖在择之而已。”对参刘餗《隋唐嘉话》和史著，可发现《隋唐嘉话》确实起到了一定的补史、证史和“与正史参行不悖、

1 〔唐〕刘餗：《隋唐嘉话》，中华书局1979年版，第52页。
2 同上书，第53页。

相映成趣”的作用。后世史家在编撰国家正史时，对其部分内容的采录，恰可作刘知幾所谓小说可以补史而“盖在择之”的注脚。

第二节　刘知幾《史通》与李肇《唐国史补》

《唐国史补》，书凡三卷。上、中两卷各一百〇三条，下卷一百〇二条，每条以五字标题。李肇，《唐国史补》自署之名。《四库全书总目》卷七十九“《翰林志》”条，对其仕宦履历介绍的较为详细。[1] 李肇曰：“予自开元至长庆撰《唐国史补》。”[2]“开元”是唐玄宗的第一个年号，时间断限为公元713年到公元741年。“长庆”是唐穆宗的年号。起止时间为公元821年到公元824年。李肇《唐国史补》记述的即是唐玄宗、肃宗、代宗、德宗、顺宗、宪宗、穆宗共七帝，一百余年间发生的事件。刘知幾《史通》对李肇《唐国史补》的小说观念与创作有重要的、较为直接的影响。同时，《史通》又通过刘餗《隋唐嘉话》，间接影响到了《唐国史补》。

一、李肇与刘知幾家族

李肇对刘知幾《史通》非常推崇。马端临《文献通考》卷一百八十五“经籍考十二”“《经史释题》”条，引王尧臣《崇文总

1 《四库全书总目》“《翰林志》”条：“案肇所作《唐国史补》结衔题‘尚书左司郎中’，此书结衔则题‘翰林学士左补阙’。王定保《摭言》又称肇为元和中中书舍人。《新唐书·艺文志》亦云肇为：翰林学士，坐荐柏耆，自中书舍人左迁将作少监。以唐官制考之，盖自左司改补阙，入翰林，后为中书舍人，坐事左迁。《唐国史补》及此书各题，其作书时官也。”

2 〔唐〕李肇：《唐国史补·序》，上海古籍出版社1979年版，第3页。

目》云："唐李肇撰。起《九经》，下止唐氏《实录》，列篇帙之凡，概释其题。"[1] 王应麟《玉海》卷四十二"《唐经史释题》"条："李肇，二卷。序云：'经以《学令》为定，以《艺文志》为编；史以《史通》为准，各列其题，从而释之。'"[2] 这是目前所知最早的以《史通》为标准，对史书作出解题的著作。

李肇对刘知幾子嗣也非常熟悉。刘迅为刘知幾第五子。《唐国史补》卷上云："刘迅著《六说》，以探圣人之旨。惟《说易》不成，行于代者五篇而已。识者伏其精峻。"[3] 李肇自言，其《唐国史补》的创作，即受到刘餗《隋唐嘉话》的影响，《四库全书总目》卷一百四十"《唐国史补》"条亦云：

> 此书，其官尚书左司郎中时所作也。书中皆载开元至长庆间事，乃续刘餗《小说》(按：及《隋唐嘉话》) 而作。[4]

李肇创作的《唐国史补》一书，确实是通过学习与承续刘知幾次子刘餗的《小说》来完成的。

二、《史通》对《唐国史补》的直接影响

《史通》对于《唐国史补》的直接影响，可以结合李肇的自序与《唐国史补》的具体内容来看。谈及其书的主要内容，李肇《唐

1 〔元〕马端临：《文献通考》，中华书局 2011 年版，第 5447 页。
2 〔南宋〕王应麟：《玉海》，上海古籍出版社 1992 年版，第 179 页。
3 〔唐〕李肇：《唐国史补》，上海古籍出版社 1979 年版，第 15 页。
4 〔清〕永瑢：《四库全书总目》，中华书局 1965 年版，第 1183 页。

国史补·序》的说法，值得注意。李肇自言：

> 纪事实，探物理；辨疑惑，示劝戒；采风俗，助谈笑，则书之。[1]

结合李肇的这句话，下面来分析下刘知幾《史通》对李肇《唐国史补》的影响所在。

（一）“纪事实，探物理”，讲述治国理家的智慧

李肇《唐国史补·序》提到的所谓“物理”，是一个偏正结构的双音节词[2]。“物理”一词，值得关注。唐宋之前主要含义有二。一是指事理，即事物的道理、情理。据《鹖冠子·王鈇》所载，鹖冠子曰：“辩于人情，究物之理。”[3]庞子对曰：“愿闻其人情物理。”[4]《宋书·晋熙王昶传》：“晋熙太妃谢氏，沉刻无亲，物理罕见。”[5]二是指规律、法则，万物之间的内在的本质联系。《周书·明帝纪》：“人生天地之间，禀五常之气。天地有穷已，五常有推移，人安得常在？是以生而有死者，物理之必然。”[6]

刘知幾对“物理”，是很重视的。《史通·杂说上》云：“（《公羊传》）目彼嘉馔，呼为菲食，著之实录，以为格言。非惟与左氏有乖，亦于物理全爽者矣。”《史通·杂说下》批评刘向《列女传》

1 〔唐〕李肇：《唐国史补》，上海古籍出版社1979年版，第3页。

2 “物理”，也指两个并列关系的单音节词。是指景物与情理。唐高仲武《中兴间气集·张南史》：“张君奕碁者，中岁感激……稍入诗境。如：‘已被秋风教忆鲙，更闻寒雨劝飞觞。’可谓物理俱美，情致兼深。”

3 〔战国〕鹖冠子撰；黄怀信校注：《鹖冠子校注》，中华书局2014年版，第169页。

4 同上书，第172页。

5 〔南朝宋〕沈约：《宋书》卷72，中华书局1974年版，第1869页。

6 〔唐〕令狐德棻：《周书》卷4，中华书局1971年版，第59页。

云："伯奇化鸟，对吉甫以哀鸣；宿瘤隐形，干齐王而作后。此则不附于物理者矣。"这里的"物理"，指的就是事情、事物的常理。刘知幾认为著书立说不能违反"物理"。

《唐国史补》记录的第一大类就是通过事实，来探寻人情事理。虽无关惩劝，然有时谈名理及生活智慧，有时论及颇具传奇色彩的人或者事，都颇有意味。如李舟论天堂地狱之说，见卷上《李丹与妹书》，讲文化交流与对应方面的问题，说明儒、佛虽为异质文化，但也有其本质相同的地方：

> 李丹为虔州刺史，与妹书曰："释迦生中国，设教如周孔；周孔生西方，设教如释迦。天堂无则已，有则君子生；地狱无则已，有则小人入。"闻者以为知言。[1]

《唐国史补》卷上，又有《刘颇偿瓮直》一篇。讲的是要擅于机变，舍小而取大的道理：

> 渑池道中，有车载瓦瓮，塞于隘路。属天寒，冰雪峻滑，进退不得。日向暮，官私客旅群队，铃铎数千，罗拥在后，无可奈何。有客刘颇者，扬鞭而至，问曰："车中瓮直几钱？"答曰："七八千。"颇遂开囊取缣，立偿之，命僮仆登车，断其结络，悉推瓮于崖下。须臾，车轻得进，群噪而前。[2]

---

1 〔唐〕李肇：《唐国史补》，上海古籍出版社 1979 年版，第 24 页。
2 同上。

《唐国史补》卷中，又有《妾报父冤事》。说的有仇必报、甚至不计代价的道理：

> 贞元中，长安客有买妾者，居之数年，忽尔不知所之。一夜，提人首而至，告其夫曰："我有父冤，故至于此，今报矣。"请归。泣涕而诀，出门如风。俄顷却至，断所生二子喉而去。[1]

"纪事实，探物理"，记录事实、探寻道理，是《唐国史补》的主要内容之一。《隋唐嘉话》卷上、卷中，记载了更多皇帝和王公重臣相关的内容，底层官僚和普通人少。相对来说，《唐国史补》有关皇帝的内容相对较少，臣子甚至普通人的内容更多。在讲述故事、阐述道理的同时，有的内容提到的主人公，又不乏神秘色彩。给人留下深刻的印象。

（二）辨疑惑，示劝戒

"劝戒"和"惩恶劝善"的意思想类似。刘知幾《史通》里面最重视的就是作品的"劝戒"、"惩恶劝善"作用。反复提及，不断强调。《史通·古今正史》云："明乎得失，辞多劝戒，有益风化，愿垂采录。"《史通·惑经》云："无辜者反加以罪，有罪者得隐其辜，求诸劝戒，其义安在？"《史通·申左》云："《传》之与《经》，其犹一体，废一不可，相须而成。如谓不然，则何者称为劝戒者哉？"《史通·杂说中》："昔贾谊上书，晁错对策。皆有益军国，足贻劝戒。"都在谈"劝戒"。《史通·称谓》："惩恶劝善，其义安

1 〔唐〕李肇：《唐国史补》，上海古籍出版社 1979 年版，第 48 页。

归?"《史通·载文》:"其理说而切,其文简而要,足以惩恶劝善,观风察俗者矣。"《史通·品藻》:"惩恶劝善,永肃将来,激浊扬清,郁为不朽者矣。"《史通·杂述》:"惩恶劝善,斯则可矣。"《史通·汉书五行志错误》:"斯志之作也。本欲明吉凶,释休咎,惩恶劝善,以戒将来。"《史通·忤时》:"《春秋》之义也,以惩恶劝善为先。"谈的都是"惩恶劝善"。

作品的"劝戒"、"惩恶劝善"之用,既为刘知幾《史通》所重视,也为李肇《唐国史补》所推崇。辨明疑惑、彰显劝戒,是《唐国史补》贯穿全书的内容。正如《四库全书总目》所言:"论张巡则取李翰之传,所记左震、李汧、李廙、颜真卿、阳城、归登、郑絪、孔戣、田布、邹待征妻、元载女诸事,皆有裨於风教。"[1]具体来说。相关内容又可以分为三类。

第一类,扬善。如卷上第一条《鲁山乳兄子》:

> 元鲁山自乳兄子,数日,两乳湩流,兄子能食,其乳方止。[2]

《唐国史补》说元鲁山用自己的乳汁养大他的侄子,还极力夸张其奶水充足"两乳湩流",一直把孩子奶到能自己吃饭。很明显,元鲁山身为男子,不能产乳汁。这是违背客观现实的,也不太符合人们的基本认知。这种带有强烈猎奇色彩的记载,之所以会在《唐国史补》出现,就是因为扬善的需要。

---

1 〔清〕永瑢:《四库全书总目》,中华书局 1965 年版,第 1183 页。
2 〔唐〕李肇:《唐国史补》,上海古籍出版社 1979 年版,第 1 页。

世间的事情，不一定是简单的善有善报，但却总能折射出某些为人处世的道理。《唐国史补》卷中《故囚报李勉》云：

> 或说天下未有兵甲时，常多刺客。李汧公勉为开封尉，鞫狱，狱囚有意气者，感勉求生。勉纵而逸之。后数岁，勉罢秩，客游河北，偶见故囚。故囚喜迎归，厚待之，告其妻。曰："此活我者，何以报德？"妻曰："偿缣千匹可乎？"曰："未也。"妻曰："二千匹可乎？"亦曰："未也。"妻曰："若此，不如杀之。"故囚心动。其僮哀勉，密告之。勉衩衣乘马而逸。比夜半，行百余里，至津店。店老父曰："此多猛兽，何敢夜行？"勉因话言。言未毕，梁上有人瞥下曰："我几误杀长者！"乃去。未明，携故囚夫妻二首，以示勉。[1]

李勉对狱囚的恩德过大，反引来杀身之祸。这和所谓"升米恩，斗米仇"的俗语有相通之处。李肇一方面告诉人们，做好事也要讲原则和方法。另一方面，李肇又给了故事一个善有善报的结局。本来去追杀李勉的刺客，不仅放过了李勉，而且代他杀了恩将仇报的狱囚夫妻。李肇看来，归根结底，做好事一定会有好报，做坏事一定会受到惩罚，这是不容置疑的。

第二类，惩恶。李肇《唐国史补》的"书人之恶"，主要有三类内容。

其一，涉及皇帝及王公大臣的事情。

1 〔唐〕李肇：《唐国史补》，上海古籍出版社1979年版，第47页。

刘餗的《隋唐嘉话》谈及皇帝和王公大臣私事的时候，多载其温馨的一面。李肇则更多地影射当事者一些负面的地方。据《唐国史补》卷上《李唐讽肃宗》：

> 肃宗五月五日抱小公主，对山人李唐于便殿，顾唐曰："念之勿怪。"唐曰："太上皇亦应思见陛下。"肃宗涕泣。是时张氏已盛，不由己矣。[1]

唐肃宗作为一国之君，为张皇后所牵制，连作为人子来尽孝玄宗的想法，都成了一种奢求，以至于竟然"涕泣"。这个故事无论是否为历史事实，其关注点和刘餗《隋唐嘉话》中写太宗调解公主和驸马夫妻矛盾的记载，已经有了很大不同。

又见《唐国史补》卷上《玄宗幸长安》：

> 玄宗开元二十四年，时在东都。因宫中有怪，明日召宰相，欲西幸。裴稷山、张曲江谏曰："百姓场圃未毕，请待冬中。"是时李林甫初拜相，窃知上意，及班旅退，佯为蹇步。上问："何故脚疾？"对曰："臣非脚疾，愿独奏事。"乃言："二京，陛下东西宫也。将欲驾幸，焉用择时假有妨于刈获，则独可蠲免沿路租税。臣请宣示有司，即日西幸。"上大悦，自此驾至长安，不复东矣。旬月，耀卿、九龄俱罢，而牛仙客进焉。[2]

---

1 〔唐〕李肇：《唐国史补》，上海古籍出版社 1979 年版，第 20 页。

2 同上书，第 16 页。

风起于青萍之末，国家的衰落，是由点滴的小事引发的。开元二十四年，唐玄宗意欲从洛阳幸西安，只为满足一己之念，而不顾惜百姓生计。李林甫对玄宗只是阿谀奉承，曲意逢迎。唐玄宗执政的后期，崇信奸佞，疏离贤臣，这些都为安史之乱埋下了伏笔。

其二，是著名文人雅士的另一面。

崔颢是一位家喻户晓的唐代诗人。他的《黄鹤楼》诗，被称为唐朝七律诗的压卷之作。但是，他的前辈、豪杰型的著名文人、大书法家李邕，却对他不屑一顾。这又是怎么回事呢?《唐国史补》记录了一件事，意在“辨明疑惑”、“彰显劝戒”，说明崔颢“有俊才、无士行”的原因。

《唐国史补》卷上《崔颢见李邕》云：

> 崔颢有美名，李邕欲一见，开馆待之。及颢至，献文，首章曰：“十五嫁王昌。”邕叱起曰：“小子无礼!”乃不接之。[1]

崔颢的“十五嫁王昌”一句，到底是如何轻浮到冒犯李邕的程度呢？傅璇琮当年就相关问题求教钱锺书的时候，钱氏的回信可作参考。钱锺书认为：

> 观六朝、初唐人句，王昌本事虽不得而知，而词意似为众女所喜之“爱饽饽儿”，不惜与之“隔墙儿唱和到天明”或“钻穴隙相窥”者；然皆“隔花阴人远天涯近”，只是意中人、望中人，

1 〔唐〕李肇：《唐国史补》，上海古籍出版社 1979 年版，第 15 页。

而非身边人、枕边人也。崔诗云“十五嫁王昌”，一破旧说，不复结邻，而为结婚，得未曾有。

李邕“轻薄”之诃，诚为费解，然胡应麟谓“岂六朝制作全未过目”，亦不中肯；盖前人只言“恨不嫁”、“忆东家”，并未有“嫁”而“入堂”之说。李邕或是怪其增饰古典，夸夫婿“禁脔”独得，(如《儿女英雄传》所说：“难得三千选佛，输他玉貌郎君；况又二十成名，是妾金闺夫婿。”)语近佻耶？[1]

钱锺书的意思很容易理解，也很有道理。虽然只是就诗论诗地谈，但也点明了崔颢在向李邕求仕进时，太过轻狂以至惹怒李邕的前因后果。

其三，可能是舛讹或者直接是诬陷。

据李肇《唐国史补》卷上《于公异露布》：

德宗览李令《收城露布》，至“臣已肃清宫禁，只谒寝园，钟虡不移，庙貌如故”，感涕失声，左右六军皆呜咽。《露布》，于公异之词也。议者以国朝捷书、露布无如此者。公异后为陆贽所忌，诬以家行不至，赐《孝经》一卷，坎壈而终，朝野惜之。[2]

露布也作“露板”，意思是不封口的文书。特指檄文、捷报等紧急文书，也泛指布告等。于公异写的《收城露布》，非常感人。德宗

1 傅璇琮《缅怀钱锺书先生》，选自何晖、方天星编：《一寸千思：忆钱锺书先生》，辽海出版社 1999 年版，第 384 页。

2 〔唐〕李肇：《唐国史补》，上海古籍出版社 1979 年版，第 26 页。

和六军等闻而泪下。议者认为，从没有见过这么好的。但是，陆贽嫉贤妒能，诬陷文采比自己好的于公异居家品行不好，导致于公异没有得到皇帝的重用而坎坷一生。很明显，《唐国史补》这里的内容，是对一代名臣陆贽的一种负面记载。后人一般认为是对陆贽的诬陷与攻击。

李肇《唐国史补》说李德裕清廉正直，从不结党偏护。这个和历史的真实记载，就有很大的出入了。《四库全书总目》"小说家类一""《唐国史补》"条明确指出：

> 谓李德裕清直无党，谓陆贽诬于公异，皆为曲笔。[1]

"曲笔"，指的是史官由于某种原因，不据事直书，有意掩盖事情真相。《三国志·魏书·臧洪传》："昔晏婴不降志于白刃，南史不曲笔以求存，故身传图象，名垂后世。"[2] 刘知幾《史通·曲笔》："将作者曲笔阿时，独成光武之美；谀言媚主，用雪伯升之怨也。"四库馆臣认为，李肇《唐国史补》也有不尽符合史实的地方。

《唐国史补》多有涉及文坛方面的内容，可以校对正史中的异同，补充正史的遗缺，对正史进行润色，解释疑惑等。在《隋唐嘉话》里面，刘餗的本意可能并不在记录文坛趣事，只是在述及人物的时候，附带出来这些。《唐国史补》则专门记录了文人写文章、写诗等相关事迹。李肇《唐国史补》有意识地，大量地记录此类事

1 〔清〕永瑢：《四库全书总目》，中华书局 1965 年版，第 1183 页。
2 〔西晋〕陈寿：《三国志》卷 8，中华书局 2006 年版，第 142 页。

件，这显示出了中唐小说创作的一种新趋势。

（三）采风俗，助谈笑

“采风俗，助谈笑”，即广采风俗以为谈笑之助的意思，是《唐国史补》卷下内容的重要特色。《隋唐嘉话》卷下的内容更重记录典章制度、琴棋书画，风俗特产类的比较少；而《唐国史补》中风俗特产的相关记载比重更大，甚至可以说是卷下的主要内容之一。

具体而言，《唐国史补》卷下的前半部分，集中于典章制度的介绍。如介绍宰相处理公文的相关事宜。其曰：

> 宰相判四方之事有堂案，处分百司有堂帖，不次押名曰“花押”。黄敕既行，下有小异同曰“帖黄”，一作“押黄”。[1]

宰相的签名，如果不分前后次序，是为“花押”。皇帝的诏书，臣子也可以提出意见，是为“贴黄”。这些内容，都可做为行政公文发展史的研究对象与补充材料。

《唐国史补》卷三的后半部分专注于记载风俗、风物等。如言飓风：

> 南海人言：海风四面而至，名曰“飓风”。飓风将至，则多虹霓，名曰“飓母”。然三五十年始一见。[2]

1 〔唐〕李肇：《唐国史补》，上海古籍出版社 1979 年版，第 49 页。
2 同上书，第 63 页。

这或可视为唐人观察天气的实录。此外，琴棋书画、赌博、酒令、饮茶、大船、异域、奇人，无所不有；井水、镜子、莲藕、兔毛、酒神杜康、茶神陆鸿渐、腌菜神蔡伯喈，亦皆涉及。

总体而言，正如《四库全书总目》"《唐国史补》"条所云："搒蒱卢雉之训，可以解刘裕事，剑南烧春之名，可以解李商隐诗。可采者不一而足。"[1]

三、《唐国史补》"续《传记》而有不为"的"不为"

《唐国史补》承续《隋唐嘉话》而来，又有所为有所不为。李肇在自序里面说得最为明白：

> 续《传记》而有不为：言报应，叙鬼神，征梦卜，近帷箔，悉去之。[2]

所谓的"不为"，并不像李肇说的那么简单，我们有必要对之深入考辨。以刘知幾的《史通》为背景和参照系，按照《隋唐嘉话》、《唐国史补》二者差异性的大小，可以将所谓的"不为"，依次分成三大类。

（一）"近帷箔"者。"帷箔"，释义为帷幕和帘子，"近帷箔"借指内室及隐私之事。《隋唐嘉话》和《唐国史补》都没有此类内容，这种微妙联系，实际上也能在刘知幾《史通》那里找到答案。详述如下。

1 〔清〕永瑢：《四库全书总目》，中华书局 1965 年版，第 1183 页。
2 〔唐〕李肇：《唐国史补》，上海古籍出版社 1979 年版，第 3 页。

刘知幾《史通·杂述》曾云：

> 琐言者，多载当时辨对，流俗嘲谑，俾夫枢机者藉为舌端，谈话者将为口实。及蔽者为之，则有诋讦相戏，施诸祖宗，亵狎鄙言，出自床笫，莫不升之纪录，用为雅言，固以无益风规，有伤名教者矣。

琐言一类，大多是记载当时的辩论应对，流俗的调笑戏谑，让那些喜欢谈论的人借以作为谈话的资料和依据。但是，不明事理的人来编写这类书，就出现了相互嘲弄攻讦，辱及彼此祖宗先人。淫秽粗话，出自于男女床头私语，这些如果全都进入记录范畴，实为不妥。刘知幾认为，此非雅言，无益风化，有伤名教。

刘知幾反对记录“近帷箔”之论，这一点是比较明确的。刘餗与李肇同样遵循了这一要求。

（二）“言报应”、“叙鬼神”者。“言报应”，指的是“因果报应”，意思是指佛教所认为的，今生种什么因，来生结什么果，善有善报，恶有恶报。《大慈恩寺三藏法师传》卷七：“处分之外，唯谈玄论道，问因果报应。”[1] 宋钱易《南部新书·序》：“忠鲠孝义，可以劝臣子；因果报应，可以警愚俗。”[2]“叙鬼神”，“鬼神”是鬼与神的合称。这里说的仙界、幽冥等。既有佛教，也有道教的内容。

李肇《唐国史补》说自己对鬼神报应之事“悉去之”。事实上，

1 〔唐〕慧立本等撰，高永旺译注：《大慈恩寺三藏法师传》，中华书局 2018 年版，第 421 页。
2 上海古籍出版社编：《宋元笔记小说大观》，上海古籍出版社 2007 年版，第 289 页。

并不是这样。其小说中也有个别故事涉及因果报应之说，如《唐国史补》卷上《乌鬼报王稹》：

裴中令为江陵节度使，使军将谭弘受、王稹往岭南充使。向至桂林馆，为群乌所噪。王稹以石击之，乌中脑而坠死于竹林中。其同行谭弘受忽病，头痛不可前。令王稹先行去，戒迤逦相待，或先报我家，令人相接。

寻裴中令梦谭弘受言："在道为王稹所杀，掠其钱物，委尸在竹林中。两日内王稹合到，乞令公治之。"王稹至，遂付推司，棰楚优法。旬日，弘受到，知击乌之事，乃是乌鬼报仇也。[1]

乌鸦魂魄，竟能利用谭弘受头痛之扰而被迫缓行的时间差，先行诬告王稹。思之甚奇。

又如《唐国史补》卷上《韦丹驴易鼋》：

韦丹，少在东洛，尝至中桥，见数百人喧集水滨，乃渔者网得大鼋，系之桥柱，引颈四顾，似有求救之状。丹问曰："几千钱可赎？"答曰："五千文。"丹曰："吾只有驴直三千，可乎？"曰："可。"于是与之。放鼋水中，徒步而归。后报恩，别有传。[2]

文末有"后报恩，别有传"字里行间，好像还有一部书在。韦丹字

1 〔唐〕李肇：《唐国史补》，上海古籍出版社 1979 年版，第 29 页。
2 同上书，第 30 页。

文明，京兆万年人，事见《新唐书·韦丹传》。但是未有老鼋报恩事。老鼋之事，见薛渔思的唐传奇《河东记》，情节大致相似，但叙述更详细具体。

“言报应”、“叙鬼神”，是《隋唐嘉话》和《唐国史补》中都有的，《唐国史补》并没有完全“悉去之”。只是相较而言，《唐国史补》此类内容更少一点。和《隋唐嘉话》中的人变动物的描述不同，《唐国史补》更强调动物本身的报仇或者报恩。李肇之如此选择内容，其原因也可以追溯到刘知幾《史通》，前文已叙，兹不赘述。相较而言，《唐国史补》更合乎刘知幾的要求。

（三）“征梦卜”者。“征梦卜”类，《隋唐嘉话》有，而《唐国史补》没有。这种微妙联系的产生原因，实际上也能在刘知幾《史通》那里找到答案。详述如下。

刘知幾《史通·模拟》高度评价了预叙的叙事手法。认为欲叙其事，先张其本，可以收到“弥缝混说”、“无取睢言”的效果。前后互补，就省去回头倒叙的麻烦。他举例说：

> 如《左传》称叔辄闻日而哭，昭子曰：子叔其将死乎？秋八月，叔辄卒。至王劭《齐志》称张伯德梦山上挂丝，占者曰：“其为幽州乎？”秋八月，拜为幽州刺史。以此而拟《左氏》，又所谓貌异而心同也。[1]

1 《史通·模拟》，见〔唐〕刘知幾撰，〔清〕浦起龙释：《史通通释》，上海古籍出版社 2009 年版，第 208 页。

《左传》昭公二十一年“秋七月壬午朔，日有食之”，“叔辄哭日食（杜预注：意在于忧灾）。昭子曰：‘子叔将死，非所哭也。’八月，叔辄卒”。[1] 王劭《齐志》，今已佚。《史通》此处提到的张伯德任幽州刺史一事，今于《北齐书·张亮（按：字伯德）传》可见：“薛琡尝梦亮于山上挂丝，以告亮，且占之曰：‘山上丝，幽字也。君其为幽州乎？’数月，亮出为幽州刺史”。刘知幾认为王劭的记载是模拟《左传》中的做法。

这种或通过占梦，或是观察天象来预言之事，在我们今天看来无疑是不可靠的，只是后人附会而成。不过，正如刘知幾所说，在叙述某件事情之前，预先埋下伏笔，前后弥补的手法确实值得赞赏。史著中的这种预叙手法在后世小说几乎成了惯例，话本小说的开头多是叙事者三言两语把事件的前因后果概括出来，然后再从容不迫地展开叙事。即使是中国长篇古典小说的巅峰之作《红楼梦》也是如此，在全书故事之前就以十二支曲子的形式暗示出了书中主人公金陵十二钗的命运。

刘知幾并不主张单纯出于猎奇的目的来叙述占梦。李肇《唐国史补》的相关做法和刘知幾的观点是可以相互参证的。

由上，我们注意到，李肇所谓“续《传记》而有不为”，并不是说和《隋唐嘉话》完全不同。所谓“不为”，一是指《隋唐嘉话》中“不为”的，《唐国史补》也“不为”；二是指《隋唐嘉话》之所“为”，《唐国史补》有“不为”，亦有少为。

---

1 《左传》卷二十四《昭公二十一年》，〔清〕阮元：《十三经注疏》，中华书局 2009 年版，第 4557 页。

《唐国史补》还是体例上的标杆。我们以《唐国史补》为主，兼及《隋唐嘉话》，对之论述如下。《隋唐嘉话》、《唐国史补》两书的共同点，在于基本上是以时间为序来安排材料的先后。卷上、卷中是人物事迹。第三卷后半部分是典章制度、个人修养方面的内容。两书不同的地方是，刘餗更为重视国家层面的记载，主人公是皇帝或者高官。而李肇《唐国史补》更多地将目光投向了社会中层或者下层人物，侧重对典章制度、风俗人情的记载。《唐国史补》在当时颇为人所重，清代学者于敏中《天禄琳琅书目》指出：

> 考《崇文总目》，于肇《唐国史补》外又载林恩《补国史》六卷，高若拙《后史补》三卷，而晁氏《读书志》中皆不载。是当时所重者，惟肇所补之书。[1]

可知，同时代还有类似的小说，但都不如《唐国史补》出色。

李肇《唐国史补》上承刘餗所著《隋唐嘉话》，并与之体例相同，卷数相当。总体而言内容较为客观，少了许多怪异。《唐国史补》较早把奇怪之事排在作品内容之外，文人化的趋势更明显，《四库全书简明目录》称其为“唐宋说部中，最为近正”者。其书正如今人周勋初所言：

> 排除了鬼神梦幻的成分，也不载男女猥亵之事，这就与志怪

1 〔清〕于敏中：《天禄琳琅书目》卷 5，上海古籍出版社 2007 年版，第 152 页。

的传统划清了界线。[1]

另外,《唐国史补》更多记叙下层民众与文人士子的生活与事迹,民间色彩更重,同时文学色彩更浓郁,而政治性的东西在慢慢弱化。

该书在宋代又有了继承者,就是欧阳修的《归田录》。

第三节 刘知幾《史通》与欧阳修《归田录》

欧阳修(1007–1072年),字永叔,号醉翁,晚号六一居士,江西庐陵人,北宋政治家、文学家。《归田录》是欧阳修存世的最著名的笔记文学作品之一。全书分为二卷,凡一百一十五条。书中记载了朝廷轶事、职官制度和士大夫琐事,多为欧阳修亲身经历或耳闻目睹的史料。相对来说,较为详实可靠。书名“归田”,应大致完成于欧阳修晚年辞官闲居颍州之时。

欧阳修在史学方面的主要贡献是修撰《新唐书》。论及欧阳修的史学修撰工作与刘知幾《史通》的关系,钱大昕《十驾斋养新录》卷十三“《史通》”条指出:“刘氏用功既深,遂言立而不朽,欧、宋《新唐》,往往采其绪论。”[2] 傅振伦《刘知幾年谱》:“唐后诸史中,采《史通》之说者,以欧阳《唐书》为最多,《新唐书》而后,刘氏之学说,始大盛兴,盖《史通》不易之说,十有八

1 周勋初:《唐代笔记小说叙录》,凤凰出版社2008年版,第34页。
2 〔清〕钱大昕:《十驾斋养新录》,上海书店出版社2011年版,第256页。

九也。”[1]

前贤今人多关注到刘知幾对欧阳修等后世史家在修撰史著方面有着影响深远，这是符合事实的，但又是不全面的。实际上，欧阳修在史著修撰和笔记文学创作方面，都受到了刘知幾及其《史通》的影响。这里我们重点考察的是，刘知幾《史通》“掩恶扬善”等观点，对欧阳修的小说观念及《归田录》的创作实践等的影响。

一、由修撰正史向笔记文学创作的转变

中国自古重视史，很早就产生史官一职。《史通·史官建置》云：

> 盖史之建官，其来尚矣。昔轩辕氏受命，仓颉、沮诵实居其职。至于三代，其数渐繁。案《周官》、《礼记》，有太史、小史、内史、外史、左史、右史之名。太史掌国之六典，小史掌邦国之志，内史掌书王命，外史掌书使乎四方，左史记言，右史记事。

仓颉、沮诵是黄帝时期的史官。夏商周三代，史官的建置更为完备，根据职责的不同，分为大、小、内、外、左、右史等不同的职位。

历代史官最主要的任务就是编撰史著，特别是修撰国史。私人修史为法所不容。史官之职既光荣，又暗藏巨大风险。刘知幾对此深有感触。《史通·直书》云：

1 傅振伦：《刘知幾年谱》，中华书局 1963 年版，第 146 页。

南、董之仗气直书，不避强御；韦、崔之肆情奋笔，无所阿容。虽周身之防有所不足，而遗芳余烈，人到于今称之。

刘知幾这里提到的南、董、韦、崔，即南史、董狐、韦昭、崔浩四人。

南史，齐国的史官。齐大夫崔杼杀掉齐庄公后，齐国太史书曰："崔杼弑其君。"[1] 崔杼不愿意在史册上留下弑君之名，就杀掉太史。古代史职是世袭家学，父子相继，兄弟相及。太史的两个弟弟撰史时仍旧如此书写，故又接连为崔杼所杀。第三个弟弟仍然秉笔直书，崔杼无奈最后只能放过他。南史听说太史兄弟四人全死了之后，毅然拿着竹简前往，准备继续实录直书。直到听说已经如实记载，方才回去。事见《左传》襄公二十五年。

董狐，晋国太史，事见《左传》宣公二年。晋灵公为君无道，晋卿赵盾屡次进谏，不惜以身犯险。灵公拒不纳谏，还多次想杀掉赵盾。赵盾无奈逃走，但还没有出国境，灵公即被赵盾族人赵穿杀死。赵盾闻讯赶回，收拾残局。太史董狐因为赵盾身为晋国正卿，逃亡而不出国境，返回又不诛乱臣，便记载说："赵盾弑其君。"孔子赞曰："董狐，古之良史也，书法不隐。"[2]

韦昭，吴国史官。《三国志》有传（按：著者为避晋文帝司马昭名讳，改"昭"为"曜"。见《三国志·吴书·韦曜传》）。吴景帝孙休去世后，其侄子孙皓即位。韦昭被任命为左国史一职，掌修

1 〔清〕阮元：《十三经注疏》卷36，中华书局2009年版，第4307页。

2 〔清〕阮元：《十三经注疏》卷21，中华书局2009年版，第4054页。

国史。时有所谓祥瑞出现，孙皓以之问昭。韦昭据实而答曰："此人家筐箧中物耳。"[1]认为那只是平常事物。孙皓又想为其生父废太子孙和作纪，韦昭认为孙和未登帝位，只应立传。如是者非一，韦昭终因得罪孙皓而被诛杀。

崔浩，北魏史官，《魏书》有传。浩修撰国史，直笔实录，尽述国事，将北魏皇室的秘闻秽事皆收录其中，惹怒魏世祖拓跋焘。太平真君十一年（450），崔浩被冠以"暴扬国恶"之罪名押往城南行刑。途中，"卫士数十人溲其上，呼声嗷嗷，闻于行路。自宰司之被戮，未有如浩者"[2]。押送官令数十人往崔浩身上小便。崔浩大声呼冤，惨状之烈，前未有之。不仅如此，清河崔氏同族无论远近皆被夷灭；其姻亲范阳卢氏、太原郭氏、河东柳氏等，亦尽遭连坐灭族。

史官修史，荣誉与危险并存。忠于史职，挑战皇权，还是全身远害，明哲保身？对此，刘知幾一面赞叹南、董、韦、崔不避强暴、奋笔直书的懿言嘉行，一面也没有回避其"周身之防有所不足"的惨烈现实。残酷的社会现实面前，一生以担任史官为荣的刘知幾，在其《思慎赋》、《韦弦赋》诸作中，从不同方面反复阐释明哲保身的观点。《史通·自叙》中，说得更是直接：

> 其于史传也，尝欲自班、马已降，讫于姚、李、令狐、颜、孔诸书，莫不因其旧义，普加厘革。但以无夫子之名，而辄行夫

---

1 〔西晋〕陈寿：《三国志》卷 65，中华书局 2006 年版，第 863 页。

2 〔北齐〕魏收：《魏书》卷 35，中华书局 1974 年版，第 826 页。

> 子之事，将恐致惊末俗，取咎时人，徒有其劳，而莫之见赏。所以每握管叹息，迟回者久之。非欲之而不能，实能之而不敢也。

对于历代史传，刘知幾曾设想要做一次大规模的整编，对司马迁《史记》，班固《汉书》，姚思廉《梁书》、《陈书》，令狐德蔡《周书》，颜师古与孔颖达的《隋书》诸作，在原有基础上“普加厘革”，但终其一生，未能付诸实施。令其徘徊忧惧、不能落笔的原因，便是对王权、时人、流俗的忌惮。思量再三，为全身计，无奈放弃勘定诸史的宏愿，正如其所言，非“不能”也，实“不敢”也。

刘知幾对欧阳修的影响，可从梁肃说起。刘氏为梁肃所推崇，其散文方面的某些观点，对梁肃及梁门后学均有影响[1]。曾在梁肃门下游学的韩愈，和刘知幾的史学观点很相似，也谈到了修史者所面临的巨大风险。韩愈曾任史馆修撰一职。据刘昫《旧唐书·路随传》：

> 韩愈传《顺宗实录》，说禁中，事颇切直。内官恶之，往往于上前，言其不实，累朝有诏改修。[2]

对于修史的工作，韩愈是心存畏惧的。其《答刘秀才论史书》曰：

1 可参吕海龙《刘知幾对梁肃等古文家的影响》(《淮北师范大学学报》2013 年第 2 期）《论刘知幾的圆融文史观——兼论其对韩愈、柳宗元等古文家的影响》(《文艺评论》2012 年第 4 期）等。

2 〔五代后晋〕刘昫:《旧唐书》卷 159，中华书局 1975 年版，第 4192 页。

夫为史者，不由人祸，则有天刑，岂可不畏惧而轻为之哉！[1]

整理或修撰史著，风险虽高，但欲参与其中亦非易事，只有少数人才有资格与机会。然而有了机会又不敢轻易为之。记国事关乎王权尊者，揭逆鳞，犯忌讳。“不由人祸，则有天刑”，便成了著史者心头挥之不去的巨大阴影。

在这种情况下，对于那些有才能的文人，想在历史上留下名声，或者仅仅是出于消遣、书愤等目的，去撰写或者是改编小说作品，则成了一个较好的选择。如韩愈曾戏笔而为《毛颖传》，以撰史的行文，为毛笔立传。唐代士人争相创作彰显“史才、诗笔、议论”的传奇小说，将之作为追求仕进的重要手段或者途径。

欧阳修少年时，即崇拜韩愈，一生行文深受韩愈影响。壮年时修史，又受到了刘知幾等人熏染。他曾主修《新唐书》，独撰《新五代史》。据宋钱世昭《钱氏私志》可知，因欧阳修“修《五代史·十国世家》，痛毁吴越（钱氏）”[2]等原因，钱氏家族就给欧阳修制造了“盗甥”的丑闻。先是钱明逸上表弹劾，后有钱世昭恶意揣度。“盗甥案”发生在庆历五年（1045），而《新五代史》成书于皇祐五年（1053）。《钱氏私志》所载虽有小说家言的成分，恐亦非空穴来风。可以推断的是，史著的修撰，已经使得欧阳修颇耗心力。

晚年的欧阳修，阅尽宦海沉浮，人生险恶，不愿再无端招惹是

1 〔清〕董诰：《全唐文》卷 554，中华书局 1983 年版，第 5609 页。
2 〔明〕陶宗仪：《说郛三种》，上海古籍出版社 2012 年版，第 2103 页。

非。故于《归田录·前序》申明，自己的作品只备闲居之时观览：

> 《归田录》者，朝廷之遗事，史官之所不记，与夫士大夫笑谈之余而可录者，录之以备闲居之览也。[1]

为了更清楚地表明自己的这一观点，欧阳修又不厌其烦地写了一则《归田录·后序》：

> 唐李肇《唐国史补序》云："言报应，叙鬼神，述梦卜，近帷箔，悉去之；纪事实，探物理，辨疑惑，示劝戒，采风俗，助谈笑，则书之。"余之所录，大抵以肇为法，而小异于肇者，不书人之过恶。以谓职非史官，而掩恶扬善者，君子之志也。览者详之。[2]

欧阳修反复强调自己"职非史官"，《归田录》所载皆"史官之所不记"，和史著有着根本的不同。事实也是如此，欧阳修《归田录》对为恶之事的记载确实很少，即使偶尔为之，也极为隐晦[3]。

二、写自己，由"惩恶劝善"到"掩恶扬善"观念的转变

《史通》一书的核心思想，总体来说，并不赞成"掩恶扬善"，而是旗帜鲜明地主张"直书实录"。然而，刘知幾坚持史著，甚至

---

1 〔北宋〕欧阳修：《归田录》，上海古籍出版社 2012 年版，第 7 页。

2 同上书，第 30 页。

3 可参吕海龙《刘知幾对欧阳修小说观念及小说创作的影响——兼论文史互渗表象下求其"雅正"的内在理路》，《文艺评论》2015 年第 10 期。

杂史、小说类的作品，都要坚持直笔实录的传统，但这其间又不乏变通之处。当修史事涉君亲之时，或撰写“自叙”、“自纪”类作品涉及父祖等人的时候，刘知幾主张务必要“掩恶扬善”。这样的做法和“直书实录”的观点，看似矛盾，却又有其统一性。

中国传统思想中的隐讳原则，首见于《论语·子路》：

叶公语孔子曰：“吾党有直躬者，其父攘羊，而子证之。”孔子曰：“吾党之直异于是，父为子隐，子为父隐，直在其中。”[1]

楚国人叶公在孔子面前夸耀说，楚国那地方有个很正直的人。其父攘羊，他就出来揭发证明。孔子不以为然，他认为，正直的人不应该这样，父亲为儿子隐瞒，儿子为父亲隐瞒，这才是正直的做法。“攘”，《广韵·阳韵》：“以手御。又，窃也。”[2]《孟子·滕文公下》：“今有人日攘其邻之鸡者，或告之曰：‘是非君子之道。’”赵岐注：“攘，取也，取自来之物也。”[3]引申为侵夺。“攘羊”有两种意思，一是顺手牵羊。二是偷窃别人的羊。前者是品行有亏，后者是于法有悖。但孔子为维护儒家的孝道伦理，反对“证父攘羊”的行为。

隐讳原则的主要表现之一就是“掩恶扬善”。历史著作中，早在孔子所修《春秋》那里，就有“掩恶扬善”之说。孔子在《春秋》中尽量不记载鲁国国君的一些丑事。《春秋》中，鲁隐公、桓公被弑而写成“薨”。鲁昭公、哀公被流放而写成逊让去位。鲁桓

1 〔清〕阮元：《十三经注疏》，中华书局 2009 年版，第 5448 页。
2 〔北宋〕陈彭年撰，周祖谟校：《广韵校本》，中华书局 2011 年版，第 176 页。
3 〔清〕阮元：《十三经注疏》，中华书局 2009 年版，第 5902 页。

公夫人姜氏与人私奔说成是逃亡齐国。子般被杀说是早夭。如此种种，不一而足。

对这些史家隐笔，刘知幾是认可的。在《史通·曲笔》中，他曾对古代的隐讳传统进行过总结：

> 盖子为父隐，直在其中，《论语》之顺也；略外别内，掩恶扬善，《春秋》之义也。自兹已降，率由旧章。史氏有事涉君亲，必言多隐讳，虽直道不足，而名教存焉。

在刘知幾看来，对涉及君亲的耻事秘闻，著史者不便张扬，讳之即可。虽和秉笔直书的原则相违背，但却符合儒家的伦理原则。而对应该避讳却没有避讳的行为，刘知幾则是非常反对的。

王充在《论衡·自纪》中自叙家世，谈及先祖种种劣行并不予讳饰：

> 世祖勇任气，卒咸不揆于人。岁凶，横道伤杀，怨仇众多。会世扰乱，恐为怨仇所擒，祖父泛举家担载，就安会稽，留钱唐县，以贾贩为事。生子二人，长曰蒙，少曰诵。诵即充父。祖世任气，至蒙、诵滋甚，故蒙、诵在钱唐，勇势凌人。末复与豪家丁伯等结怨，故举家徙处上虞。[1]

王充直言自曾祖至父辈，或意气用事，趁乱抢劫，以武犯禁；或恃

1 〔东汉〕王充：《论衡校释·自纪》，中华书局 1990 年版，第 1187 页。

强凌弱，结怨豪强，以至为避仇而举家搬迁。

刘知幾直斥王充此做法乃是为“盛矜于己”而“厚辱其先”。据《史通·序传》：

> 王充《论衡》之《自纪》也，述其父祖不肖，为州闾所鄙，而已答以瞽顽舜神，鲧恶禹圣。夫自叙而言家世，固当以扬名显亲为主，苟无其人，阙之可也。至若盛矜于己，而厚辱其先，此何异证父攘羊，学子名母？必责以名教，实三千之罪人也。

刘知幾认为，自叙家世应以为祖上扬名为主，若实在没有，则宁愿空缺不载。不可为了张大自己的长处，而将祖先丑行曝于世人。王充此种做法，用礼教标准来评判就是不孝，甚至可被定性为孔门罪人。

对于刘知幾上述观点，今人吕思勉《史通评》表示了不同的看法。他认为自叙贵真，不宜夸饰，亦不宜讳短。吕思勉充分肯定了司马相如、王充自叙传据实而录之举：

> 自叙贵于真实，既不宜妄益所长，亦不宜自讳其短。衒鬻诚为丑行，文过尤为小人矣。相如自序，不讳窃妻，正古人质直之处。王充叙其先世，语皆真实，但谓任气不揆于人，并无为州闾所鄙语。[1]

1 〔唐〕刘知幾撰，〔清〕浦起龙通释，吕思勉评，李永圻、张耕华导读整理：《史通》，上海古籍出版社 2008 年版，第 184 页。

学者许冠三亦认为刘知幾此处观点大有矛盾之处：

> （刘）知幾史学思想之核心在实录一义，而实录一义之精髓在善恶并书，既不能掩恶亦不虚美。此本全书一致之说，唯有《序传》篇独持异议，别申隐短称长之论，大背于善恶并存之义。[1]

吕思勉和许冠三对刘知幾观点的异议，根源于他们将“自叙”等同于史著。而刘知幾早已认识到，“自叙”非比史著，有其特殊性。对“自叙”之“实录”的要求亦不能于一般史著的尺度等量齐观。《史通·序传》曰：

> 自叙之为义也，苟能隐己之短，称其所长，斯言不谬，即为实录。

刘知幾认为，“自叙”的义例，如果能隐藏自己的短处，发扬自己的长处，它的言论没有谬误，就是真实记录。

欧阳修的《归田录》和刘知幾“隐己之短，称其所长”的观点是一致的。欧阳修在晚年曾自我反省。《答孙正之第二书》云：“仆知道晚，三十以前，尚好文华，嗜酒歌呼，知以为乐而不知其非也。”[2] 文人雅士，饮酒作乐，交往歌伎。本也无伤大雅。如诗圣杜

1　许冠三：《刘知幾的实录史学》之八《余论：〈史通〉之抵牾及其他》，香港中文大学出版社 1983 年版，第 204 页。

2　〔北宋〕欧阳修著，洪本健校笺：《欧阳修诗文集校笺》，上海古籍出版社 2009 年版，第 1812 页。

甫，亦有一段裘马轻肥的早年时期。可谓年少轻狂，尽一时之欢。只是可能会被别有用心的人所利用。欧阳修又喜作艳词。《望江南（江南柳）》，招惹不少非议；《醉蓬莱（见羞容敛翠）》，颇为露骨轻浮。虽然今人以为其作者存疑。但当时欧阳修确实因诸多莫须有的原因，无端受到了攻击与侮辱。

《归田录》有一篇前序。这篇序文的完成日期非常明确，因为文末有“治平四年九月乙未”字样。考证欧阳修生平，可知这一年，对欧阳修来说是一生中最为不顺利的一年。治平四年元月，欧阳修因于英宗丧期误穿紫袄，遭御史弹劾。台官蒋之奇等更编造“私从子妇”等帷幕不修之语，对他进行诽谤攻击，落井下石。诬陷欧阳修与甥女、长媳都有暧昧关系[1]。这使得官至宰辅志在效命朝廷的欧阳修，百口难辩、心灰意冷。他嘉祐六年所作《读书》诗已云“自从中年来，人事攻百箭”、“形骸苦衰病，心志已退懦”。[2]欧阳修《归田录·前序》又借他人之口批评自己说：“使怨嫉谤怒，丛于一身，以受侮于群小。当其惊风骇浪，卒然起于不测之渊，而蛟鳄鼋鼍之怪，方骈首而闯伺。乃措身其间，以蹈必死之祸。”[3]欧阳修当时面临的环境，极为凶险。这确实是符合实际情况的。

欧阳修《归田录·前序》虽云自己的作品只备闲居之览。但是，从另一个角度来看，《归田录》实际上又何尝不是在为自己作

1 可参欧阳修《乞根究蒋之奇弹疏札子》、《又乞罢任根究蒋之奇言事札子》、《乞辩明蒋之奇言事札子》、《再乞辨明蒋之奇言事札子》诸文及脱脱《宋史》卷 319《欧阳修传》等。

2 〔北宋〕欧阳修著，洪本健校笺：《欧阳修诗文集校笺》，上海古籍出版社 2009 年版，第 1812 页。

3 〔北宋〕欧阳修：《归田录（外五种）》，上海古籍出版社 2012 年版，第 7 页。

辩解呢？欧阳修采用看似随意纪实的手法，“实录”自己仕宦生涯中或亲历或耳闻目睹之事。通过朝堂奏议，同僚交往，公余后的诗酒书画、应酬唱和等种种记录，展示自己身兼高官、学者和文人等不同身份的言行举止。他是天子信赖之臣，同事宽厚之友。质性自然、不失真纯，处世稳重、心胸豁达，见闻广博、志趣高雅。这是深受流言中伤的作者在为自己辩诬，其深心用意，阅者不可不察。

欧阳修写自己当年知贡举之时，锁院期间与诸考官互相唱和的“一时盛事”，据《归田录》卷二：

嘉祐二年，余与端明韩子华、翰长王禹玉、侍读范景仁、龙图梅公仪，同知礼部贡举，辟梅圣俞为小试官。凡锁院五十日。六人者相与唱和，为古律歌诗一百七十余篇，集为三卷。禹玉，余为校理时，武成王庙所解进士也，至此新入翰林，与余同院，又同知贡举，故禹玉赠余云：“十五年前出门下，最荣今日预东堂。”余答云“昔时叨入武成宫，曾看挥毫气吐虹。梦寐闲思十年事，笑谈今此一樽同。喜君新赐黄金带，顾我宜为白发翁”也。天圣中，余举进士，国学、南省皆忝第一人荐名，其后景仁相继亦然，故景仁赠余云“澹墨题名第一人，孤生何幸继前尘”也。圣俞自天圣中与余为诗友，余尝赠以《蟠桃诗》，有韩、孟之戏，故至此梅赠余云：“犹喜共量天下士，亦胜东野亦胜韩。”而子华笔力豪赡，公仪文思温雅而敏捷，皆敌也。前此为南省试官者，多窘束条制，不少放怀。余六人者，欢然相得，群居终日，长篇险韵，众制交作，笔吏疲于写录，僮史奔走往来，间以滑稽嘲谑，形于风刺，更相酬酢，往往烘堂绝倒，自谓一时盛事，前此未之有也。[1]

与同好在知贡举“锁院”之时，诗文唱和，其“欢然相得，群居终日”的无上荣耀与快乐，岂是那些终日结党营私、构陷他人的奸佞之徒所能理解和想象的?

欧阳修结合自己担任中书舍人时的亲历，记录了中书舍人地位越来越被削弱的历史事实。据《归田录》卷一:

宝元、康定之间，余自贬所还过京师，见王君贶初作舍人，自契丹使归。余时在坐，见都知、押班、殿前马步军联骑立门外，呈榜子称“不敢求见”，舍人遣人谢之而去。至庆历三年，余作舍人，此礼已废。然三衙管军臣僚于道路相逢，望见舍人，呵引者即敛马驻立，前呵者传声“太尉立马”，急遣人谢之，比舍人马过，然后敢行。后予官于外十年而还，遂入翰林为学士，见三衙呵引甚雄，不复如当时，与学士相逢，分道而过，更无敛避之礼，盖两制渐轻而三衙渐重。[2]

欧阳修入翰林院在至和年间，他对比宝元、康定及庆历与至和时之所亲见，由礼仪制度的变化，道出了十几年间“两制渐轻，而三衙渐重”的事实。中书舍人、翰林学士地位的跌落，显示着中央集权的加强。但即便如此，“舍人”、“翰林”之尊贵，又岂可小觑?

1 〔北宋〕欧阳修:《归田录（外五种）》，上海古籍出版社2012年版，第26页。
2 同上书，第11页。

欧阳修记录下自己担任翰林学士时和皇帝的对话，事涉国家宰相的任命。《归田录》卷一载：

至和初，陈恭公罢相，而并用文、富二公。正衙宣麻之际，上遣小黄门密于百官班中听其论议，而二公久有人望，一旦复用，朝士往往相贺。黄门俱奏，上大悦。余时为学士，后数日，奏事垂拱殿，上问："新除彦博等，外议如何？"余以朝士相贺为对。上曰："自古人君用人，或以梦卜，苟不知人，当从人望，梦卜岂足凭耶！"故余作《文公批答》云"永惟商周之所记，至以梦卜而求贤，孰若用绅之公言，从中外之人望"者，具述上语也。[1]

"批答"，是君主对百官章奏书面的批示答复。欧阳修代行《文公批答》，其地位之清要，不言而喻。尚要一提的是，宋仁宗等，作为君王贵胄远离百姓，欧阳修用一支笔便拉近了他们与下层民众的心理距离。欧阳修写其治理国政的良苦用心，"实录"中又暗寓肯定。

欧阳修写下在两府任职的见闻，平和之中又寓褒贬。见《归田录》卷一：

自太宗崇奖儒学，骤擢高科至辅弼者多矣。盖太平兴国二年至天圣八年二十三榜，由吕文穆公而下，大用二十七人。而三人并登两府，惟天圣五年一榜而已，是岁王文安公第一，今昭文相公韩仆射、西厅参政赵侍郎第二、第三人也。

1 〔北宋〕欧阳修：《归田录（外五种）》，上海古籍出版社 2012 年版，第 14 页。

予忝与二公同府，每见语此，以为科场盛事。自景祐元年已后，至今治平三年，三十余年十二榜，五人已上未有一人登两府者，亦可怪也。[1]

由太宗“太平兴国”至仁宗“天圣”、“景祐”，再至英宗“治平”年间，四朝相继（按：太宗后仁宗前，为真宗），百年之久，科举取士，盛况不再，治政之优劣，似有所指。

欧阳修写自己当年对国家边境军事战况的准确判断。据《归田录》卷二：

宝元中赵元昊叛命，朝廷命将讨代，以延、环庆、泾原、秦凤四路各置经略安抚招讨使。余以为四路皆内地也，当如故事灵夏四面行营招讨使。今自于境内，何所招讨？余因窃料王师必不能出境。其后用兵五六年，刘平、任福、葛怀敏三大将皆自战其地。[2]

欧阳修并不自矜于自身才华，斗诗赛文不过闲暇消遣。每涉军国大事，他自胸有沟壑，只是不被采纳罢了。这让欧阳修在三十余年后，仍心存遗憾，不胜叹惋。

公事之余，饱读诗书的作者亦过得有声有色，超脱凡俗。《归田录》中颇多篇幅勾勒了欧阳修的诗话人生。他与硕学鸿儒或青年俊彦谈诗论书，以文会友，“谈笑有鸿儒，往来无白丁”的欢愉风

---

1 〔北宋〕欧阳修：《归田录（外五种）》，上海古籍出版社 2012 年版，第 19 页。

2 同上书，第 25 页。

雅，交往间的酬答不见珠宝玉器，而是文房四宝，所在意者不是功名爵位，而是诗酒书画的精良。鼠须栗尾笔、铜绿笔格、惠山泉、清泉香饼等，无不凸显着主洁客雅，何来半点朝堂宵小所说的不堪？

欧阳修写自己和著名诗人梅尧臣的交往。如《归田录》卷二所载：

> 圣俞在时，家甚贫，余或至其家，饮酒甚醇，非常人家所有，问其所得，云："皇亲有好学者宛转致之。"余又闻皇亲有以钱数千购梅诗一篇者。其名重于时如此。[1]

一贫如洗的名诗人梅尧臣家里竟有好学皇亲所送的醇酒，其诗一首可令皇亲费钱数千以购。在简净的叙述中，诗人的满腹经纶与一生清贫，欧阳修作为其朋友的骄傲和惋惜便蕴含在字里行间。

欧阳修写自己和朋友的文人之交，送给朋友纸笔和茶叶、香饼之事。《归田录》卷二曾特意提及：

> 蔡君谟（按：蔡襄）既为余书《集古录目序》刻石，其字尤精劲，为世所珍，余以鼠须栗尾笔、铜绿笔格、大小龙茶、惠山泉等物为润笔，君谟大笑，以为太清而不俗。后月余，有人遗余以清泉香饼一箧者，君谟闻之叹曰："香饼来迟，使我润笔独无此一种佳物。"兹又可笑也。清泉，地名，香饼，石炭也，用以

1 〔北宋〕欧阳修：《归田录（外五种）》，上海古籍出版社2012年版，第22页。

焚香，一饼之火，可终日不灭。[1]

写自己所收藏的极为珍贵的“叶子格”。《归田录》卷二云：

叶子格者，自唐中世以后有之。说者云，因人有姓叶号叶子青者撰此格，因以为名。此说非也。唐人藏书，皆作卷轴，其后有叶子，其制似今策子。凡文字有备检用者，卷轴难数卷舒，故以叶子写之，如吴彩鸾《唐韵》、李郃《彩选》之类是也。骰子格，本备检用，故亦以叶子写之，因以为名尔。唐世士人宴聚，盛行叶子格，五代、国初犹然，后渐废不传。今其格世或有之，而无人知者，惟昔杨大年好之。仲待制，大年门下客也，故亦能之。大年又取叶子彩名红鹤、皂鹤者，别演为鹤格。郑宣徽、章郇公皆大年门下客也，故皆能之。余少时亦有此二格，后失其本，今绝无知者。[2]

写家里的传世古董和自己的医学知识。见《归田录》卷二：

凡物有相感者，出于自然，非人智虑所及，皆因其旧俗而习知之。今唐、邓间多大柿，其初生涩，坚实如石。凡百十柿以一榠樝置其中，则红熟烂如泥而可食。土人谓之烘柿者，非用火，乃用此尔。淮南人藏监酒蟹，凡一器数十蟹，以皂荚半挺置其

1 〔北宋〕欧阳修：《归田录（外五种）》，上海古籍出版社 2012 年版，第 24 页。

2 同上书，第 26 页。

中，则可藏经岁不沙。至于薄荷醉猫，死猫引竹之类，皆世俗常知，而翡翠屑金，人气粉犀，此二物，则世人未知者。

余家有一玉罂，形制甚古而精巧。始得之，梅圣俞以为碧玉。在颍州时，尝以示僚属，坐有兵马钤辖邓保吉者，真宗朝老内臣也，识之，曰："此宝器也，谓之翡翠。"云："禁中宝物皆藏宜圣库，库中有翡翠盏一只，所以识也。"其后予偶以金环于罂腹信手磨之，金屑纷纷而落，如砚中磨墨，始知翡翠之能屑金也。

诸药中犀最难捣，必先镑屑，乃入众药中捣之，众药筛罗已尽，而犀屑独存。余偶见一医僧元达者，解犀为小块子，方一寸半许，以极薄纸裹置于怀中，近肉，以人气蒸之，候气熏蒸浃洽，乘热投臼中急捣，应手如粉，因知人气之能粉犀也。然今医工皆莫有知者。[1]

写自己家乡的地方特产、稀见水果。据《归田录》卷二：

金橘产于江西，以远难致，都人初不识。明道、景祐初，始与竹子俱至京师。竹子味酸，人不甚喜，后遂不至。而金橘香清味美，置之尊俎间，光彩灼烁，如金弹丸，诚珍果也。都人初亦不甚贵，其后因温成皇后尤好食之，由是价重京师。余世家江西，见吉州人甚惜此果，其欲久留者，则于菉豆中藏之，可经时不变，云："橘性热而豆性凉，故能久也。"[2]

---

1 〔北宋〕欧阳修：《归田录（外五种）》，上海古籍出版社 2012 年版，第 28 页。
2 同上书，第 27 页。

《归田录》所载人物虽多君王将相，所记之事亦多官场轶事、制度变迁，但欧阳修杂闻广识，有一双善于发现的眼睛。一般士大夫并不在意的日常琐事、生活小妙招皆被录入书中，展现了他热爱生活、尊重百姓智慧、质朴接地气的一面。他津津乐道于游戏叶子格的来源和履历，告诉人们如何贮存色艳味美的金橘，如何令生涩坚实的柿子迅速“红熟烂如泥”，“翡翠屑金、人气粉犀”更为世人所罕闻，欧阳修皆诚恳公布，传授生活小窍门。著者说而不厌，阅者读之有味。

《归田录》卷二还记录了欧阳修给国家重要建筑题诗诸事：

> 皇祐二年、嘉祐七年季秋大享，皆以大庆殿为明堂，盖明堂者，路寝也，方于寓祭圜丘，斯为近礼。明堂额御篆，以金填字，门牌亦御飞白，皆皇祐中所书，神翰雄伟，势若飞动。余诗云“宝墨飞云动，金文耀日晶”者，谓二牌也。[1]

在平常百姓所不识而汲汲功名者无心赏阅处，欧阳修赞叹书法之精美，工艺之精良，展现自己卓尔不凡的眼光和品位。又写自己所了解到名胜古迹方面的知识。据《归田录》卷二：

> 世俗传讹，惟祠庙之名为甚。今都城西崇化坊显圣寺者，本名蒲池寺，周氏显德中增广之，更名显圣，而俚俗多道其旧名，今转为菩提寺矣。江南有大、小孤山，在江水中嶷然独立，而世

1 〔北宋〕欧阳修：《归田录（外五种）》，上海古籍出版社 2012 年版，第 22 页。

俗转孤为姑，江侧有一石矶谓之澎浪矶，遂转为彭郎矶，云“彭郎者，小姑婿也”。余尝过小孤山，庙像乃一妇人，而敕额为圣母庙，岂止俚俗之缪哉？西京龙门山，夹伊水上，自端门望之如双阙，故谓之阙塞。而山口有庙曰阙口庙。余尝见其庙像甚勇，手持一屠刀尖锐，按膝而坐，问之，云：“此乃豁口大王也。”此尤可笑者尔。[1]

欧阳修于史书不愿着笔处，琐屑拉杂叙述中，寄寓深心。对曾与自己交往、共事过的朋友、同僚，他无不怀着真切的感情，为整部书镀上了一层优雅平和的光彩。此外，他听，他看，他写，不经意间的学识展露，俯身讲述的认真态度，一个稳重而真诚、博学又谦逊的淳厚长者形象便立于文中纸上了。

由上可知，刘知幾对各类叙事载人性的作品，有惩恶劝善和掩恶扬善两种要求。相较而言，李肇《唐国史补》继承的刘知幾惩恶劝善以补国史的方面。李肇《唐国史补》多有影射本朝皇帝及激烈抨击本朝大臣者。总体而言，与李肇相比，欧阳修注意到了其作与史著的不同处，继承的是刘知幾“掩恶扬善”的观点。欧阳修《归田录》，追求的不是“补国史”，而更多地体现了自我消遣或者更直接说是自我辩解的一面，以“不书人之过恶”的眼光来看待和记录自身与周围的世界。

1 〔北宋〕欧阳修：《归田录（外五种）》，上海古籍出版社 2012 年版，第 29 页。

三、写他人，由“惩恶劝善”到“掩恶扬善”观念的转变

欧阳修和李肇，在选材方面有较大不同。简要而言，李肇《唐国史补》继承的刘知幾惩恶劝善以补国史的方面，多有影射本朝皇帝及激烈抨击本朝大臣者。欧阳修以“不书人之过恶”的眼光来记录和看待周围的世界。

刘知幾的“掩恶扬善”，要求展示人众多专长中的最好的一面，而将其余的部分隐藏。这也是一种“掩恶扬善”、“成人之美”的做法。刘知幾《史通·杂说上》载：

> 昔孔子力可翘关，不以力称。何者？大圣之德，具美者众，不可以一介标末，持为百行端首也。至如达者七十，分以四科。而太史公述《儒林》，则不取游、夏之文学；著《循吏》，则不言冉、季之政事；至于《货殖》为传，独以子贡居先。掩恶扬善，既忘此义；成人之美，不其阙如？

刘知幾认为，孔子力气大得可以举起关卡的大门，但是他没有宣扬自己的力气是如何之大。因为圣人孔子具备很多方面的美德，不能将力气大放在各种美德的首位。孔子的得意学生有七十人，分为德行、言语、政事、文学四科，司马迁叙述文学之士时却没讲到子游、子夏，写到奉职守法的官吏时，没有将冉有、季路列入其中，而在《货殖列传》中，倒将子贡列于首位。刘知幾对司马迁的这类做法表示不满。他认为，这表明司马迁忘记了称人之善以掩盖人之恶的写作精神，丢弃大德，而标明小功。没有做到真正的成人

之美。

刘知幾一面坚持史著必须直笔实录，一面又主张事涉君亲务必要“掩恶扬善”，但这本身在古代中国是有其存在的合理性的。针对不同的对象，不同的文体，有时采取不同的标准，这一点是可以理解的。韩愈有些碑志之文，就能说明这一点。韩愈《故中散大夫河南尹杜君墓志铭》志文记载了杜兼一生军功和政绩及仕宦经历，备写其受皇帝的信任和宠爱，铭文称颂杜兼曰：

始为进士，乃笃朋友，及作大官，克施克守。纂辞奋笔，涣若不思。公牍盈前，笑语指麾。禄以给求，食以会同。不畜不收，库厩虚空。事在于人，日远日忘。何以传之，刻此铭章。[1]

给人以杜兼性格醇厚、奉公守法、德才兼备、清正廉洁的印象，但实际情况却可能不是如此。《旧唐书·杜兼传》说其“性浮险”、“恣凶威”、“人侧目”：

兼性浮险，豪侈矜气。属贞元中德宗厌兵革，姑息戎镇，至军郡刺史，亦难于更代。兼探上情，遂练卒修武，占召劲勇三千人以上闻，乃恣凶威。录事参军韦赏、团练判官陆楚，皆以守职论事忤兼，兼密诬奏二人通谋，扇动军中。忽有制使至，兼率官吏迎于驿中，前呼韦赏、陆楚出，宣制杖杀之。赏，进士擢第；楚，兖公象先之孙，皆名家，有士林之誉。一朝以无罪受戮，郡

1 〔唐〕韩愈著，阎琦校注：《韩昌黎文集注释·碑志》，三秦出版社2004年版，第63-64页。

中股慄，天下冤叹之。又诬奏李藩，将杀之，语在藩事中。故兼所至，人侧目焉。[1]

杜兼为人阴险狡诈，心胸狭窄，欺骗朝廷，滥杀无辜，人皆侧目。《新唐书·杜兼传》在《旧唐书》原有的记载外，又加上“所至大杀戮，裒艺财赀，极奢欲，适幸其时，未尝败。卒，年六十”[2]的语句。杜兼为人嗜杀、穷奢极欲，只是生逢其时，运气颇佳，才侥幸得以全身终老。

由两《唐书》来看，韩愈所说的杜兼“始为进士，乃笃朋友，及作大官，克施克守”，似乎纯属臆说。不过仔细分析，韩愈实际上使用了所谓“掩恶扬善”的叙事手法。世上没有绝对的坏人，每人都有善良的一方面，哪怕只是体现在某一个阶段或者是在处理具体的某一事、针对特定的某一个人时。杜兼也不例外，在刚中进士时，和朋友们的关系还是不错的。即韩愈所说的“始为进士，乃笃朋友”。“克施克守”是在“作大官”时。大约在元和三年下半年，杜兼官至河南大尹，任职不到一年病死。韩愈所谓“克施克守”主要指的或许就是这极短的一个时期吧。这都是杜兼“善”的一方面，所以着重指出，加以彰显，即所谓“扬善”。而杜兼的恶行，在当时影响极坏，以至于路人皆知，其所至之处，人皆侧目。

韩愈此类的文章虽然被讥为谀墓之作，但韩愈受杜兼亲戚及子女之托为其写墓志铭，让后世子孙追宗怀远，避免“日远日忘”。

---

1 〔五代后晋〕刘昫：《旧唐书·杜兼传》，中华书局 1975 年版，第 2969 页。

2 〔北宋〕欧阳修、宋祁：《新唐书·杜兼传》，中华书局 1975 年版，第 5205 页。

这当然要有所“掩恶”，而不能像史传那样对之大加贬低、甚至近乎辱骂。

和韩愈的上述做法相似，欧阳修《归田录》中基本上没有言人之恶的一类记载。据《四库全书总目》卷一百四十“《归田录》”条：

多记朝廷轶事，及士大夫诙谐之言。自序谓以唐李肇《国史补》为法，而小异于肇者，不书人之过恶。[1]

这与欧阳修本人晚年行事谨慎务实的性格有关，同时也和宋代文人的日趋保守，以及皇权的强化、文字祸的加剧、新旧党争等诸多因素有关。

欧阳修创作《归田录》之时，面临的环境更为复杂。当时正值王安石变法高潮，变法派与反变法派斗争十分激烈，作者记录这些人物言行，必须十分谨慎。欧阳修《归田录前序》完成以后，宋神宗曾见其序而索书，饱经政治风波的欧阳修深知其中利害关系，不得不加倍小心做一番砍削，以防无妄之灾。

朱弁《曲洧旧闻》载：

欧阳公《归田录》初成，未出而序先传，神宗见之，遽命中使宣取。时公已致仕颍州，以其间所纪述有未欲广者，因尽删去之，又恶其太少，则杂记戏笑不急之事以充满其卷帙，既缮写进入，而旧本亦不敢存，今世之所有皆进本，而元书盖未尝出之于

1 〔清〕永瑢：《四库全书总目》，中华书局1965年版，第1190页。

世，至今其子孙犹谨守之。[1]

朱弁是朱熹的叔祖，两宋之际人，距离欧阳修生活时代不太远，且非常熟悉北宋遗事。朱弁认为现在的版本是原来版本的“删”后“缮写”的版本。其后，南宋王明清《挥麈后录》，南宋陈振孙《直斋书录解题》说法类似，都认为存在两个版本的《归田录》。南宋时能看到的是修改后的版本。我们可以确认一点。欧阳修删去“有未欲广布者”，即删去惩恶劝善的内容，以免带来祸害。这也是小说家创作的一个普遍出发点，出于作者保护自身的一个基本需求。

欧阳修《自序》曾云：“《归田录》者，朝廷之遗事，史官之所不记，与士大夫笑谈之余而可录者，录之以备闲居之览也。”这便是欧阳修著录的初衷。能助笑谈，以广见闻，不是以攻击泄愤、论人得失高下为目的，而是重在发掘人事中的闪光点、优长处。这种创作宗旨不仅体现在对与己交往之人之事的记录上，亦体现在对他人轶事的录入中，尤其体现在对正史上留恶名而民间亦无佳评之人的记载中。《归田录》中欧阳修对权臣钱惟演、陈康肃的记载便颇能体现他“掩恶扬善”的主张。

钱惟演在正史的形象，总体偏于负面。《宋史·钱惟演传》评价他“急于柄用，阿附希进，遂丧名节”[2]。与丁谓沆瀣一气，驱逐寇准最有力，看丁得势则尽力攀附，待丁失势又大力排挤，与皇族外戚攀亲，谄媚帝后。钱氏死后谥号由“文墨”而“文思”又为

1 〔明〕陶宗仪：《说郛三种》卷42，上海古籍出版社2012年版，第684页。
2 〔元〕脱脱：《宋史》卷317，中华书局1985年版，第10351页。

“文僖”，足见朝廷对其评价不高。当然，《宋史》对其文采卓著，奖掖后进之行还是认可的：

惟演出于勋贵，文辞清丽，名与杨亿、刘筠相上下。于书无所不读，家储文籍侔秘府。尤喜奖厉后进。[1]

虽然传记中并未细说钱氏提携的后进都是何许人，但实际上，欧阳修就是格外受钱惟演赏识的其中一个。他中进士后的第一站，就是在钱惟演幕府做留守推官，受到钱氏的特别培养和奖掖。耿介的欧阳修想来亦并不赞同钱惟演在官场的伎俩和手段。可是如何写这位恩公，才能做到既不背恩，又不失公允呢？“掩恶扬善”便是思虑后的选择。

在《归田录》中，欧阳修避开政事纠纷，只选钱惟演“纯德”、“好学”的一面，在对其日常琐事的叙述中展现钱不为世人所知的性情。于是在政坛上声名欠佳的钱氏，出现在欧阳修的《归田录》中时，就是另一番面目了：

钱思公生长富贵，而性俭约，闺门用度，为法甚谨。子弟辈非时不能辄取一钱。公有一珊瑚笔格，平生尤所珍惜，常置之几案。子弟有欲钱者，辄窃而藏之，公即怅然自失，乃榜于家庭，以钱十千赎之。居一二日，子弟佯为求得以献，公欣然以十千赐之。他日有欲钱者，又窃去。一岁中率五、七如此，公终不悟

1 〔元〕脱脱：《宋史》卷 317，中华书局 1985 年版，第 10342 页。

也。余官西都，在公幕，亲见之，每与同僚叹公之纯德也。[1]

“性俭约”而兼“纯德”的钱氏，和正史中工于心计、老谋深算的形象大不相同。虽被家中狡童数次欺瞒，终不疑有诈，钱氏憨厚温和之状，虽可笑，亦不失可爱。

《归田录》卷二又云：

钱思公虽生长富贵，而少所嗜好。在西洛时，尝语僚属言：“平生惟好读书，坐则读经史，卧则读小说，上厕则阅小辞，盖未尝顷刻释卷也。”谢希深亦言：“宋公垂同在史院，每走厕必挟书以往，讽诵之声琅然闻于远近，其笃学如此。”余因谓希深曰：“余平生所作文章，多在三上，乃马上、枕上、厕上也。”盖惟此尤可以属思尔。[2]

可见，文坛上的钱惟演，与政坛上的他颇有不同。虽出身富贵，却不以势骄人，而是勤学不倦，其笃学刻苦程度常人多所不及。他在文学上的成就确实是他黾勉好学而得来。而他“坐则读经史，卧则读小说，上厕则阅小辞”的“读书经”和欧阳修“马上、枕上、厕上”的“作文经”深为契合，这是文人间精神的共振。不必刻意回护辩解，钱惟演在欧阳修“掩恶扬善”的笔下，已是另一番气象了。

1 〔北宋〕欧阳修：《归田录（外五种）》卷 1，上海古籍出版社 2012 年版，第 17 页。
2 同上书，第 22 页。

同样，在宋史中，陈尧咨的口碑较差。《宋史·陈尧咨传》载其任职地方时，屡有政绩，但过失却如影随形：他曾疏通龙首渠，引甘泉入长安城中以利百姓，却又"豪侈不循法度"，甚至任性使气，凌侮同僚；他法纪严明，地方豪强为之惕息，却又用刑惨急，动辄有受刑而死者；任职宿州，他将城壁器械修葺一新，却又不甘沦为武官，性易暴怒，"列军士持大梃侍前，吏民语不中意，立至困仆"[1]。这样一个人，在欧阳修的笔下又是如何呢？

《归田录》卷一载：

> 陈康肃（尧咨）公善射，当世无双，公亦以此自矜。尝射于家圃，有卖油翁释担而立，睨之久而不去。见其发矢十中八九，但微颔之。康肃问曰："汝亦知射乎？吾射不亦精乎？"翁曰："无他，但手熟尔。"康肃忿然曰："尔安敢轻吾射！"翁曰："以我酌油知之。"乃取一葫芦置于地，以钱覆其口，徐以杓酌油沥之，自钱孔入而钱不湿，因曰："我亦无他，惟手熟尔。"康肃笑而遣之。此与庄生所谓"解牛"、"斫轮"者何异。[2]

性格刚戾的陈尧咨，不卑不亢的卖油翁，各怀绝技，互不服气。所幸，老翁以己之绝技证明了自己的论点——"无他，惟手熟尔"的绝技生成论。一向盛气凌人的陈尧咨一改常态，竟不计较老翁的怠慢之过，笑着将其送走了。两个地位悬殊的"达人"各秀技能，又

1〔元〕脱脱：《宋史》卷 284，中华书局 1985 年版，第 9589 页。

2 〔北宋〕欧阳修：《归田录（外五种）》，上海古籍出版社 2012 年版，第 14 页。

达成了见解的一致，一急一缓，相映成趣。而陈尧咨的笑多么令人深思。那笑里是否有对自己过于自负的内疚？还是对老翁心得的认同？在正史里我们不曾听到的陈尧咨的笑，在欧阳修的《归田录》里却听到了。

《归田录》百余条目，林林总总，方方面面，欧阳修杂而录之，后人乐而阅之。内容虽驳杂，但作者的身影始终在。虽是纪实，但无涉倾轧，不带心机。记嘉言懿行不为歌功颂德，偶涉奸人恶行亦不为进谏，所记之事虽不离朝廷、君臣，却意在远离纷争。威严的君王，亦有与百姓叙家常的亲切；不苟言笑的朝臣暇时谐谑逗乐，各具特色。

书中钱惟演和陈尧咨等人事迹的记载均可见欧阳修“掩恶扬善”的写作观念。这一观念由刘知幾所倡导，至欧阳修又进行了融汇创新。而《归田录》对后世的主要影响之一也正在于其“不书人之过恶”的原则。叶梦得《避暑录话》卷二称：“欧文忠《归田录》自言以唐李肇为法，而稍异者，不记人之过恶。君子之用心，当如此也。”[1] 著文讲文德，小说立人品。欧阳修在书中体现出的宽厚君子风范，亦赢得了后人的尊重。

四、《归田录》的体例问题

刘知幾认为自叙传内容上普遍存在琐碎杂乱之弊。《史通·核才》批评刘孝标“《自叙》一篇，过为烦碎”。《史通·序传》批评自叙传主“身兼片善，行有微能，皆剖析具言，一二必载”。这些

1　上海古籍出版社编：《宋元笔记小说大观》第三册，上海古籍出版社2007年版，第2613页。

见解都切中自叙传作品的要害之处。在创作这部写亲历事、身边人的《归田录》时，欧阳修在体例上的独具匠心，便很大程度上克服了自叙传存在的琐屑繁乱和夸饰不实之弊端。

唐有张鷟《游仙窟》与题名牛僧孺的《周秦行纪》，都是较早的以第一人称创作的文言小说作品。但是这两部作品，前者过多语涉男女之情，后者则有影射朝廷的僭越之语。欧阳修写作《归田录》时，自恃身份，即使是看到，对这两部作品应该没有多少借鉴。

正如有学者指出，欧阳修《归田录》在全书115条中，有三分之一的条目主题都指向或涉及日常生活层面，这个比重在之前的笔记中是鲜见的。书中所涉日常生活兼及皇帝重臣、文人学子、庶民百姓，其饮食器具、细节情境、习俗个性，各个不同。若专人专传来写，既不合乎名分，又易流入俗套[1]。

欧阳修在处理《归田录》的体例问题时，不能不审慎为之。《四库全书总目》卷一百四十“小说家类一”在论及李肇《唐国史补》时云：“欧阳修作《归田录》，自称以是书为式，盖于其体例有取云。”[2]纪昀以为，欧阳修的内容和体例，对唐代笔记文学有所模仿，其体例略近李肇的《唐国史补》。

美国汉学家宇文所安在论及欧阳修的《六一诗话》时曾指出：“这部作品由28则简短的条目构成，包括轶事、对诗歌的见解以及回忆往日与朋友的讨论。”认为《六一诗话》的“形式、吸引力”

1 可参孙宗英《转向闲适的日常：论〈归田录〉的体式创格及笔记史意义》，《海南大学学报》2018年第3期。

2 〔清〕永瑢：《四库全书总目》，中华书局1965年版，第1183页。

以及“独特的权威性”，“大都可以追溯到儒家经典《论语》”。[1]因为“关于伦理问题，唯一恰当的写作范例就是《论语》那样的文体。它展现的是‘善人’根据随时随地之需而说出的话，那些话或者发自天性，或者出自教养和智慧”，“《论语》这样的著作恰当和真实地把善展现为一个真正善良的人的随时随地的样子。从表面上看，它必然是破碎的、不连贯的，其整体性只能到那个做出具体言行的人的内心去寻找”[2]。

我们认为，欧阳修采用短篇数句的条目式创作，以避免琐碎，同时用文学家语记史实。正如纪昀所说，《归田录》体例乃是承续《唐国史补》而来。这是一个外在表现上的显性的特征。就核心处的内在根源、精神实质来讲，《归田录》体例方面的效法对象，则需要追溯到《论语》那里。可见，宇文所安的说法也是有道理的。

刘知幾《史通·曲笔》曾说过：

> 肇有人伦，是称家国。父父子子，君君臣臣，亲疏既辨，等差有别。盖“子为父隐，直在其中”，《论语》之顺也；略外别内，掩恶扬善，《春秋》之义也。

《史通·疑古》又云：

> 《论语》曰：“君子成人之美，不成人之恶。”又曰：“成事不

---

1 〔美〕宇文所安：《中国文学思想读本》，三联书店 2019 年版，第 463 页。
2 同上书，第 464 页。

> 说，遂事不谏，既往不咎。”又曰：“民可使由之，不可使知之。”夫圣人立教，其言若是。在于史籍，其义亦然。

通过对《归田录》条目式记载的分析，可以看到《论语》等语录体著作影子的存在。条目式记载表面上的支离，其实与其内容的闲适和随意深度契合。

不受修史的约束，又带些拾遗补缺的愿望；不端官员的架子，又不乏翰林学士的风雅，欧阳修在《归田录》中娓娓而谈，稳健的人生态度，不泄私愤、不拘门户的豁达胸襟，其温文尔雅之风正是上承《论语》那位智者而来。

对于欧阳修的这一文学观念及创作实践，同时代的人是认同且模仿的。据范缜《东斋记事·自序》：

> 予尝与修唐史，见唐之士人著书以述当时之事，后数百年有可考正者甚多，而近代以来盖希矣，惟杨文公《谈苑》、欧阳永叔《归田录》，然各记所闻而尚有漏略者。予既谢事，日于所居之东斋燕坐多暇，追忆馆阁中及在侍从时交游语言，与夫里俗传说，因纂集之，目为《东斋记事》。其蜀之人士与其风物为最详者，亦耳目之熟也。至若鬼神梦卜率收录而不遗之者，盖取其有戒于人耳。[1]

可以看出，其对欧阳修的学习。其间，也兼有对刘餗《隋唐嘉话》

1 〔北宋〕范缜：《东斋记事》，中华书局1980年版，第1页。

等作品的模仿与回归。

南宋叶梦得《避暑录话·自序》云："泛语古今杂事，耳目所接，论说平生出处，及道老交亲戚之言，以为欢笑。"[1] 明人编《五朝小说》概括宋代笔记的特点云："唯宋则出士大夫手，非公余纂录，即林下闲谭。所述皆生平父兄师友相与谈说，或履历见闻、疑误考证。故一语一笑，想见先辈风流。其事可补正史之亡，裨掌故之阙。"[2] 今人王季思亦云："大约宋人笔记，有两个特色：一、每节故事下面常附以议论；二、所记多同时人的故事。即使所记系先朝或怪异的故事，也往往是对当时社会意有所指的。"[3]

两宋时期，以欧阳修等人为代表的文人笔记的这种特色，和刘知幾"掩恶扬善"说，都有相通之处。同时，条目式的创作方式，而非长篇纪传类的组织行文的方式，也受到刘知幾间接的启发。

刘知幾出于维护名教的目的，强调史著事涉君亲时，一定要务存隐讳、掩恶扬善。但既要"掩恶"，就难免对人和事情的不良之处有所掩饰；既要"扬善"，就有可能对好的方面有所夸大。这样一来，强调"掩恶扬善"，就要删汰、屏蔽一些史实。所谓虚构既可以是添枝加叶，也可以是芟枝去叶，增加与删减都属于虚构。因此，"掩恶扬善"的改造就从某些方面形成了"虚构"。这样就给作家打开了一道通往文学创作的门户，那就是剪裁，使历史著作与文学作品的界限变得模糊起来，进而很可能使得历史叙事转化为文学笔记。这一点，在欧阳修的《归田录》一书中，表现的就较为

1 上海古籍出版社编：《宋元笔记小说大观》，上海古籍出版社 2007 年版，第 2580 页。
2 丁锡根：《中国历代小说序跋集》，人民文学出版社 1996 年版，第 1790 页。
3 王季思：《玉轮轩古典文学论集》，中华书局 1982 年版，第 304 页。

明显。

欧阳修《归田录》清新流畅的文笔，简括有法的叙事，既借鉴史学之记事手法，又不受史学体例之束缚；既关注现实，又颇具谐趣，成为当时和后世轶事笔记文学的典范，对后世影响匪浅，而前人刘知幾的理论奠基功不可没。

结　语

唐宋时期，在刘知幾《史通》小说观或直接或间接的影响下，出现了一个脉络清晰、承续分明的小说系列。从《隋唐嘉话》到《唐国史补》、《归田录》等，这些作品及其所形成的“正”脉，初步奠定了中国文言笔记文学的一种审美范式，融补史、说理、休闲于一体。对后来的笔记文学创作有一定的规范和启发意义。在“小说”与“正史”并行的思想观念下，补史的目的更在于惩劝，与是否是事实没有了必然的联系。

就作家而言，一些中下层官僚，因为种种原因，手头上掌握的资料，不能全部以国家正史的形式出现，于是转而存之于文学笔记。这里既有位卑未敢忘忧国的文人意识，也有个人对史学著述的爱好等因素在里面。个人的消遣与休闲，成了创作笔记文学的主要原动力之一。出于对笔记作品的要求不严，一生不舍纸笔的古代文士，在人生进入晚年之后，选择创作此类作品，作为公务之余的一大爱好，也不失为闲雅。休闲的同时，也安度余年，在补史、说理之余也有消遣之用。

就作品而言，主要呈现出三方面的创作范式。一是内容上，裨风教、有名理、资考据。二是形式上，体例相对来说较为谨严，有了一定的体例意识。三是行文上，史家避祸的“史著”创作心态与“小说”创作求其“雅正”的内在理路，形成了一种独特的文字风格[1]。这就是曾慥《类说序》所说：“可以资治体，助名教，供谈笑，广见闻。”[2]也是《四库全书总目》所言：“寓劝戒，广见闻，资考证。”[3]这些判断，都是有道理的。

就受众（包括书面文字的读者和不能阅读书面文字的听众）而言，笔记文学还具有另一方面的作用。即兼备成为人们学习如何成为明君、名臣或名士的教科书，满足普通人见识广博甚至有几分猎奇色彩的需要，从而呈现了阅读受众的多层次性。

作家、作品和受众的影响与互动，共同促进，形成了一个文学现象，甚至可以说，形成了一个历时悠久，绵延未绝的文学传统。谈到唐代传奇小说时，浦江清认为：

> 唐人传奇是高度的诗的创造，值得赞美是不成问题的，但是当时读者的反映。怕是毁誉各半吧。因为原先所谓小说是要记载名物风俗、治身理家之言，含有道德日用的意义，而唐人传奇如珠玉宝货、珍玩之品，却不是布帛菽粟，堪资温饱。而且那些虚幻的故事甚至到了荒淫与诬谄人的地步，轻薄到使人不能容忍。
>
> 现代人说唐人开始有真正的小说，其实是小说到了唐人传奇，在

1 可参吕海龙《刘知幾对欧阳修小说观念及小说创作的影响——兼论文史互渗表象下求其“雅正”的内在理路》，《文艺评论》2015 年第 10 期。

2 〔南宋〕曾慥：《类说校注》，福建人民出版社 1996 年版，第 1 页。

3 〔清〕永瑢：《四库全书总目》卷 140，中华书局 1965 年版，第 1182 页。

> 体裁和宗旨两方面，古意全失。所以我们与其说它们是小说的正宗，无宁说是别派，与其说是小说的本干，无宁说是独秀的旁枝吧。[1]

在浦江清看来，唐人传奇作品只是“独秀的旁枝”。我们以为，“小说的本干”或应是唐代《隋唐嘉话》、《唐国史补》及宋代《归田录》等作品。这些笔记文学作品的问世，凸显了刘知幾及其《史通》文论在唐宋的影响。

1 浦江清《论小说》，见浦江清：《浦江清文选》，北京大学出版社 2010 年版，第 137 页。

第八章 《史通》影响下的明清笔记文学观念与创作

明清两代，文坛诸多名家论及刘知幾及其《史通》。明代有何乔新、祝允明、李梦阳、杨慎、唐顺之、焦竑、于慎行、胡应麟等人[1]。清代有毛先舒、纪昀、陈衍等。他们从文史角度对《史通》进行了探讨。其中，重点关注笔记文学，论述较为深入且影响较大者，当属胡应麟和纪昀二人。

第一节 胡应麟、纪昀对刘知幾的推崇

明代的胡应麟和杨慎、焦竑等人，都对刘知幾及其《史通》有所论列，且各有心得。相较而言，正如王嘉川所说："从现实的史料留存和现今学界的已有研究成果看，胡应麟应该是明代对《史通》进行理论研究的最杰出的代表。"[2] 刘知幾与纪昀，一个唐代文史大家，一个清代著名学者、小说家。两人都是我国古代小说史上不能不提到的人物。在小说理论、小说创作发展史上，两人有着密

1 可参王嘉川：《清前〈史通〉学研究》一书，社会科学文献出版社 2013 年版。

2 王嘉川：《胡应麟论刘知幾》，《史学月刊》2006 年第 4 期。

不可分的关系。纪昀的若干小说观念，近承胡应麟，远绍刘知幾。所以我们把纪昀和胡应麟对于刘知幾的推崇，放在一起进行论述。

一、刘知幾《史通》与胡应麟《少室山房笔丛》

胡应麟（1551–1602），字元瑞，后更字明瑞，号石羊生，又号少室山人，兰溪人，今属浙江。万历四年举人。诗文宗七子，又有所变化，甚得王世贞欣赏。胡应麟在明中叶以博学著称，与杨慎、焦竑等同负盛名。其事迹附见于《明史》卷二百八十七列传第一百七十五“文苑三”《王世贞传》之后。生平又详见于王世贞为之所作的《石羊生传》。

胡应麟对刘知幾及其《史通》赞赏有加，甚至不吝溢美之词。赞赏有加的方面，我们举三处例子。一如《少室山房笔丛》卷三十八《华阳博议上》所载：

> 诸史之文，汪洋浩瀚。材质所诣，咸自名家，有博于正史者，有博于杂史者，有博于古史者，有博于今史者。……子玄之《通》，君实之《鉴》，伯恭之《节》，元晦之《纲》，综兼诸史，并以博称。他如两司马（彪、贞）、刘氏父子（显、臻）弟兄（敞、攽）历世有人，未易枚举。[1]

胡应麟将刘知幾的《史通》与司马光的《资治通鉴》、吕祖谦的《十七史详节》、朱熹的《通鉴纲目》相提并论，认为四部著作，

1 〔明〕胡应麟：《少室山房笔丛》，上海书店出版社 2009 年版，第 383 页。

“综兼诸史，并以博称”。司马光的史学成就及地位自不必言，吕祖谦、朱熹皆为理学大师。胡应麟将四人的作品，等而视之。这在晚明理学思想大盛的背景下，不能不说胡应麟对刘知幾及其《史通》是非常推崇的。

再如《少室山房笔丛》卷三十八《华阳博议上》，给予刘知幾“博雅”的美誉，赞其学识渊博，品行端正：

> 文人以博雅名，古今莫过刘氏。盖代不乏人矣，录其尤灼灼者。……刘孝孙、刘知幾、刘仁轨、刘允济、刘轲、刘邺、刘蜕。[1]

又如《少室山房笔丛》卷十三《史书占毕一》所言：

> 《尚书》，史之善善者也；《春秋》，史之恶恶者也。《尚书》弗诛桀、纣乎？然以明放伐也，犹之乎善善也。《春秋》弗进桓、文乎？然以防乱贼也，犹之乎恶恶也。刘知幾以马、班为善善，南、董为恶恶，细矣。[2]

“善善”意思为赞扬好人好事。“恶恶”，指憎恨邪恶的人和事件。“善善”、“恶恶”是君子才具有的品德。《公羊传·僖公十七年》：“君子之恶恶也疾始，善善也乐终。”[3]《史记·平津侯主父列传》云：

1 〔明〕胡应麟：《少室山房笔丛》，上海书店出版社 2009 年版，第 388 页。

2 同上书，第 127 页。

3 〔清〕阮元：《十三经注疏》，中华书局 2009 年版，第 4897 页。

“君子善善恶恶。”[1]刘知幾认为司马迁、班固为“善善”，南史、董狐为“恶恶”者。胡应麟这里对刘知幾的这一观点表示了赞扬，所谓的“细矣”，即是“详细、周密”的意思。

不过，公允来看，胡应麟的评价亦有溢美处。举一个例子，《史通·品藻》载：

> 刘向《列女传》载鲁之秋胡妻者，寻其始末，了无才行可称，直以怨怼厥夫，投川而死。轻生同于古冶，殉节异于曹娥，此乃凶险之顽人，强梁之悍妇，辄与贞烈为伍，有乖其实者焉。

“秋胡妻”，事见刘向《列女传·节义传·鲁秋洁妇》。大意是秋胡与新婚妻子一别五年后，在回家的路上以金钱诱惑调戏一采桑女子。结果到家后发现，该女子却是自己的妻子。秋胡妻认为秋胡品行污秽，最后遂去而东走，投河而死。

刘知幾认为，秋胡妻就因为怨恨她的丈夫，投河而死。如同古冶子那样轻生，不像曹娥那样殉节，是凶险顽愚之人，强横泼悍之妇。却与坚贞节烈之人为伍，与她的实际不符。在刘知幾看来，秋胡妻甚至有“悍妇”、“妒妇”的嫌疑。胡应麟《少室山房笔丛》卷八《丹铅新录四》“秋胡妻”条认为：

> 子玄之论义正词严，圣人复起弗能易矣。[2]

1 〔西汉〕司马迁：《史记》，中华书局1959年版，第2952页。

2 〔明〕胡应麟：《少室山房笔丛》，上海书店出版社2009年版，第86页。

胡应麟评价刘知幾的议论“义正词严”，圣人“弗能易矣”。刘氏观点是对古代女子的歧视，认为女子应该顺从自己的丈夫。今天看来，有其局限性。所以说胡应麟对刘知幾此处的赞美是不恰当的。

明代中后期，随着专制集权的加强，名教观念对人们的束缚也越来越严。一方面，胡应麟在名教观念的支配下，对刘知幾非圣无礼的行为无法理解并对之激烈抨击。《少室山房笔丛》卷十三《史书占毕》云：“(刘知幾)谓舜、禹、汤、文同于操、懿、裕、衍。而《尚书》、《春秋》之妄，过于沈约、王沈。斯名教之首诛矣！”[1]但同时，刘知幾杰出的史学成就及对文学的真知灼见，也使得胡应麟不能不在很多方面接受了《史通》的影响。

二、刘知幾《史通》与纪昀《史通削繁》

纪昀（1724–1805），字晓岚，号观弈道人，清朝直隶献县人。乾隆十九年进士，官至礼部尚书、协办大学士，太子少保。曾任《四库全书》总纂官。晚年著有《阅微草堂笔记》。《清史稿》有传：“昀，学问渊通。撰《四库全书提要》，进退百家，钩深摘隐，各得其要指，始终条理，蔚为巨观。”[2]

在清代，刘知幾的《史通》引起越来越多的关注。纪昀对《史通》也很重视，他亲自操刀，将之删削而成《史通削繁》。《史通削繁》，顾名思义，是对《史通》削繁就简而成。《史通》原书由内篇、外篇两部分构成，内篇42篇，外篇13篇，除去内篇宋代时就已亡佚的《体统》、《纰缪》、《弛张》3篇外，全书今存49篇。

1 〔明〕胡应麟：《少室山房笔丛》，上海书店出版社2009年版，第133页。

2 赵尔巽：《清史稿》卷320，中华书局1977年版，第10771页。

《史通削繁》对其中的35篇加以删削。同时，将《载文》、《补注》、《邑里》、《品藻》、《直书》、《曲笔》、《鉴识》、《核才》、《烦省》、《杂述》10篇全文保留。把《载言》、《表历》、《疑古》、《点繁》4篇全部删除。

《史通削繁》这部作品，从多个角度展现了纪昀所受刘知幾《史通》影响之深远。纪昀《史通削繁自序》曰：

> 刘氏之书，诚载笔之圭臬也。顾其自信太勇，而其立言又好尽，故其抉摘精当之处，足使龙门失步，兰台变色。而偏驳太甚，支蔓弗剪者，亦往往有之，使后人病其芜杂，罕能卒业，并其微言精义，亦不甚传，则不善用长之过也。
>
> 注其书者凡数家，互有短长。浦氏本最为后出，惟轻改旧文，是其所短。而诠释较为明备。偶以暇日，即其本细加评阅，以授儿辈。所取者，记以朱笔。其纰缪者，以绿笔点之。其冗漫者，又别以紫笔点之。除二色笔所点外，排比其文，尚皆相属，因钞为一帙，命曰《史通削繁》。核其菁华，亦大略备于是矣。
>
> 昔郭象注《庄子》书，盖多删节。凡严君平《道德指归论》所引，而今本不载者，皆象所芟弃者也。例出先民，匪我作古。博雅君子，谅不骇之。
>
> 乾隆壬辰人日河间纪昀书[1]

从上面的内容中，我们可以寻绎出较为丰富的信息。

1 〔清〕纪昀:《史通削繁》，广文书局1963年版，第2页。

首先，纪昀对《史通削繁》的底本和体例做了说明。纪氏的工作底本是浦起龙的注本。后世注《史通》者，有数家之多，然各有短长，其中以浦起龙本最佳。浦本虽然轻易改动原文，但是诠释最为“明备”，所以纪昀以之为底本进行删削。纪昀又交代了自己删削的具体方法和基本标准。朱笔点者，是保留下的内容。绿笔点者，为《史通》错误荒谬的地方。紫笔点者，是《史通》较为繁琐的地方。除掉绿笔和紫笔所删改的内容外，剩余的内容前后缀连，而成《史通削繁》一书。

其次，纪昀给予《史通》非常高的评价。认为刘知幾的《史通》，“诚载笔之圭臬也”。其“微言精义”足以“龙门失步”、“兰台变色”，就是司马迁、班固再生，也不能不为之折服。纪昀认为，后人不能通读《史通》并了解其书的“微言精义”。一方面是因为《史通》有“偏驳”与“支蔓”。另一方面，这也是后人“不善用长”所导致。换句话说，纪昀认为人们没有全面认识进而充分利用《史通》的文史价值。

最后，纪昀甚至将《史通》比拟为《庄子》，将自己整理《史通削繁》，比作郭象注《庄子》。《史通削繁》评《史通·论赞》：“此篇持论极精核。”[1]纪昀《史通削繁》评《史通·烦省》云：“推寻尽致，持论平允。子元难得此圆通之论。”[2]《史通削繁》评《史通·杂述》云：“此篇详核而精审。”[3]《史通削繁》评《史通·史官建置》、《古今正史》两篇云：“《史官》、《正史》二篇，叙述整赡。

1 〔清〕纪昀：《史通削繁》，广文书局 1963 年版，第 25 页。
2 同上书，第 105 页。
3 同上书，第 109 页。

子元史笔，略见一班。”[1] 总体上说，纪昀对《史通》是揄扬有加的。

纪昀完成《史通削繁》后，他的这部作品并未得到广泛流传。至嘉庆十年，纪昀去世前，也只有钞本在其孙纪香林手中。时任湖广总督的卢坤[2]，从纪香林处钞得该书。道光十三年（1833），已经转任两广总督的卢坤，请粤中著名词人吴石华[3] 校对刻印，并将之整理刊行与世。其序曰：

> 河间纪文达公为昭代通儒，尝取是书。逐加评骘，披其菁华，芟其芜蔓，为《史通削繁》四卷。由是，精严平正，足为史家之圭臬也。余从公之孙香林观察（树馨）钞得此本。移节两广，付吴石华学博（兰修）校刻之。旧用三色笔。取者朱，冗漫者紫，纰缪者绿。今止录朱笔。余并删去。浦二田原注，诠释支赘者，属石华汰而存之。庶读者展卷瞭然，亦一快也。道光十有三年，岁在癸巳，长至后三日，涿州卢坤序。[4]

卢坤为封疆大吏，谥“文肃”。幼好读书，醉心于诗词古文。为官之时，又喜欢从事出版事业。卢坤在任两广总督期间还曾用紫、蓝、朱、绿、黄、墨六色套印《杜工部集》二十五卷，是历代套印色数最多的一个本子。卢氏非一般附庸风雅的官僚，是《史通削繁》一书得以刊印的有力推动者与实际策划者。具体操刀者吴石华

1 〔清〕纪昀：《史通削繁》，广文书局 1963 年版，第 122 页。

2 赵尔巽：《清史稿》卷 379 有传。

3 生平可见冒广生：《小三吾亭词话》卷二“陈洋词”条。

4 〔清〕纪昀：《史通削繁》，广文书局 1963 年版，第 2 页。

为著名词人。二人对《史通削繁》的刊刻与流播，贡献很大。

在我们今天看来，《史通削繁》的主要内容大致可分成三类。一类是纪昀本人的点评，这个最直接最明了地阐述了纪昀对刘知幾及其《史通》的看法。第二类是《史通削繁》保留下的文字，这些文字，绝大多数是纪昀对刘知幾及其《史通》赞同的地方。第三类是《史通削繁》保留的极少数文字中，纪昀对之是持批评态度的，但是因为诸多原因却并没有删去，这些评价，可以反其意而观之，换句话说，是对刘知幾《史通》观点的另一种继承。

胡应麟与纪昀在小说理论与创作方面，都可以明显看出刘知幾及其《史通》的影响痕迹所在。本书其他章节或多或少涉及了相关内容，为了避免重复行文，且为了表述方便，下文我们仅从内容和形式两个角度，对他们受刘知幾影响较为明显的地方加以论述。

第二节　反对笔记文学记载“诬”或“淫”的内容

唐代以前，由于种种原因，一些所谓的国家正史里面，也载录了一些诬陷、污秽以及假公济私、公报私仇的内容，特别是魏晋南北朝时期，沈约和魏收等人的史著，部分内容更是如此。其中一些记载，甚至被唐初题名“御撰”，实为房玄龄等人领衔所修《晋书》等八史所承袭。对之，刘知幾极其痛恨。刘知幾的相关论述，影响了胡应麟和纪昀的相关史学观点并进而影响了他们的文学观念。

一、刘知幾最为痛恨的修史行为

纵观《史通》全书，刘知幾最为痛恨的是诬陷别人和徇私情的史书编撰者。诬陷别人，甚至攻击传主家门淫乱者，刘知幾诅咒他断子绝孙、死无葬身之地。对于徇私情、公报私仇者，刘知幾认为应该公开示众，然后让野兽咬死吞食。对于这两类编撰史著者，刘知幾几乎是咬牙切齿，痛恨得无以复加。

（一）对诬陷传主家门淫乱者的严厉批评

沈约（441–513 年），字休文，吴兴郡武康县（今浙江省德清县）人。南朝梁开国功臣，政治家、文学家、史学家，刘宋建威将军沈林子之孙、刘宋淮南太守沈璞之子。著《宋书》，好诬蔑前代。对于晋代，故意编造奇异的说法。对于刘宋，则有很多诽谤的言论。据沈约《宋书·符瑞志上》：

> 宣帝有宠将牛金，屡有功，宣帝作两口榼，一口盛毒酒，一口盛善酒，自饮善酒，毒酒与金，金饮之即毙。景帝曰："金名将，可大用，云何害之？"宣帝曰："汝忘石瑞，马后有牛乎？"元帝母夏侯妃与琅邪国小史姓牛私通，而生元帝。[1]

西晋名将牛金，屡立战功，最为晋宣帝司马懿宠爱。当时，有一种特制的鸳鸯酒壶，中间隔断。一边装毒酒，一只装好酒。司马懿用这种酒壶，请牛金喝酒。自己饮好酒，毒酒给牛金。牛金饮酒后立即死去。晋景帝司马师很疑惑，牛金是名将，可以派上大用场，为什么要毒死他。司马懿说，《玄石图》记载，"马后有牛"。认为牛氏会夺去西晋司马氏的政权。后来，东晋创立者晋元帝司马睿的母

1 〔南朝宋〕沈约：《宋书》，中华书局 1974 年版，第 783 页。

亲夏侯妃与琅邪国姓牛的小官私通，生下了元帝。沈约意指，这对应了“马后有牛”的预言。

这件事，又被魏收《魏书》采录且进行了改编。魏收（507–572），字伯起，小名佛助，巨鹿郡下曲阳县（今河北晋州）人。南北朝时期大臣，文学家、史学家，北魏骠骑大将军魏子建之子。出身巨鹿魏氏，机警敏捷，颇有文采，与温子升、邢邵并称“北地三才”。魏收受命撰成《魏书》一百三十篇，三易其稿，方成定本。书成之后，众口喧嚷，指为“秽史”。据《魏书》卷九十六列传第八十四《僭晋司马睿李雄传》：

> 僭晋司马睿，字景文，晋将牛金子也。初晋宣帝生大将军、琅邪武王伷，伷生冗，从仆射、琅邪恭王觐。觐妃谯国夏侯氏，字铜环，与金奸通，遂生睿，因冒姓司马，仍为觐子。[1]

沈约《晋书》编造奇闻，说琅邪国一个姓牛的人和恭王妃夏侯氏私通，生了晋元帝司马睿。然后追溯宣帝司马懿用毒酒杀害手下将领牛金的事，以证明符谶之说。这种说法，被魏收《魏书》承袭并颇怀恶意地进行了改动，直接就说司马睿是晋将领牛金之子。

沈约《宋书》、魏收《魏书》所载之“奇说”、“谤言”，最早见于《玄石图》。该书是曹魏时期非常流行的一本谶书，上面记载了一些预言。其中有“牛继马后”之语，因此司马懿对姓牛的人特别忌讳。《太平御览》卷九十八“东晋元皇帝”条，引东晋孙盛《晋

1 〔北齐〕魏收：《魏书》，中华书局 1974 年版，第 2091 页。

阳秋》:

> 初《玄石图》有“牛继马后”，故宣帝深忌牛氏，遂为二榼，共一口以贮酒。帝先引佳者，以毒者鸩其将牛金。而恭王妃夏侯氏通小吏牛钦，而生元帝，亦有符云。[1]

曹魏之时，独掌大权的司马懿因为《玄石图》“牛继马后”之预言，心里十分忌讳，怕手下爱将牛金将来会对自己的子孙不利，就用毒酒药死牛金。西晋建立以后，司马懿的孙子琅邪王司马觐有王妃夏侯氏。夏侯氏与王府一个姓牛的小吏私通，生下了司马睿。司马睿后来建立了东晋政权，是为晋元帝。孙盛认为，这是对应了当初“牛继马后”的预言。意谓“牛继马后”没有验证在牛金身上，但验证在司马睿身上了。

对之，北朝齐、周时期的宋孝王说：

> 收以睿为金子，计其年，全不相干。[2]

北朝齐周时期《关东风俗传》的作者宋孝王，认为魏收把司马睿作为牛金的儿子，计算一下年份，可知完全不相干。但是沈约的说法并未因此而消亡。

唐代官修《晋书》，房玄龄领衔。其书卷六《元帝纪》，关于司

1 〔北宋〕李昉：《太平御览》，中华书局 1960 年版，第 469 页。

2 《史通·采撰》篇，刘知幾自注。

马睿出身，有相似的记载：

初，《玄石图》有“牛继马后”，故宣帝深忌牛氏，遂为二榼，共一口，以贮酒焉，帝先饮佳者，而以毒酒鸩其将牛金。而恭王妃夏侯氏竟通小吏牛氏而生元帝，亦有符云。[1]

前代史书有失误，而唐修国史《晋书》在前代史书的基础上进行编纂，对之不加改正。这种做法明显是不合适的。

除“牛继马后”的相关记载外，沈约《宋书》还有皇帝与太后母子通奸的记载。《宋书》卷四十一《路太后传》说：

太后居显阳殿。上于闺房之内，礼敬甚寡，有所御幸，或留止太后房内，故民间喧然，咸有丑声。宫掖事秘，莫能辨也。[2]

《宋书》认为，宋孝武帝在其亲生母子路太后那里过宿，当时不少人对之有看法。但沈约也承认，事涉宫廷秘史，故其真假难辨。

魏收《魏书》卷九十七《岛夷桓玄海夷冯跋岛夷刘裕》采其说：

骏淫乱无度，蒸其母路氏，秽污之声，布于欧越。[3]

1 〔唐〕房玄龄：《晋书》，中华书局 1974 年版，第 158 页。
2 〔南朝宋〕沈约：《宋书》，中华书局 1974 年版，第 1287 页。
3 〔北齐〕魏收：《魏书》，中华书局 1974 年版，第 2144 页。

魏收说，刘骏和他的母亲路氏淫乱，丑闻流传到瓯、越一带。魏收为了攻击南朝刘宋政权，将宋武帝刘骏母子乱伦的传闻写成事实。对于一个史家来说，其行为确实极为不堪。

对于沈约《宋书》、魏收《魏书》的上述记载，刘知幾极为不满。《史通·采撰》云：

> 沈氏著书，好诬先代，于晋则故造奇说，在宋则多出谤言，前史所载，已讥其谬矣。而魏收党附北朝，尤苦南国，承其诡妄，重以加诸。遂云马睿出于牛金，刘骏上淫路氏。可谓助桀为虐，幸人之灾。寻其生绝胤嗣，死遭剖斩，盖亦阴过之所致也。

在刘知幾看来，沈约的这些记载，都是奇谈怪论、无中生有，撰写者的目的就是污蔑、诽谤前朝或者敌对政权。这种做法性质极为恶劣，刘知幾批评魏收说："可谓助桀为虐，幸人之灾。寻其生绝胤嗣，死遭剖斩，盖亦阴过之所致也。"刘知幾认为魏收生前没有后嗣，死后遭到戮尸，大概就是冥冥之中的报应所致。他这里对魏收已经近乎辱骂。此外，刘知幾虽然没有明确指责唐修《晋书》，但是他严词批评沈约、魏收等人，代代沿袭，遗毒无尽。刘氏旁敲侧击、含沙射影，其用意也很明显了。

（二）对假公济私、公报私仇者的批判

刘知幾《史通·曲笔》对公报私仇、徇私舞弊的前代修史者，进行了一番极为严厉的批判：

> 有舞词弄札，饰非文过，若王隐、虞预毁辱相凌，子野、休

文释纷相谢。用舍由乎臆说，威福行乎笔端，斯乃作者之丑行，人伦所同疾也。

亦有事每凭虚，词多乌有：或假人之美，藉为私惠；或诬人之恶，持报己仇。若王沈《魏录》述贬甄之诏，陆机《晋史》虚张拒葛之锋，班固受金而始书，陈寿借米而方传。此又记言之奸贼，载笔之凶人，虽肆诸市朝，投畀豺虎可也。

“王隐、虞预，毁辱相凌”一事，见《晋书·王隐传》。晋元帝以王隐为著作郎，命撰晋史。当时，虞预正私撰《晋书》。虞预由于生长在东南地区，对中原地区的事了解不多，就屡次访问王隐，借他所写的史稿来看并加以剽窃。后来因为嫉恨王隐，又交结权贵，共为朋党，以排斥王隐。最后，因受虞预诽谤，王隐被免官。

“子野、休文，释纷相谢”一事，南朝齐永明末，沈约撰《宋书》，其书称：“（裴）松之已后无闻焉。”[1] 裴松之曾孙裴子野非常生气，认为这种说法是对裴氏家族的蔑视与侮辱。裴子野撰著《宋略》二十卷，在叙述沈约的父亲沈璞时，就说沈璞被杀，是因为站在弑杀其父宋文帝刘义隆的废太子刘劭与始兴王刘濬一方，而不从宋孝武帝刘骏义师。沈约听说后，立即徒跣登门向裴子野谢罪，请求双方消除矛盾。事见《南史·裴子野传》。今本沈约《宋书·裴松之传》末，确无“已后无闻”之语。裴子野《宋略》已佚，其记沈璞事无考。今《南史》卷五十七《沈约传》记述其父沈璞事，则

1 〔唐〕李延寿：《南史》卷 33，中华书局 1975 年版，第 866 页。

闪烁其词，言“元凶弑立，璞以奉迎之晚见杀”[1]。

“王沈《魏录》”一事，王沈撰《魏书》，全书早佚。裴松之《三国志注》时引其文。“滥述贬甄之诏”已无可考。“甄”指何人，有二说：一说指甄后。本为袁绍子袁熙妻。袁绍被灭后，甄氏因姿貌绝伦，为曹丕所纳，初有宠。后因郭皇后谗言谮害，黄初二年，被魏文帝赐死。明郭孔延《史通评释》卷七云：“（王）沈不忠于魏，故甄后之贬，滥述其事，彰曹丑也。”[2]一说“甄”指鄄城侯曹植。近人彭仲铎《史通增释》云：“甄、鄄，古字通。谓鄄城侯植也。”[3]陈寿《三国志》云：“有司请治罪，帝以太后故，贬（曹植）爵安乡侯。其年，改封鄄城侯。”[4]今考裴松之《三国志注》所引王沈《魏书》所载诏书残文，措辞似并无“滥述”之处。就现存文献来推断，似以“甄后”说，更为合理。

“陆机《晋史》”一事，陆机《晋纪》，书已佚，其“虚张司马懿之锋”，事不可考。郭孔延《史通评释》云：“陆机既降于晋，故诸葛之拒，虚张其锋，美（司马）懿功也。”[5]拒葛之锋，指司马懿抵御诸葛亮进攻事。考唐修《晋书》，对司马懿亦颇虚张。

“班固受金”一事，并无史实佐证。但早在南北朝时期，就有班固著《汉书》时有收受贿赂行为的传说。唐令狐德棻《周书·柳虬传》：“虬以史官密书善恶，未足劝惩，乃上书曰：‘著述之人，

---

1 〔唐〕李延寿：《南史》，中华书局 1975 年版，第 1410 页。

2 〔明〕郭孔延：《史通评释》，上海古籍出版社 2006 年版，第 93 页。

3 〔唐〕刘知幾撰，〔清〕浦起龙释，王煦华整理：《史通通释》，上海古籍出版社 2009 年版，第 700 页。

4 〔西晋〕陈寿：《三国志》，中华书局 2006 年版，第 338 页。

5 〔明〕郭孔延：《史通评释》，上海古籍出版社 2006 年版，第 93 页。

密书其事，纵能直笔，人莫之知。物生横议，亦自异端互起。故班固致受金之名，陈寿有求米之论。’”[1]

“陈寿借米”一事亦见《晋书·陈寿传》：“或云‘丁廙、丁仪有盛名于魏，陈寿谓其子曰，可觅千斛米见与，当与尊公作佳传。’丁不与之，竟不为立传。”[2]此传说后人基本无信之者，且多人已辨其诬。可参看王鸣盛《十七史商榷》卷三十九。

刘知幾认为，这些人舞弄文墨，遮盖过失，掩饰错误，对史实的取舍出于主观猜测之说，惩罚和褒奖全由自己的笔头执行，这是作者的丑恶行为，为人们所共同憎恨。也有常常是事情出于凭空，言词多属虚无：或是虚假地写别人的好处，借以作为给人的私人恩惠；或是诬陷地写别人的坏处，用以报复对人的个人仇恨。这就是记载历史的奸贼，撰著史书的凶人，即使把他们放在大庭广众中示众，把他们扔给豺虎吃了也不算过分。

这些修史者的“曲笔”撰史的行为，或真或假，或真假难辨，也许永远也不可能有准确的答案。但是，刘知幾对他们的做法，极为愤慨，几乎失态。刘知幾的态度，对后世的影响是非常大的。这在明清学者胡应麟、纪昀那里，就可以看得出来。

二、刘知幾《史通》对胡应麟、纪昀的影响

“史才三长”说，是唐代著名史学理论家刘知幾提出的著名史学观点。所谓“史才三长”，包括：史才、史学、史识。“史才”，是指写史的能力。“史学”是指具有渊博的历史知识，掌握丰富的

1 〔唐〕令狐德棻：《周书》卷38，中华书局1971年版，第681页。

2 〔唐〕房玄龄：《晋书》卷82，中华书局1974年版，第2137页。

历史资料。“史识”是指对历史是非曲直的观察、鉴别和判断能力。他认为，作为史官，三者不可缺一。据《旧唐书 · 刘子玄传》：

子玄掌知国史，首尾二十余年，多所撰述，甚为当时所称。礼部尚书郑惟忠尝问子玄曰：“自古已来，文士多而史才少，何也?”对曰：“史才须有三长，世无其人，故史才少也。三长：谓才也，学也，识也。夫有学而无才，亦犹有良田百顷，黄金满籯，而使愚者营生，终不能致于货殖者矣。如有才而无学，亦犹思兼匠石，巧若公输，而家无楩楠斧斤，终不果成其宫室者矣。犹须好是正直，善恶必书，使骄主贼臣，所以知惧。此则为虎傅翼，善无可知，所向无敌者矣。脱苟非其才，不可叨居史任。自敻古已来，能应斯目者，罕见其人。”时人以为知言。[1]

刘知幾第一次提出了史学家必须具备史才、史学、史识“三长”之说即被时人称为笃论，对后世也有很大影响。

胡应麟一方面继承了刘知幾的说法，同时又在刘知幾的已有认知上，进一步作了自己的发挥，提出“三长”兼“二善”的观点。见《少室山房笔丛》卷十三《史书占毕一》：

才、学、识三长足尽史乎？未也。有公心焉、直笔焉，五者兼之，仲尼是也。董狐、南史制作亡征，维公与直庶几尽矣。秦汉而下，三长不乏，二善靡闻。左、马恢恢，差无异说；班书、

1 〔五代后晋〕刘昫：《旧唐书》卷 102，中华书局 1975 年版，第 3173 页。

> 陈志，金粟交关；沈传、裴略，家门互易。史乎，史乎！[1]

从上面可以看出，无论是刘知幾的“直书”、“曲笔”，还是胡应麟的“公心”、“直笔”，它们的本质是相通的，甚至可以说是相同的。“公心”就是不能“曲笔”；或者说是有原则的“曲笔”，不能毫无原则的“曲笔”。这也是刘知幾的要求。同时，“直笔”和“直书”，实际上是大致相同的。何谓“公心”、“直笔”，胡应麟接着说：

> 直则公，公则直，胡以别也，而或有不尽符焉。张汤、杜周之酷，附见他传，公矣，而笔不能无曲也。裴松（之）、沈璞之文，相讦一时，直矣，而心不能无私也。夫直有未尽，则心虽公犹私也；公有未尽，则笔虽直犹曲也。[2]

“公心”即公正之心，“直笔”，即“直笔实录”，正如胡应麟说的：“直则公，公则直。”“公”，是主观的想法，“直”，是客观的展示。二者实际是相辅相成、合二为一的。

刘知幾提出了“史家三长”之说。而胡应麟又补充了“公心”、“直笔”的“二善”之说。而胡应麟所说的这段内容，如“班书、陈志，金粟交关；沈传、裴略，家门互易”等等，恰恰可以对应甚至是模仿简化了本节前面所提及的《史通·曲笔》的相关内容。

刘知幾对沈约等人所谓“牛继马后”的批评，对胡应麟影响很

1 〔明〕胡应麟：《少室山房笔丛》，上海书店出版社 2009 年版，第 128 页。

2 同上。

大。胡应麟甚至梦到“牛继马后”的考试题目。胡应麟中举人后，就再也没有考上进士。心中极为愤懑。在其《甲乙剩言》“天上主司”条，提到乙未年参加春试，开考之前，他梦到了题目为“晋元帝恭默思道”七字，进考场后竟然发现试题是“司马牛问仁章”，“始悟所谓晋元帝者，晋姓司马，元帝是牛金所生，以二姓合为司马牛也”。胡应麟梦到题目，但是并没有考中。最后他不无悲愤地指出：“天上主司且不识字，何尤于浊世司衡者乎！”[1]

不能“诬”，也就是所谓的秉持“公心”、“直笔”实录。这是刘知幾对史家及史著的最基本要求。胡应麟把刘知幾的这一观念，应用到了对笔记文学的要求上。

在刘知幾《史通》的影响与启发下，胡应麟对笔记文学作品的不足之处，也有自己的思考。胡应麟反复提到《周秦行纪》和魏泰的《东轩笔录》、《碧云騢》。并对之提出了批评。据《少室山房笔丛·九流绪论下》：

> 私怀不逞，假手铅椠。如《周秦行纪》、《东轩笔录》之类同于武夫之刃、谗人之舌者，此大弊也，然天下万世公论具在，亦亡益焉。[2]

胡应麟提到了两部文学作品，一个是《周秦行纪》，一个是《东轩笔录》。这两部作品，有一个共同的特点，即借小说来诬陷攻击他

1 〔明〕胡应麟《甲乙剩言》，见《明人百家短篇小说》，北京图书出版社 1998 年版，第 429 页。

2 〔明〕胡应麟：《少室山房笔丛》，上海书店出版社 2009 年版，第 283 页。

人。而这种做法，是胡应麟所极力反对的。

《周秦行纪》，旧题牛僧孺撰。故事以僧孺自述口吻，写其迷途奇遇。德宗贞元年间，牛氏举进士落第，经洛阳将归宛、叶，夜入汉文帝母薄太后庙。薄后亡灵设宴款待牛僧孺，并召来杨贵妃等美人陪侍。席间薄太后询问谁为当今皇帝，牛僧孺以德宗对。因德宗为代宗沈后之子，故杨贵妃戏称他为“沈婆儿”[1]。

以虚构写艳遇，唐人小说并不罕见，如张鷟的《游仙窟》等。但极少见有涉及当朝妃子，且对当时皇帝，有不敬之词者。故《周秦行纪》，颇为与众不同。当时，牛僧孺政敌李德裕，因此篇而作《周秦行纪论》，攻击僧孺：“以身与帝王后妃冥遇，欲证其身非人臣相也，将有意于‘狂颠’。及至戏德宗为‘沈婆儿’，以代宗皇后为‘沈婆’，令人骨战，可谓无礼于其君甚矣！”[2]

《周秦行纪》，作品情节较为简单，于人物刻画少有着墨，究其写作意图，概与中晚唐统治集团内部朋党斗争有关。唐大历年间，有刘轲《牛羊日历》亦引用《周秦行纪》以诋毁牛僧孺。言牛氏“作《周秦行纪》呼德宗为‘沈婆儿’，谓睿真皇太后为‘沈婆’，此乃无君甚矣”！[3]宋代，张洎《贾氏谈录》、晁公武《郡斋读书志》记载，北宋初贾黄中以为《周秦行纪》实非牛僧孺作，乃是李德裕门人韦瓘所撰，以此诬僧孺。[4]胡应麟也持类似的观点。见《少室山房笔丛·四部正讹下》：

1　鲁迅：《唐宋传奇集全译》，贵州人民出版社 2009 年版，第 192 页。

2　〔清〕董诰：《全唐文》卷 710，中华书局 1983 年版，第 7290 页。

3　〔清〕缪荃孙：《藕香零拾》，中华书局 1999 年版，第 105 页。

4　岑仲勉：《隋唐史》卷下四十五节注解二十八。

《周秦行纪》，李德裕门人伪撰以构牛奇章者也。中有“沉（按：应为“沈”）婆儿作天子”等语，所为根蒂者不浅。独怪思黯，罹此巨谤。不亟自明，何也？牛李二党，曲直大都鲁卫间。

牛撰《玄怪》等录，亡只词构李，李之徒顾作此以危之。於戏！二子者用心可睹矣！牛迄功名终而子孙累叶贵盛，李挟高世之才、振代之绩，卒沦海岛，非忌克奇害之报耶！因是书播告夫世之工谮愬者（周秦行纪韦瓘撰）。[1]

胡应麟批评《周秦行纪》背后的指使人李德裕“挟高世之才、振代之绩，卒沦海岛，非忌克奇害之报耶”！可知，胡应麟极为反对这部作品。

再看魏泰及其《东轩笔录》。魏泰，北宋士人。宋史无传。《郡斋读书志》称魏泰：“为人无行而有口，颇为乡里患苦。元祐中，纪其少时公卿间所闻，成此编（按：即《东轩笔录》），其所是非多不可信。心喜章惇，数称其长。则大概已可见，又多妄诞。”[2]《东轩笔录》一书，成于元祐九年，为魏泰早年之作。《东轩笔录》为笔记体，记钱惟演、欧阳修、王禹偁、苏舜钦、范仲淹、王安石诸人遗事较多，党见甚深，屡有失实。《郡斋读书志》、《宋史·艺文志》、《四库全书》皆著录《东轩笔录》于子部小说家类。《四库全书总目》云：“是书，宋人无不诋諆之。而流传至今，则以其书自

1 〔明〕胡应麟：《少室山房笔丛》，上海书店出版社 2009 年版，第 320 页。

2 〔南宋〕晁公武撰，孙猛校证：《郡斋读书志校证》卷 13，上海古籍出版社 2011 年版，第 587 页。

报复恩怨以外，所记杂事亦多可采录也。”[1]

又，魏泰曾借梅尧臣之名作《碧云騢》。据宋张邦基《墨庄漫录》卷二：

> （魏泰）有一书，讥评巨公伟人阙失，目曰《碧云騢》。取庄献明肃太后垂帘时，西域贡名马，颈有旋毛，文如碧云，以是不得入御闲之意。嫁其名曰都官员外郎梅尧臣撰。[2]

对《碧云騢》一书，胡应麟《少室山房笔丛·四部正讹下》评点到：

> 唐人作伪书而其名隐，宋人作伪书而其名彰。然无益于伪，则一也。宋人好作伪经者阮逸，伪子者宋咸，伪说者惠洪诸人，皆无害于名教，世犹以伪訾之。而以泰之颠倒白黑，而《碧云騢》迄今传，何也？[3]

胡应麟直斥《碧云騢》乃“颠倒白黑”。对该书，颇为不满。《碧云騢》辑本，今见明刊一百二十卷本《说郛》。《碧云騢》一书提到数名北宋名臣，多攻击、污蔑之词。如对范仲淹、张观、梁适等人的描述，和国史中的记载，有很大不同。

范仲淹，字希文。《宋史》卷三百一十四有传。政绩卓著，文

---

1 〔清〕永瑢：《四库全书总目》卷140，中华书局1965年版，第1193页。
2 上海古籍出版社编：《宋元笔记小说大观》，上海古籍出版社2007年版，第4657页。
3 〔明〕胡应麟：《少室山房笔丛》，上海书店出版社2009年版，第320页。

学成就突出。是北宋杰出的思想家、政治家、文学家。然而，由于个人偏见以及新旧党争等原因，《碧云騢》说到范仲淹，则极尽诋毁诽谤之能事：

> 范仲淹妆群小，鼓扇声势，又笼有名者为羽翼，故虚誉日驰，而至参知政事。上自即位，视群臣多矣，知仲淹无所有，厌之。而密试以策，观其所蕴，策进，果无所有。上笑曰："老生常谈耳。"因喻令求出，遂为河东陕西宣抚使，因不复用，后为邓、青、杭三州，专务燕游，其政大可笑。自谓已作执政，又知上厌之，不复妆群小，笼名士，故底里尽露也。
>
> 仲淹微时甚贫，常结中吏人范仲尹为族弟。仲淹及第时，姓朱名说，自朱改范姓，遂与仲尹连名。及为谏官，攻吕许公而得罪，仲尹亦遭逐。仲尹自中书录事出，合为供奉，许公怒仲尹刺探事令仲淹知，故只与三班借职，自此家破。曩大有赀蓄，已为仲淹取给尽矣。仲尹贫，范仲淹略不抚其家。[1]

事实上，范仲淹倡导的"先天下之忧而忧，后天下之乐而乐"等思想，对后世仁人志士影响深远。绝非《碧云騢》所说的是一个沽名钓誉、无德无才、欺世盗名、背恩弃义的小人。

张观，亦是北宋名臣。《宋史》卷二百九十二有传。绛州绛县（今山西绛县）人，字思正。生卒年不详。宋真宗大中祥符七年（1014）甲寅科状元。张观年少时，即以严谨好学闻名乡里。中状

1 〔明〕陶宗仪：《说郛三种》卷 38，上海古籍出版社 2012 年版，第 1751 页。

元后，授将作监丞、通判解州。后任参知政事等。《碧云騢》则说张观：

> 参知政事张观尝知开封府，府有犯夜巡者，捕致之，观据案讯之，曰："有证见乎?"巡者曰："若有证见，亦是犯夜。"左右无不大笑，于是京师知其谬，时赴上才五日，朝廷知之，亟罢。观落知制诰守杭州，杭州苦其谬政，曰："舍人文字，似政事者也。"[1]

仁宗即位，迁太常丞，为三司度支判官、知制诰，出知杭州。还朝后，进为翰林学士、知审官院，累迁左司郎中，以给事中权御史中丞。时遇灾异，仁宗诏求直言，张观上疏道："承平日久，政宽法慢，用度渐侈，风俗渐薄。"[2] 条陈"知人"、"严禁"、"尚贤"、"节用"四事。张观为一代名臣，并不是《东轩笔录》中所描写的那样，昏庸无能，徒为他人添笑柄。

梁适，字仲贤，山东东平人。《宋史》卷二百八十五有传。其父梁颢为翰林大学士，以父荫为官。虽然"状元父子"双双早逝，仲贤却带领家族走向繁盛。《碧云騢》提到梁适，则诬陷说：

> 梁适始与苏绅有奸邪之迹，时号"草头木脚"，隐语其姓也。既同附中官，得秉政，豪视朝士，自三司使扬察而下皆受其谩骂，而货赂公行，甚于李林甫，除改轻重欺昧，又过之。[3]

1 〔明〕陶宗仪:《说郛三种》卷 38，上海古籍出版社 2012 年版，第 1752 页。
2 〔元〕脱脱:《宋史》卷 292，中华书局 1985 年版，第 9765 页。
3 〔明〕陶宗仪:《说郛三种》卷 38，上海古籍出版社 2012 年版，第 1752 页。

梁适父子，号称“忠孝三梁”（梁颢、梁固、梁适），可与“文情三苏”（苏洵、苏轼、苏辙）比肩。《碧云騢》亦污蔑其为奸邪之辈，甚至不如唐代玄宗朝时的奸相李林甫。

由上面可以看出，胡应麟反对《周秦行纪》、《东轩笔录》、《碧云騢》，这是和他提出的史家“二善”（“公心”、“直笔”），相一致的。有“公心”、“直笔”，就不能诬陷、污蔑他人。如“颠倒黑白”的《碧云騢》，胡应麟是非常反对。就像刘知幾《史通·曲笔》等篇坚决反对沈约、魏收等人在《宋书》、《晋书》中的做法一样。

再来看下胡应麟本人的文言笔记创作实践。胡应麟有《甲乙剩言》传世。全书“现存二十九篇，篇幅皆不长。或记人物逸闻轶事，或述博物趣事，或考辨，内容较为驳杂，带有明显步武六朝笔记文学的痕迹”，绝无唐宋笔记个别作品中颠倒黑白、诬陷攻击的陋习。

胡应麟《甲乙剩言》，或写自身，或以自己的眼光为视角出发。延续了欧阳修《归田录》以来笔记文学以描写个人日常生活为视角的发展趋势。欧阳修作为高级官僚，物质上极为富足，政治地位崇高，整体生活悠闲雍容。与欧阳修不同的是，胡应麟的作品更多地写出了封建社会下层文人的缩影与自身的写照。

胡应麟的相关论断，对于纪昀的影响，也是非常明显的。提到胡应麟的《少室山房笔丛》及其对《东轩笔录》、《碧云騢》的评论，纪昀《四库全书总目》“《少室山房笔丛》”条，对之既指正了个别的错误，又肯定了其价值所在：

《四部正讹》谓惮于自名者魏泰笔录，然《东轩笔录》，实泰自署名，其托名梅尧臣者乃《碧云騢》。

……

明自万历以后，心学横流，儒风大坏，不复以稽古为事。应麟独研索旧文，参校疑义，以成是编，虽利钝互陈，而可资考证者亦不少，朱彝尊称其不失读书种子，诚公论也。杨慎、陈耀文、焦竑诸家之后，录此一书，犹所谓差强人意者矣。[1]

对于胡应麟反对笔记文学“诬”的观点，纪昀既有继承又有发展。胡应麟《少室山房笔丛·四部正讹下》说：

泰之颠倒白黑，而《碧云騢》迄今传。[2]

胡应麟批评魏泰的作品是“颠倒黑白”。纪昀对胡应麟的观点是认同的。纪昀亦批评魏泰“颠倒是非”。乾隆癸丑七月二十五日，纪昀以观弈道人的道号，自题《阅微草堂笔记·姑妄听之一》之《序》曰：

大旨期不乖于风教，若怀挟恩怨，颠倒是非，如魏泰、陈善之所为，则自信无是矣。[3]

和胡应麟一样，纪昀也极为反对魏泰这种诋毁与诬陷他人的做法。

1 〔清〕永瑢：《四库全书总目》卷123，中华书局1965年版，第1064页。
2 〔明〕胡应麟：《少室山房笔丛》，上海书店出版社2009年版，第320页。
3 〔清〕纪昀：《阅微草堂笔记》，上海古籍出版社1980年版，第359页。

同时，纪昀又增加了对陈善的批评。

南宋陈善，著有《扪虱新话》笔记一部。成书后经由其弟子陈益整理，以抄本的形式流传，共二百则。后在张谏资助下，采用木刻本形式出版。卷数在宋代就有歧义，且版本复杂。在目录学著作里面归类不一。《宋史·艺文志》著录于子类小说类。《四库全书总目》存目著录于子部杂家类，称其书“考论经史诗文，兼及杂事，别类分门，颇为冗琐，诗论尤多舛驳，大旨以佛氏为正道，以王安石为宗主”[1]。

《四库全书总目》对《扪虱新话》一书多有指责。认为《扪虱新话》其书，对新党颇为支持，而反对旧党。于宋人诋欧阳修、杨时、陈东、欧阳澈，而诋苏洵、苏轼、苏辙等尤甚。于古人诋韩愈、孟子等。又谓江西马师在孔子之上。而周邦彦有谀颂蔡京之诗，如所谓“化行禹贡山川外，人在周公礼乐中”者，用歌颂天子之辞谀蔡京。对之，陈善却并无讥讽。故《四库全书总目》云：“观其书颠倒是非，毫无忌惮，必绍述余党之子孙，不得志而著书者。”[2]《扪虱新话》内容评时政诗文，述儒经佛道，介绍书画花卉等知识。今人多认为其书应为古代文言笔记。或言该书是一部“论诗及事”性质的诗话著作。所记条目较为零散细碎，内容多以记述诗事为主。从某些方面而言，撰者“陈善勘质群书，持论较公允，具有独立的学术精神和大胆的质疑态度”[3]。但同时，也不可否认，和魏泰《东轩笔录》等作品一样，因为党争等原因，对当时政见不同

1 〔清〕永瑢：《四库全书总目》卷 127，中华书局 1965 年版，第 1093 页。

2 同上。

3 《扪虱新话》“整理说明”，山东人民出版社 2018 年版，第 2 页。

之名臣名士的诗文、人品评价失当。

此外，道光十五年乙未春日，龙溪郑开僖为《阅微草堂笔记》作序云：

> 公自云："不颠是非如《碧云騢》，不挟恩怨如《周秦行纪》，不描摹才子佳人如《会真记》，不绘画横陈如《秘辛》，冀不见摈于君子。"[1]

纪昀言及魏泰、陈善两人及《碧云騢》、《周秦行纪》、《会真记》、《秘辛》四部作品。纪昀认为自己不同于魏泰及陈善，自己的作品也不同于《碧云騢》等四部作品，换言之，这些作者及其作品，都有纪昀看来不能让他满意的地方。

《碧云騢》和《周秦行纪》前文已有论述。这里不再赘述。主要来看下《会真记》和《秘辛》两部文学作品。《会真记》，又名《莺莺传》，唐朝著名诗人元稹著，创作于建贞元二十年左右。此篇原题为《传奇》，见曾慥《类说》卷二十八引《遗文记》，是唐人传奇中的著名篇章。此篇或有元稹本人的影子存在，但文中多虚构之语，应为文学作品看，而非传记。后世文人在其基础上，改编敷演为杂剧传奇者甚多，其中元王实甫《西厢记》最为著名。《会真记》中，张生对莺莺始乱终弃且颇有自得之辞，其格调着实不高，"文过饰非，遂堕恶趣"[2]。《秘辛》，即《汉杂事秘辛》，题为汉无名氏

---

1 〔清〕纪昀：《阅微草堂笔记》，上海古籍出版社 1980 年版，第 568 页。

2 鲁迅：《中国小说史略》"唐之传奇文"，商务印书馆 2011 年版，第 77 页。

撰，共一卷。见明刻120回本《说郛》。叙东汉建和年间，桓帝刘志选妃之事。用笔精丽，行文细腻。中有一段，写宫中女官保林吴姁审视梁商之女女莹者，对女莹的所谓“守礼谨严处女”[1]之身，刻画细致入微，文字颇为淫艳。

综上，胡应麟、纪昀对刘知幾及其《史通》的赞美甚至是效仿，不止于口头上，事实也是如此。胡应麟的一些史学观点，明显受刘知幾及其《史通》的影响。胡应麟对刘知幾的观点既有继承与又有发展。如刘知幾有著名的“史才三长”说。而胡应麟又补充了“二善”说。更要注意到的是，刘知幾的史学观点，如反对诬陷攻击别人，反对徇私舞弊的行为等观点，也影响到了胡应麟、纪昀等的史学观，进而影响到了他们的文学观。此外，刘知幾的一些观点，如反对描写淫乱宫闱的内容等，在胡应麟那里虽然没有回应，却直接影响到了纪昀。这一点，从纪昀对《会真记》、《秘辛》等作品的态度可以看出。

第三节　对笔记小说“体例”的重视

在作品形式方面，刘知幾对纪昀的影响，主要是对于体例的重视。要求“体例谨严”。“体”，指文章或书法的样式、风格；事物的格局、规矩。“例”，是指用来说明情况或可作依据的规则。“体例”合称，则是指著作的编写格式，文章的组织形式等。较早见于《宋书·傅隆传》：“汉兴，始征召故老，搜集残文，其体例纰缪，

1 〔明〕陶宗仪：《说郛三种》卷110，上海古籍出版社2012年版，第5067页。

首尾脱落，难可详论。”[1]刘知幾有明确的体例意识，并对清代笔记小说家如纪昀等，产生了较大影响。

一、史要有“例”与“史例破而入小说”

刘知幾《史通》认为“史”要有“例”，“史之有例，犹国之有法”。史无例，则是非莫准。刘知幾对史学的体例是非常重视的。在史学方面，如何树立体例的标杆，如何在体例上，来区别正史与小说，都是《史通》所关注的重要内容。

刘知幾认为史书有体例，如同国家有法律。国家没有法律，上下就没有依据；史书没有体例，是非就没有标准。据《史通·序例》：

> 夫史之有例，犹国之有法。国无法，则上下靡定；史无例，则是非莫准。昔夫子修经，始发凡例；左氏立传，显其区域。

刘知幾认为，从前孔夫子编修《春秋》，开始创立凡例，左丘明创作《左传》，标明它的范围。对之，纪昀点评到：

> 洞见症结之言！[2]

谈到《春秋》的体例，刘知幾《史通·模拟》又说：

---

1 〔南朝宋〕沈约：《宋书》卷55，中华书局1974年版，第1551页。

2 〔清〕纪昀：《史通削繁》，广文书局1979年版，第1页。

盖古者列国命官，卿与大夫有别。必于国史所记，则卿亦呼为大夫，此《春秋》之例也。

古代诸侯国任命官员，卿与大夫有区别。假如在国史中记载，则卿也可以称为大夫，这是《春秋》的体例。

刘知幾《史通·序例》提及班固的《汉书》时，甚至明确提出了一个“《王贡传》体”的概念。刘知幾《史通·序例》云：

迨华峤《后汉》，多同班氏。如《刘平》、《江革》等传，其《序》先言孝道，次述毛义养亲。此则《前汉》“《王贡传》体”。其篇以四皓为始也。峤言辞简质，叙致温雅，味其宗旨，亦孟坚之亚欤?

刘知幾认为，华峤《后汉书》，大多与班固《汉书》相同。如刘平、江革等人的传，序中先讲有关孝的道理，接着记述毛义奉养父亲的事。这是班固《前汉书·王贡传》的体例，篇中以四皓的事情作为开始。刘知幾指出，华峤的《后汉书》继承了《汉书》中的这一体式。华峤言辞简洁质朴，叙述表达温和雅致，体味他的思想，也算是班孟坚第二。

刘知幾认识到，在史著传记的具体写作过程中，“体”例不是一成不变的。根据不同的情况，也会有一定的变化和调整。他明确指出“传之为体，大抵相同，而著作多方，有时而异”。见《史通·列传》：

又传之为体，大抵相同，而著作多方，有时而异。如二人行事，首尾相随，则有一传兼书，包括令尽。若陈馀、张耳合体成篇，陈胜、吴广相参并录是也。

刘知幾认为，列传作为一种体例，大致相同；而编著者方法多样，时常有所不同。如果二人的行为事迹首尾相随，就可用一传兼写二人，把他们的事情全部包括进去。如陈馀、张耳合成一篇，陈胜、吴广交错并录就是。对之，纪昀点评到：

有此二例，方无复漏之弊！[1]

又，刘知幾《史通·断限》曰：

寻子长之列传也，其所编者，唯人而已矣。至于龟策异物，不类肖形，而辄与黔首同科，俱谓之传，不其怪乎？

纪昀《史通削繁》点评说：

此驳最允。[2]

纪昀对刘知幾的观点，有赞同，也有异议。相同的是，纪昀也明

1 〔清〕纪昀：《史通削繁》，广文书局1979年版，第1页。
2 同上书，第34页。

确提出，“史不可无例”的观点。这明显是继承了刘知幾的论断。二者不同的是，刘知幾《史通·惑经》诸篇，对《春秋》等书的体例问题，提出了诸多批评，指责其体例无准，甚至有“十二未谕”。纪昀出于为儒家经部著作辩护的目的，而主张不可以“例”来说经。

具体来看，纪昀的体例说，对经史子各部，都有涉及。并且针对具体对象，又有着不同的要求。纪昀认为，说经不可有例，而撰史不可无例。据纪昀《史通削繁自序》：

> 史之有例，其必与史俱兴矣。沮诵以来，荒远莫考。简策记载之法，惟散见于《左氏书》，说者以为周公之典也。马班而降，体益变，文益繁，例亦益增。其间，得失是非，遂递相掎摭而不已。刘子元激于时论，发愤著书，于是乎，《史通》作焉。
>
> 夫《春秋》之义，以例而隐，先儒论之详矣。前有千古，后有万年，事变靡穷，纪载异致。乃一一设例以限之。不已隘乎？
>
> 然圣人之笔削，如化工之肖物，执方隅之见以窥之目，愈穿凿而愈晦蚀。文士之纪录，则如匠氏之制器，无规矩准绳以絜之，淫巧偭错，势将百出而不止，故说经不可有例，而撰史不可无例。[1]

我们还要指出的是，纪昀小说作品要重视体例之观点的提出，是出于与史著体例相区分的需要。纪昀等编撰《四库全书总目》论《大

1 〔清〕纪昀：《史通削繁》，广文书局 1979 年版，第 1 页。

唐新语》曰：

其中谐谑一门，繁芜猥琐，未免自秽其书，有乖史家之体例，今退置小说家类，庶协其实。[1]

又《穆天子传》提要：

《穆天子传》旧皆人起居注类，徒以编年纪月，叙述西游之事，体近乎起居注耳。实则恍惚无征，又非《逸周书》之比，以为古书而存之可也，以为信史而录之，则史体杂，史例破矣。今退置于小说家，义求其当，无庸以变古为嫌也。[2]

纪昀在编撰《四库全书》时，在史著的整理过程中，认识到了史著体例的重要性。而同时，又引发了他对小说体例的思考。

谈及小说的体例问题，纪昀弟子盛时彦的观点是值得注意的。盛时彦《阅微草堂笔记·姑妄言之》“跋”曾指出：

故不明著书之理者，虽诂经评史，不杂则陋；明著书之理者，虽稗官脞记，亦具有体例。[3]

盛时彦说，不懂得著作撰写道理的人，就算只是解释评论经史典

1 〔清〕永瑢：《四库全书总目》卷140，中华书局1965年版，第1183页。
2 〔清〕永瑢：《四库全书总目》卷142，中华书局1965年版，第1205页。
3 〔清〕纪昀：《阅微草堂笔记》，上海古籍出版社1980年版，第472页。

籍，也会杂乱粗陋；懂得著作撰写道理的人，就算只是写稗官野史或是杂谈议论，也会很有条理章法。盛时彦作为纪昀的弟子，他的这段话其实就是纪昀小说体例相关认识的补充或者是再现。即“史例破而入小说”，同时小说作品“亦有体例”。这一点，还可以结合纪昀对蒲松龄《聊斋志异》的批评来看。

二、史体、文体不能杂糅与“一书不能兼二体”

刘知幾认为，从事史书的撰述，必须借助于文辞。自《五经》以后，到三史之前，运用文辞叙事，是值得一谈的。但是，随着时间的推移，出现了文史杂糅的趋势。刘知幾强调，史体和文体是有区别的。《史通·叙事》载：

> 昔夫子有云：“文胜质则史。”故知史之为务，必藉于文。自《五经》已降，《三史》而往，以文叙事，可得言焉。
>
> 而今之所作，有异于是。其立言也，或虚加练饰，轻事雕彩；或体兼赋颂，词类俳优。文非文，史非史，譬夫龟兹造室，杂以汉仪，而刻鹄不成，反类于鹜者也。

谈到史体和文体二者的关系时，刘知幾引用了孔子的话，承认文与史，是有联系的。但是，刘知幾也认识到，唐初当时的著述，与孔子时代不同。这些书中的文字有的不切实际地加以修饰，十分随便地进行刻划描绘。有的文体如同赋颂，用词类似俳优。文学不像文学，历史不像历史。就像乌孙王营造宫室，夹杂着汉族式样，结果好比雕刻天鹅不成功，反而像野鸭了。对文史杂糅的创作倾向，提出了严正的批评。

对于刘知幾的这一观点，纪昀《史通削繁》评曰：

> 其言深切而著明，可以贬俗。[1]

刘知幾论及沈约的《谢灵运传论》，认为是文论，而不是史著。《史通·杂说下》云：

> 沈侯《谢灵运传论》，全说文体，备言音律，此正可为《翰林》之补亡，《流别》之总说耳。如次诸史传，实为乖越。陆士衡有云："离之则双美，合之则两伤。"信矣哉！

刘知幾认为，沈约的《谢灵运传论》，谈论的全是文章的体裁、诗歌的音律等问题。这样的内容可以补充李充《翰林论》，总括挚虞《文章流别集》。但是作为人物传末的评论，实在是背离了史传的做法。

文史不能杂糅，这一点，还体现在具体的人物语言上。刘知幾认为，文学用语和史学用语是不同的，如果在史著中把人物口语改写成文学语言的话，就会混淆文史。《史通·杂说下》曰：

> 昔魏史称朱异有口才，挚虞有笔才，故知喉舌翰墨，其辞本异。而近世作者，撰彼口语，同诸笔文。斯皆以元瑜、孔璋之

1 〔清〕纪昀：《史通削繁》，广文书局1979年版，第69页。

才，而处丘明、子长之任。文之与史，何相乱之甚乎？

魏史说朱异有雄辩的口才，挚虞有写文章的才能，由此可见，口语和书面语，在语言词汇上是不相同的。但是，近世的史著作者，所写人物的口语，却同书面语相同了，这种做法使得文学和历史相互混乱在一起。

刘知幾还最早注意到史传与自叙传的差别。《史通·杂说上》言：

司马迁之《叙传》也……事无巨细，莫不备陈，可谓审矣。而竟不书其字者，岂墨生所谓大意者乎？而班固仍其本传，了无损益，此又韩子所以致守株之说也。如固之为《迁传》也，其初宜云“迁字子长，冯翊阳夏人，其序曰”云云，至于事终，则言“其自叙如此”。著述之体，不当如是耶？

刘知幾的这段话涉及史传与自叙传的问题，刘知幾指出两者是有区别的。“自叙传”与史传不能混为一谈，史传引用自叙传应当有所损益。同时，应交待引用的起止，并形成一种史书书写惯例。相对于史传来说，自叙传可能更为琐碎，刘知幾说：

《汉书·东方朔传》委琐烦碎，不类诸篇。且不述其亡殁岁时，及子孙继嗣，正与《司马相如》、《司马迁》、《扬雄传》相类。寻其传体，必曼倩之自叙也。但班氏脱略，故世莫之知。(《史通·杂说上》)

他认为《汉书·东方朔传》之所以委琐烦碎，是班固直接转录了东方朔的《自叙》而未加损益所致。这表明刘知幾对自叙传和史传两种文体之异同有着较强的敏感性。

与刘知幾的观念相同，纪昀有着非常清晰的体例观念，或者说纪昀的体例观念是与刘知幾一脉相承的。在某些方面，甚至可以说进一步发展了刘知幾的体例说。

刘知幾的观点，似乎启发了纪昀“一书不能兼二体”的观点。纪昀明确提出，他反对“一书而兼二体”的《聊斋志异》。纪昀反对的不是“兼二体”的“兼”字，而是“二体”中的“体”字。具体点来说，纪昀反对的是“二体”中的“传奇体”。进而反对兼“志怪体”和“传奇体”的《聊斋志异》。但是，纪昀又不反对志怪志人之类体兼“子”、“史”的做法。纪昀观点的背后，有着刘知幾的影子存在。纪昀的观点，有多层看似矛盾却又合理的意思在里面。有必要再细细分析一下。

纪昀的门人盛时彦在《阅微草堂笔记·姑妄听之》“跋”中，记有纪昀批评《聊斋志异》的话：

> 先生尝曰：“《聊斋志异》盛行一时，然才子之笔，非著书者之笔也。虞初以下，干宝以上，古书多佚矣。其可见完帙者，刘敬叔《异苑》、陶潜《续搜神记》，小说类也；《飞燕外传》、《会真记》，传记类也。《太平广记》，事以类聚，故可并收。今一书而兼二体，所未解也。”[1]

1 〔清〕纪昀：《阅微草堂笔记》，上海古籍出版社 1980 年版，第 472 页。

纪昀认为,《聊斋志异》盛行一时，但这是才子的文笔，不是著书立说的人写的东西。纪昀把记人记事的文学作品，分成两大类，一是“小说类”，一是“传记类”。虞初《虞初新志》、干宝《搜神记》之类古代小说以及刘敬叔《异苑》、陶潜《续搜神记》等，都是小说类。伶玄《飞燕外传》、元稹《会真记》之类的作品，属于传记类。《太平广记》是大型类书，将收录的故事按类汇总，所以可以一起收录。但是现在《聊斋志异》一本书却兼有两种体裁，纪昀认为，难以理解蒲松龄的这一做法。

纪昀对《聊斋志异》的非议，乃是他对唐以来“传记体”作品之反对态度的延伸，这是纪昀观点背后的深层次原因。而对“传记体”反对的原因，是对其叙事过于铺叙的不满。纪昀认为“叙事”应尚简，这和刘知幾的观点是相同的。为了论证与理解的方便，我们以时间的先后为序，从刘知幾的“叙事尚简说”开始讨论。

刘知幾《史通·鉴识》云：

夫史之叙事也，当辩而不华，质而不俚，其文直，其事核，若斯而已可也。

刘知幾认为，史书的叙事，应当明辨而不浮华，质朴而不俚俗，它的文辞正直，它的事情确实，只要这样也就可以了。

刘知幾对叙事“简要”极为推崇,《史通·叙事》认为：

夫国史之美者，以叙事为工，而叙事为工者，以简要为主。简中时义大矣哉！

《史通・叙事》又说道：

> 盖饵巨鱼者，垂其千钧，而得之在于一筌；捕高鸟，张其万罝，而获之由于一目。夫叙事者，或虚益散辞，广加闲说，必取其所要，不过一言一句耳。苟能同夫猎者、渔者，既执而罝钓必收，其所留者唯一筌一目而已，则庶几胼胝尽去，而尘垢都捐，华逝而实存，滓去而渖在矣。嗟乎！能损之又损，而玄之又玄，轮扁所不能语斤，伊挚所不能言鼎也。

刘知幾认为，钓鱼之人，垂下千条钓丝，得到鱼的只是在于一筌；捕飞鸟的人，张开万张罗网，得到鸟的只在于一个网眼。所以，叙事的人，有时徒然扩充闲散言词，广泛增加无关说法，然而其中的关键之处，不过一言一句罢了。如果能与打猎捕鱼的人一样，捕到鱼鸟后就收起所有的钓丝网罗，所留下来的，只有一筌一眼而已，这样或许可以做到全都去掉多出来的厚皮老茧，完全清除所谓的灰尘污垢，花落而果实在，渣去而汁水存。轮扁没办法说出用斧子的巧妙之处，伊挚没办法说出汤锅中滋味的变化无穷。刘知幾主张“损之又损”，认为精简了再精简，才能做到叙事的“玄之又玄”。

对之，纪昀《史通削繁》认为：

> 此则陆机片言居要，刘勰寸枢转关，寸辖制轴之说。峅圃先生以一筌一木不可以得鱼鸟讥之，未免吹求。如顾恺之称四体妍媸无关妙处，岂真不画四体而但点二目哉！[1]

1 〔清〕纪昀：《史通削繁》，广文书局 1979 年版，第 66 页。

纪昀认为，笔记小说对所闻所见的事件人物的描述，就属于“叙事”一类，叙事要简。他说：

> 小说既述见闻，即属叙事，不比戏场关目，随意装点。伶玄之传，得诸樊娆，故猥琐具详；元稹之记，出于自述，故约略梗概。杨升庵伪撰《秘辛》，尚知此意，升庵多见古书故也。今燕昵之词，媟狎之态，细微曲折，摹绘如生。使出自言，似无此理；使出作者代言，则何从而闻见之？又所未解也。[1]

纪昀认为，小说是记录奇闻轶事的，属于纪实叙事的，不比戏曲中的对白情节，可以随心所欲的修饰编撰。伶玄《赵飞燕外传》，根据樊娆讲的故事，所以庸俗猥琐的事情都写上了。元稹《莺莺传》，是对自身经历的描写，所以有些许的省略。杨升庵编造《秘辛》，尚且知道要实事求是，所以升庵的书中经常出现典故。但是，《聊斋志异》中的那些“燕昵之词、媟狎之态，细微曲折，摹绘如生”的内容，如果是自己的经历，似乎没这个道理，如果是代言别人的经历，那么又是从哪里看来的呢？纪昀认为，这是难以理解的。纪昀认为，“小说”叙事不可随意装点，妄加修饰。纪昀创作的《阅微草堂笔记》，质朴简淡，在海内外享有盛誉。

纪昀反对蒲松龄《聊斋志异》一书而兼“传奇”、“志怪”二体的做法，认为“传奇”和“志怪”二体是不能相容的。纪昀和

1 出自盛时彦《姑妄言之》的“跋”。见〔清〕纪昀《阅微草堂笔记》，上海古籍出版社1980年版，第472页。

蒲松龄的冲突，其实质是对“小说”作品，应该“简”，还是应该“详”，这两种不同观念的冲突。纪昀认为，《聊斋志异》把“既述见闻”的叙事之“简”与“戏场关目，随意装点”之“详”相混淆。这种以“才子之笔”来叙事的做法，是纪昀不能接受的。对之，鲁迅《中国小说史略》第二十二篇《清之拟晋唐小说及其支流》认为：

> 《聊斋志异》风行逾百年，摹仿赞颂者众。顾至纪昀，而有微辞……盖即訾其有唐人传奇之详，又杂以六朝志怪者之简，既非自叙之文，而尽描写之致而已。[1]

鲁迅的这一看法无疑是切中要害的。

我们从另外一个角度来看，纪昀可能并不反对体兼“子”、“史”的做法。据《姑妄听之·序》：

> 惟时拈纸墨，追录旧闻，姑以消遣岁月而已。故已成《滦阳消夏录》等三书，复有此集。缅昔作者，如王仲任、应仲远，引经据古，博辨宏通；陶渊明、刘敬叔、刘义庆，简谈数言，自然妙远。诚不敢妄拟前修。

纪昀的模仿对象，实际上包括两类，一类是王充《论衡》、应劭《风俗通》等作品（这两部作品，也是刘知幾《史通》评价最高的

1　鲁迅：《中国小说史略》，上海古籍出版社1998年版，第150页。

著作）。另一类是陶渊明《搜神后记》、刘敬叔《异苑》、刘义庆《世说新语》诸作。前一类偏重于子，后一类更似杂史。纪昀表面上说的“不敢妄拟前修”，是自谦之词。这正说明，在《阅微草堂笔记》的创作中，他模拟的，正是或者至少是包括这两类作品。

关于《阅微草堂笔记》作品的定性问题，纪昀弟子的有关看法，我们也可以参考。纪昀弟子盛时彦有云：

> 时彦尝谓先生诸书，虽托诸小说，而义存劝戒，无一非典型之言，此天下所知也。至于辨析名理，妙极精微；引据古义，具有根柢，则学问见焉。叙述剪裁，贯穿映带，如云容水态，迥出天机，则文章亦见焉。读者或未必尽知也，第曰：“先生出其余技，以笔墨游戏耳。”[1]

盛时彦认为，《阅微草堂笔记》一书，虽然是以小说的形式，但是其主要目的是勉励告诫。句句经典，此为天下众所周知。纪昀该书，辨析名理，引经据典，有凭有据，精深微妙。这就显示出，在写作《阅微草堂笔记》一书时，纪昀拥有和运用的知识非常广泛。纪昀对事件的叙述和对材料的取舍安排，都颇具匠心，结构连贯，景物生动，行云流水，流畅自然，突出事物真谛，显示了深厚的著作功底。不知道的人，才以为纪昀只是用他的业余技能，用笔墨文字娱乐。

---

1 《阅微草堂笔记·姑妄言之》“跋”，见〔清〕纪昀《阅微草堂笔记》，上海古籍出版社1980年版，第472页。

谈到纪昀的《阅微草堂笔记》和其他的小说的区别时，盛时彦又说：

> 然则视先生之书去小说几何哉？夫著书必取熔经义，而后宗旨正；必参酌史裁，而后条理明；必博涉诸子百家，而后变化尽。譬大匠之造宫室，千楹广厦，与数椽小筑，其结构一也。[1]

盛时彦认为，纪昀的《阅微草堂笔记》和一般的笔记小说的差别，就在于融汇经、史、子于一体。具体来说，首先引经据典，这样之后才能有正确的主旨思想。其次，参考史事的裁断能力，这样才能条理明晰。最后，必须博览群书知晓诸子百家，这样才能考虑周全。谈到对《阅微草堂笔记》处理经史子与笔记小说之间关系的看法时，盛时彦说："譬大匠之造宫室，千楹广厦，与数椽小筑，其结构一也。"其意思就是说，《阅微草堂笔记》一书实际上也兼数体。

盛时彦《阅微草堂笔记·姑妄言之》"跋"记载了纪昀的一段话，也值得人深思。纪昀自云：

> 留仙之才，余诚莫逮其万一；惟此二事，则夏虫不免疑冰。刘舍人云："滔滔前世，既洗予闻；渺渺来修，谅尘彼观。"心知其意，傥有人乎？[2]

1 《阅微草堂笔记·姑妄言之》"跋"，见〔清〕纪昀《阅微草堂笔记》，上海古籍出版社 1980 年版，第 472 页。

2 〔清〕纪昀：《阅微草堂笔记》，上海古籍出版社 1980 年版，第 472 页。

“留仙”，是蒲松龄的字。“二事”，一是指的《聊斋志异》“一书而兼二体”，一是具体指其中的“传奇体”多铺叙虚构。纪昀说，蒲松龄的才华，我实在是比不上他万分之一；只不过对于这两个疑惑，夏虫不免疑冰。“刘舍人”指的刘勰。其《文心雕龙·序志》曾说：

> 茫茫往代，既沉予闻，眇眇来世，倘尘彼观也。[1]

刘勰认为，遥远的古代，已经使人们沉陷在见闻的知识之中，渺渺未来的世界，也许他的这本《文心雕龙》也会迷惑后人的眼睛吧。纪昀引用了刘舍人的所谓“滔滔前世，既洗予闻；渺渺来修，谅尘彼观”。这同样是感慨或者是担心，后世可能无人能够理解他的深意。希望上述我们对纪昀的观点，也许也像其弟子盛时彦所说：“因先生之言，以读先生之书，如叠矩重规，毫厘不失，灼然与才子之笔，分路而扬镳。自喜区区私议，尚得窥先生涯涘也。因附记于末，以告世之读先生书者。”[2]

三、纪昀《阅微草堂笔记》一以贯之的体例意识

刘知幾《史通·杂述》开宗明义：

> 偏记小说，自成一家，而能与正史参行，其所由来尚矣。

1 〔南朝宋〕刘勰著，范文澜注：《文学雕龙注》，人民文学出版社 1958 年版，第 727 页。

2 《阅微草堂笔记·姑妄言之》之“跋”，见〔清〕纪昀《阅微草堂笔记》，上海古籍出版社 1980 年版，第 472 页。

对于《史通·杂述》一篇，纪昀认为：

> 此篇详核而精审！[1]

纪昀赞同刘知幾关于“小说自成一家”的看法。同时，纪昀对小说体例的相关思考，不仅体现在理论观念层面之上，更贯彻在纪昀本人的小说创作实践之中。

纪昀在《阅微草堂笔记》的创作过程中，自始至终都有着清醒的体例意识。这一点，他自己从正反方面，多次提及。对之，后人也有着准确的认识。

纪昀《阅微草堂笔记》卷一《滦阳消夏录一·序》曰：

> 乾隆己酉夏，以编排秘籍，于役滦阳，时校理久竟，特督视官吏，题签庋架而已，昼长无事，追录见闻，忆及即书，都无体例。小说稗官，知无关于著述；街谈巷议，或有益于劝惩。聊付抄胥存之，命曰《滦阳消夏录》云尔。[2]

纪昀说“都无体例”实际上是自谦之词。事实上，纪昀对自己作品的体例是非常重视的。

其《阅微草堂笔记》卷十一《槐西杂志一》云：

1 〔清〕纪昀：《史通削繁》，广文书局 1979 年版，第 109 页。

2 〔清〕纪昀：《阅微草堂笔记》，上海古籍出版社 1980 年版，第 1 页。

旧有《滦阳消夏录》、《如是我闻》二书，为书肆所刊刻，缘是友朋聚集，多以异闻相告，因置一册于是地，遇轮直则忆而杂书之，非轮直之日则已，其不能尽忆则亦已。岁月菡寻，不觉又得四卷，孙树馨录为一帙，题曰《槐西杂志》。其体例则犹之前二书耳。自今以往，或竟懒而辍笔欤？则以为《挥麈》之三录可也，或老不能闲，又有所缀欤？则以为《夷坚》之丙志亦可也。壬子六月，观弈道人识。[1]

这里明确说明"其体例则犹之前二书耳"，说明体例不但是非常清楚的，而且是一以贯之的。

纪昀有着明确的体例意识。这一观念，直至其暮年仍在坚持。据《阅微草堂笔记》卷十九《滦阳续录一》：

景薄桑榆，精神日减，无复著书之志，惟时作杂记，聊以消闲。《滦阳消夏录》等四种，皆弄笔遣日者也。年来并此懒为，或时有异闻，偶题片纸；或忽忆旧事，拟补前编，又率不甚收拾，如云烟之过眼，故久未成书。

今岁五月，扈从滦阳，退直之余，昼长多暇，乃连缀成书，命曰《滦阳续录》。缮写既完，因题数语，以志缘起。若夫立言之意，则前四书之序详矣，兹不复衍焉。[2]

1 〔清〕纪昀:《阅微草堂笔记》，上海古籍出版社 1980 年版，第 228 页。

2 同上书，第 474 页。

这说明，纪昀的观点和认识是一以贯之的，“若夫立言之意，则前四书之序详矣”。这说明纪昀对自己的创作有着清晰的认识，和统一的标准。所创作的内容，都在这个标准内。

道光郑开僖为《阅微草堂笔记》作序曰：

> 河间纪文达公，久在馆阁，鸿文巨制，称一代手笔。或言公喜诙谐，嬉笑怒骂，皆成文章。今观公所署笔记，词意忠厚，体例谨严，而大旨悉归劝惩，殆所谓是非不谬于圣人者与！虽小说，犹正史也。[1]

“虽小说，犹正史也”，这里的“犹”为“犹如”之意，是相似、如同的意思。郑开僖的观点，应该点出了纪昀的本意，一是将小说比拟正史，二是重视小说体例。这两点和刘知幾重视体例、视小说与正史“参行”且“自成一家”的观点是相似的。

对于纪昀及其《阅微草堂笔记》体例的相关问题，鲁迅《中国小说史略》以为：

> 《阅微草堂笔记》虽“聊以遣日”之书，而立法甚严，举其体要，则在尚质黜华，追踪晋宋。自序云“缅昔作者如王仲任、应仲远引经据古，博辨宏通，陶渊明、刘敬叔、刘义庆简淡数言，自然妙远。诚不敢妄拟前修，然大旨期不乖于风教”者，即此之谓。其轨范如是，故与《聊斋》之取法传奇者途径自殊；然

1 〔清〕纪昀：《阅微草堂笔记》，上海古籍出版社 1980 年版，第 472 页。

较以晋宋人书，则《阅微》又过偏于论议。盖不安于仅为小说，更欲有益人心，即与晋宋志怪精神，自然违隔；且末流加厉，易堕为报应因果之谈也。[1]

我们认为，《聊斋志异》和公安派、竟陵派诗歌的作品，其共同点在于文学性太强，抒发自己的真性情、真感受，在今天看来，具有一定的艺术魅力。但同时，纪昀《阅微草堂笔记》等小说作品，虽然偏以议论，甚至有宣扬因果报应的地方，但总体上所呈现的一种沉稳、雍容、淡泊、雅致的审美趣味，也是值得称许的。

余　论

在小说的内容和体例之外，我们以《少室山房笔丛》及《阅微草堂笔记》为参照系，还可以看到刘知幾《史通》对胡应麟、纪昀小说观的影响是多方面的。这些方面有自身独立的研究价值，也是刘知幾小说体例对胡应麟、纪昀两人有影响的辅证或者结果。

胡应麟对刘知幾《史通》的文论、文献价值，有所提及。胡应麟《少室山房笔丛·二酉缀遗（中）》云：

古今志怪小说，率以祖《夷坚》、《齐谐》。然《齐谐》即《庄》，《夷坚》即《列》耳。二书固极诙诡，第寓言为近，纪事为远。汲冢《琐语》十一篇，当在《庄》、《列》前，《束皙传》

1　鲁迅：《中国小说史略》第22篇《清之拟晋唐小说及其支流》，上海古籍出版社1998年版，第151页。

云"诸国梦卜妖怪相书"，盖古今小说之祖，惜今不传，《太平广记》有其目而引用殊寡。

胡应麟指出，分析唐代某些诗歌作品时，刘知幾《史通》中的相关记载，有着重要的借鉴意义。如其《少室山房笔丛》卷三十四《三坟补逸下》载：

李太白《远别离》云"或言尧幽囚，舜野死，九疑联绵皆相似。君失臣兮龙为鱼，权归臣兮鼠变虎"等语，人多不甚领会，实本刘知幾《史通》引用《琐语》事，皆《纪年》、《周书》中所不道者。[1]

考证李白诗歌的用典时，胡应麟对《史通》中的有关记载非常重视。

胡应麟还指出，《史通》中的记载，为追溯小说的源头也提供了重要资料。《二酉缀遗（中）》：

今《琐语》文惟刘氏《史通》可见。《疑古》篇引其说云："舜放尧于平阳，其地有城曰'囚尧'。"又云："益为启所诛，太甲杀伊尹，文丁杀季历。"以上刘通称"汲冢书"。今考惟太甲杀伊尹与《纪年》合，余并诸书所无。盖皆《琐语》中事也。其说诡诞不根，固不待辩。至所记诸国怪事，得诸耳目。或匪尽诬，

1 〔明〕胡应麟：《少室山房笔丛》，上海书店出版社 2009 年版，第 337 页。

且文出汲冢。必奇古，惜无从备见之。[1]

胡应麟想将“凡瑰异之事汇为一编，以补汲冢之旧”。又认为《汲冢琐语》一书的内容，只有《史通》中有所存留。胡应麟关注到了《史通》的文献、文论价值。他的观点，是值得重视的。

和刘知幾一样，胡应麟与纪昀等明清学者，也认为小说与正史并行，不足以载儒家经典、国家正史的内容，可以存之于小说作品。如《少室山房笔丛·九流绪论下》载：

小说者流，或骚人墨客游戏笔端，或奇士洽人蒐罗寓外。纪述见闻，无所回忌，覃研理道，务极幽深。其善者足以备经解之异同，存史官之讨覈。总之有补于世，无害于时。[2]

胡应麟《少室山房笔丛·二酉缀遗》三卷，专门采掇古籍中奇闻怪事。据《二酉缀遗（中）》：

余尝欲杂摭《左》、《国》、《纪年》、《周穆》等书之语怪者，及《南华》、《冲虚》、《离骚》、《山海》之近实者，燕丹、墨翟、邹衍、韩非之远诬者，及《太史》、《淮南》、《新序》、《说苑》之载战国者，凡瑰异之事汇为一编，以补汲冢之旧，虽非学者所急，其文与事之可喜，当百倍于后世小说家云。

1 〔明〕胡应麟：《少室山房笔丛》，上海书店出版社 2009 年版，第 362 页。
2 同上书，第 283 页。

清代纪昀《史通削繁》对刘知幾文学、文论价值的发掘，一直没有得到应用的重视。而事实上，《史通削繁》较为全面地提及了《史通》的文论方面。纪昀《史通削繁》指出了《史通》文论观点，来自于《庄子》、《论衡》等。刘知幾对古代文学诗歌的创作和文学潮流的看法，在纪昀看来，对明代文坛后七子等的一些盲目拟古现象，无疑有着拨乱反正的作用。如纪昀《史通削繁》点评《史通·叙事》云："嘉隆七子好用古官名、古地名，惜其不见此书。"[1] 又，点评《史通·言语》云："此亦有见之言，若为七子发覆也。"[2]

纪汝佶（1743–1786），直隶献县（今河北献县）人。纪晓岚长子。乾隆乙酉举人，候选知县。据《阅微草堂笔记》后附《纪汝佶六则》：

> 亡儿汝佶以乾隆甲子生，幼颇聪慧，读书未多，即能作八比。乙酉举于乡，始稍稍治诗古文，尚未识门径也。会余从军西域，乃自从诗社才士游，遂误从公安、竟陵两派入，后依朱子颖于泰安，见《聊斋志异》抄本，时是书尚未刻，又误堕其窠臼，竟沉沦不返，以讫于亡故。[3]

纪汝佶"误从公安、竟陵"又"误堕"《聊斋志异》的窠臼。幼年时极为聪慧的纪汝佶，中举后却一事无成，乃至英年早逝。纪昀将这一切都归罪于公安、竟陵与蒲松龄。参校之下，更可以看出纪昀

1 〔清〕纪昀：《史通削繁》，广文书局 1963 年版，第 69 页。

2 同上书，第 58 页。

3 〔清〕纪昀：《阅微草堂笔记》，上海古籍出版社 2005 年版，第 419 页。

对刘知幾《史通》的重视。

《史通削繁》、《阅微草堂笔记》两部书完成时间的先后与内在的联系，再详细论证一下。《史通削繁》完成于乾隆壬辰，即乾隆三十三年（1772）。《阅微草堂笔记》原名《阅微笔记》，是清朝翰林院庶吉士出身的纪昀于乾隆五十四年（1789）至嘉庆三年（1798）间以笔记形式所编写成的文言短篇志怪小说。

胡应麟和纪昀，笔记文学作品观念和创作的共同点体现为三点。[1]

首先，在一定程度上体现了他们的笔记文学的史料价值观。即作品具有"备经解之异同"和"存史官之讨核"之效用。胡应麟的文学史料价值观，突破了人们以为小说虚妄不实难以证史的陈旧观念，这在当时是一个了不起的认识，在古代小说发展史上具有重要意义。

其次，体现其对小说内容所蕴含的史学品格的认识。对小说惩恶扬善、世俗教化作用的重视，并提倡文字简约质朴。

最后，体现其对小说文体的独特认识。小说毕竟不是史著，可以用来抒发自己的情怀，以自我为中心，为观察视角，写出对世俗的看法。通过世俗，写对自我的认知，对生命的感悟。高层官僚更倾向于关注外界，而下层文人更关注于自身。似乎看出儒者，"达则兼济天下，穷则独善其身"的悲天悯人的入世情怀。

对一千多年的文言笔记文学发展史加以整体观照，似乎可以说，从汉代到清末，有一条不绝如缕的内在线索存在。当代学者王

1　此三点内容，尤其是前两点，参考借鉴了许彰明《胡应麟〈甲乙剩言〉论略》一文，见《学术论坛》2011 年第 4 期。

齐洲对汉代小说观作了很好的阐释：

> 正是由于汉人的小说观念的主导面是学术，却又隐含有文体意味，因此，并无作为一个学派的核心思想和系统学说，因而它不可能在学术思想方面发挥实际的影响力；就文体而言，“小说”兼记言、记事、考证、辑佚等多种形式，可谓众体兼备，这便使作为文体的小说庞杂而琐碎，很难与其他诸多类似文体划清界限。

这从一个方面是批评。但是，抛开局限性不谈，结合具体的时代来讲，中国古代文言笔记，众体兼备，又以“叙事为宗”。实际上，这也正是一种“体”的存在形态。而且这种体裁的小说，在古人看来，或许更应该如《四库全书总目提要》中所说的，继承的正是中国古代小说的“正脉”。

结　语

行文至此，我们所进行的《史通》文论方面的相关研究，就要告一段落了。长久以来，因作品多已遗佚等原因，刘知幾作为文学家、文论家的一面，未得到应有的关注。事实上，其巨著《史通》既是史论，又是文论。论史而及文，且又圆融于文史，可谓筚路蓝缕，功不可没。这是在已有的研究基础之上，我们得出的一个基本结论。

我们的研究背景、思路方法及主体框架等，本书的绪论部分已经简单介绍过了。本书的主要内容及重要观点，亦依次见于其后八章。对于相关内容，这里不再一一赘述。我们的研究范围是《史通》的文论价值，但是对于散文、诗赋、小说、笔记文学甚至戏剧文学的有关概念并没有太多涉及。本书的主要内容论述的是刘知幾及其《史通》的“小说观”。需要着重指出的是，这里面有个“小说”概念方面的问题。南宋郑樵就已指出：“古今编书所不能分者五：一曰传记，二曰杂家，三曰小说，四曰杂史，五曰故事。凡此五类之书，足相紊乱。”[1] 这一难题，今天也未能圆满解决。且不说由汉至今的小说观念，即使“对于汉人的小说观念是什么，是否具

1　郑樵：《通志》卷 71《校雠略 · 编次之讹论》，中华书局 1987 年版，第 834 页。

有文体意义”，在鲁迅《中国小说史略》、郭箴一《中国小说史》、石昌渝《中国小说源流论》等著作中，“人们的理解并不一致，有些意见甚至截然相反”。[1] 程毅中《中国古代小说的文献研究》一文指出：“古人所谓的小说，我们今天很难给它定性。我们想编一部新的古代小说书目，就会在收书标准上遇到很大的麻烦。我曾试图编一本古小说简目，想把已经失传的书也包括在内。不想只是现存的书都无法定性，已经失传的书如果只凭前人书目的著录就太宽大无边了，结果只能知难而退了。”[2]

刘知幾《史通》所认为的“小说”到底是什么、有什么、为什么，符合不符合我们今天“小说”概念的各项标准？可能很多人都会有这样的疑问。也希望能在本书中找到一个答案，即使是并不那么准确的答案。何为“小说”，它的适用边界在何处，这似应成为本书首先要解释或者提供的主题。针对上述疑问，在实际研究过程中，我们确实也做了很大努力，使得“小说”这个概念在应用范围上力求更为明确（或者说是“准确”）。如在论述第五章《〈史通〉对〈汉志〉、〈隋志〉等的继承与发展》与第六章《〈史通〉对两〈唐志〉的影响》时，我们所使用的“小说”概念尽量与《史通》、《汉志》、《隋志》及两《唐志》所提及的“小说”概念本意相重合。而在第七章《〈史通〉影响下的唐宋笔记文学观念与创作》、第八章《〈史通〉影响下的唐宋笔记文学观念与创作》中，我们又尽可能地将《隋唐嘉话》、《唐国史补》、《归田录》、《甲乙剩言》等作品涵摄

1　王齐洲、屈红梅：《汉人小说观念探赜》，《南京大学学报》2011 年第 4 期。
2　程毅中：《中国古代小说的文献研究》，《文献》2004 年第 2 期。

于“笔记文学”之中，而避免纳入“小说”的范畴。而对《阅微草堂笔记》一书，我们则承认它是符合当下标准的笔记体小说作品。这一方面是出于清晰表述的实际需要，同时也是对“小说”概念古今不一之事实的遵从。

然而，不可否认的是，本书重点并不是对古今小说概念进行比较，也不是对刘知幾《史通》小说观念作什么限制；甚至并没有提出一个在今人看来，相对清晰、合理的“小说”概念。那么连“小说”是什么尚没有说清楚，又何谈什么“小说”观！

事实上，很难对容量丰富的所谓古人认为的“小说”概念，作一个准确的限定，哪怕这个概念只是相对准确。

古人有自己的“小说”观念，今人有今人的“小说”观念。如果仅仅是因为古人的“小说”观念不符合今天的“小说”要求，就否定古人已经存在久远的“小说”观念，这是不合逻辑的，也不合情理的。试想，一千余年后，假如又有新的“小说”观念出现（这肯定是一个大概率事件，甚至是必然的），他们估计也会和今天的人们一样，产生相似的疑问。今天所谓的“小说”，在后人眼里，很可能也不符合他们那个时代的“小说”标准。可以判定的是，后人若否定今人的做法或者想法，今人估计不会同意。同理，今人用当下的标准来否定或者限定前人已有的观念或者概念，是不是也不太可行，有削足适履的嫌疑呢？

当下小说研究大致而言，至少有两条路，两个主要方向。一个是现当代学科架构的理论基础之上，继续探赜“小说”的概念等，在概念定义或观念范畴方面力求精准，最大限度地厘清古人的小说观念，无疑有利于中国古代小说研究的深入。一是针对古人具体的作品而言，选择的研究对象要更为宽泛。正如谭帆先生所指出，“研究中国小说学”，正确的做法是：

> （以）中国小说史上，具有相对文体意义的形式，为研究重心。[1]

同时“全面梳理古人对于‘小说’的认识流变、演化及其相互关系”[2]。我们对《史通》文论研究，特别是其小说观的研究，即是以具有相对文体意义的小说作品为研究重心，对《史通》相关理论进行了力求全面的梳理。

中国古代文人以文言创作的小说，与子、史两家有着密切的联系。对此董乃斌先生指出：

> 中国古代文人以文言创作的小说，是以子、史二部为母体并从中脱胎而出的。[3]

同时，谭帆先生《术语的解读：小说史研究的特殊理路》一文，更为具体地指出《史通》在其中的作用。其言：

> 刘知幾《史通》于“史部”中详论“小说”，“子”、“史”两部遂为中国小说之渊薮。[4]

1 谭帆：《中国分体文学学史小说学卷》，山西教育出版社 2013 年版，10 页。

2 同上。

3 董乃斌：《从史的政事纪要式到小说的生活细节化——论唐传奇与小说文体的独立》，《文学评论》1990 年第 5 期。

4 谭帆：《中国古代小说文体文法术语考释》，上海古籍出版社 2013 年版，第 2 页。

充分了解《史通》等作品中小说观念的变化及其影响，有助于我们准确分析、全面把握中国古代小说学。

古人留下的文学笔记（或古人称之为“小说”的作品），浩如烟海。但是其文论方面的价值，却少有人挖掘。因为这些材料好像不是唐宋传奇，更不像是明清章回小说，夸张一点（或者是严谨一点）说，根本不符合西方所谓的“小说”概念。对于这些材料，我们首先要做的是发掘它们的价值所在，其次才是对它们概念和归属进行限定。

在董先生、谭先生等诸位前辈学者的教导与指引下，我们对刘知幾及其《史通》文论展开了系统研究。认识到刘知幾改“子部小说观”为“史部小说观”，这在中国小说发展史上有着重要意义。以其为转折点，中国目录学著作对小说文体根本属性的相关认识发生了重大变化。《史通》以为子、史之间并没有不可跨越的鸿沟，俾小说“出子部而入史部”。由视小说为重在议论的“可采之言”一变而成强调其应“以叙事为宗”，推动了后世笔记文学观念与创作实践的发展。

《史通》中的一些观点和做法，对后世以至今天的小说创作与相关研究都有启发与借鉴意义。如对当下学界而言，中国文言笔记小说研究的具体关注点，对于“虚构”与否，或许不应过于纠葛，侧重于从“叙事”[1]学的角度展开研究，也许能带给我们更多的启发与收获。

1 刘知幾《史通·杂述》所言的小说“多以叙事为宗”以及《史通·叙事》篇的“叙事”，涉及的“事”，可能包括“事例”、“事类”、“事典”、“事理”、“事物”、“事象”、“事件”、“事迹”等，和今天“叙事”学的叙事有异同。相关论断，另可参考王炜发表于《文学评论》2018年第2期《唐代小说类例的建构与小说观念的变迁》一文。

参考文献

著述类

1. 古代典籍：

〔春秋〕左丘明撰，徐元诰集解，王树民、沈长云点校：《国语集解》（修订本），北京：中华书局，2002.06.

〔战国〕佚名著，周明初点校：《山海经》，杭州：浙江古籍出版社，2010.01.

〔战国〕尉缭子著，徐勇注译：《尉缭子》，郑州：中州古籍出版社，2010.01.

〔战国〕鹖冠子著，黄怀信校注：《鹖冠子校注》，北京：中华书局，2014.03

〔战国〕佚名著，黄怀信、张懋熔、田旭东汇校集注：《逸周书汇校集注》（修订本），上海：上海古籍出版社，2007.03.

〔战国〕庄子著，陈鼓应注译：《庄子今注今译》，北京：中华书局，2009.02.

〔战国〕佚名著，杨朝明通解：《孔子家语通解》，济南：齐鲁书社，2013.11.

〔西汉〕扬雄撰，汪荣宝义疏，陈仲夫点校：《法言义疏》，北

京：中华书局，1987.03.

〔西汉〕司马迁撰：《史记》，北京：中华书局，1982.11.

〔西汉〕刘向撰，向宗鲁校证：《说苑校证》，北京：中华书局，1987.07.

〔西汉〕刘向著，尚蕊、张佩芳编译：《古列女传》，哈尔滨：哈尔滨出版社，2009.05.

〔西汉〕刘向集录，范祥雍笺证，范邦瑾协校：《战国策笺证》，上海：上海古籍出版社，2006.12.

〔东汉〕刘熙撰，〔清〕毕沅疏证，王先谦补：《释名疏证补》，北京：中华书局，2008.06.

〔东汉〕班固撰：《汉书》，北京：中华书局，1962.06.

〔东汉〕班固等撰：《古今逸史精编》，重庆：重庆出版社，2000.12.

〔东汉〕班固等著，刘珍等校注：《东观汉记校注》，北京：中华书局，2008.11.

〔东汉〕许慎撰：《说文解字（附检字）》，北京：中华书局影印，1963.12.

〔东汉〕许慎撰，〔清〕段玉裁注：《说文解字注》，上海：上海古籍出版社，1988.02.

〔东汉〕郑玄注，〔唐〕贾公彦疏：《周礼注疏》，北京：中华书局，1980.

〔东汉〕应劭著，赵泓译注：《风俗通义全译》，贵阳：贵州人民出版社，1998.07.

〔东汉〕王充著，黄晖校释，附刘盼遂集解：《论衡校释》，北

京：中华书局，2018.04.

〔西晋〕陈寿著，〔南朝宋〕裴松之注：《三国志》，北京：中华书局，2006.09.

〔东晋〕葛洪著，邱鹤亭注译：《神仙传注译》，北京：中国社会科学出版社，2004.09.

〔东晋〕干宝撰，〔东晋末至南朝宋〕陶潜撰，李剑国辑校：《新辑搜神记　新辑搜神后记》，北京：中华书局，2007.03.

〔东晋〕裴启撰，周楞伽辑注：《裴启语林》，北京：文化艺术出版社，1988.12.

〔南朝宋〕刘义庆撰，余嘉锡笺疏：《世说新语笺疏》，北京：中华书局，1983.08.

〔南朝宋〕范晔撰，〔唐〕李贤等注：《后汉书》，北京：中华书局，1965.05.

〔南朝宋〕檀道鸾撰：《续晋阳秋》，扬州：江苏广陵古籍刻印社，1984.

〔南朝梁〕沈约撰：《宋书》，北京：中华书局，1974.10.

〔南朝梁〕刘勰著，范文澜注：《文心雕龙注》，北京：人民文学出版社，1958.09.

〔南朝梁〕殷芸编纂，周楞伽辑注：《殷芸小说》，上海：上海古籍出版社，1984.04.

〔南朝梁〕僧祐撰，〔唐〕道宣撰：《弘明集　广弘明集》，上海：上海古籍出版社，1991.08.

〔南朝梁〕萧统编：《文选》，北京：中华书局，1977.11

〔南朝梁〕萧绎撰，许逸民校笺：《金楼子校笺》，北京：中华书局，2011.01.

〔北齐〕魏收撰:《魏书》，北京：中华书局，1974.06.

〔唐〕令狐德棻等撰:《周书》，北京：中华书局，1971.11.

〔唐〕魏征等撰:《隋书》，北京：中华书局，1973.

〔唐〕姚思廉撰:《梁书》，北京：中华书局，1973.05.

〔唐〕姚思廉撰:《陈书》，北京：中华书局，1972.03.

〔唐〕房玄龄撰:《晋书》，北京：中华书局，1974.

〔唐〕李百药撰:《北齐书》，北京：中华书局，1972.11.

〔唐〕李延寿撰:《北史》，北京：中华书局，1974.

〔唐〕李延寿撰:《南史》，北京：中华书局，1975.06.

〔唐〕颜师古撰，严旭疏证:《匡谬正俗疏证》，北京：中华书局，2019.10.

〔唐〕欧阳询编:《艺文类聚》，上海：上海古籍出版社，2013.12.

〔唐〕张鷟撰:《朝野佥载》，北京：中华书局，1979.10.

〔唐〕慧立著，高永旺译注:《大慈恩寺三藏法师传》，北京：中华书局，2018.01.

〔唐〕刘知幾撰,〔清〕浦起龙通释，吕思勉评，李永圻、张耕华导读整理:《史通》，上海：上海古籍出版社，2008.12.

〔唐〕刘知幾撰;〔清〕浦起龙通释，王煦华整理:《史通通释》，上海：上海古籍出版社，2009.12.

〔唐〕吴兢撰，谢保成集校:《贞观政要集校》，北京：中华书局，2009.07.

〔唐〕徐坚辑:《初学记》，北京：中华书局，2004.02.

〔唐〕李林甫等撰，陈仲夫点校:《唐六典》，北京：中华书局，

1992.01.

〔唐〕杜佑撰：《通典》，北京：中华书局，1988.12.

〔唐〕刘肃撰，许德楠、李鼎霞点校：《大唐新语》，北京：中华书局，1984.05.

〔唐〕元结等选：《唐人选唐诗（十种）》，上海：上海古籍出版社，1978.

〔唐〕段成式撰，许逸民校笺：《酉阳杂俎校笺》，北京：中华书局，2015.07.

〔唐〕刘餗撰，程毅中点校：《隋唐嘉话》，北京：中华书局，1979.10.

〔唐〕李肇撰，赵璘撰：《唐国史补　因话录》，上海：上海古籍出版社，1979.01.

〔唐〕韩愈撰，阎琦注释：《韩昌黎文集注释》，西安：三秦出版社，2004.12.

〔唐〕柳宗元撰：《柳宗元集》，北京：中华书局，1979.10.

〔唐〕封演撰，赵贞信校注：《封氏闻见记校注》，北京：中华书局，2005.11.

〔五代后晋〕刘昫撰：《旧唐书》，北京：中华书局，1975.05.

〔北宋〕王溥撰：《唐会要》，上海：上海古籍出版社，2006.12.

〔北宋〕苏易简等撰：《文房四谱　蕉窗九录》，杭州：浙江人民美术出版社，2016.10.

〔北宋〕陈彭年修订，周祖谟校：《广韵校本》，北京：中华书局，2011.03.

〔北宋〕司马光编撰，沈志华、张宏儒主编：《资治通鉴》，北

京：中华书局，2009.05.

〔北宋〕欧阳修撰，洪本健校笺：《欧阳修诗文集校笺》，上海：上海古籍出版社，2009.08.

〔北宋〕欧阳修等撰：《归田录外五种》，上海：上海古籍出版社，2012.12.

〔北宋〕欧阳修、宋祁撰：《新唐书》，北京：中华书局，1975.

〔北宋〕苏轼撰，孔凡礼点校：《苏轼文集》，北京：中华书局，1986.03.

〔北宋〕黄庭坚撰，郑永晓整理：《黄庭坚全集辑校编年》，南昌：江西人民出版社，2011.09.

〔北宋〕王珪撰：《华阳集》，台北：新文丰出版公司，2017.

〔北宋〕李昉等编：《文苑英华》，北京：中华书局，1966.05.

〔北宋〕李昉等编：《太平御览》，北京：中华书局，1960.02.

〔北宋〕曾慥撰，王汝涛校注：《类说校注》，福州：福建人民出版社，1996.01.

〔北宋〕范镇撰，汝沛点校：《东斋记事》/ 宋敏求撰，诚刚点校：《春明退朝录》，北京：中华书局，1980.09.

〔北宋〕计有功撰，王仲镛校笺：《唐诗纪事校笺》，北京：中华书局，2007.11.

〔北宋〕宋敏求编：《唐大诏令集》，北京：中华书局，2008.04.

〔北宋〕陈善撰，袁向彤点校：《扪虱新话》，济南：山东人民出版社，2018.09

〔南宋〕王应麟撰：《玉海外五种》，上海：上海古籍出版社，1992.07.

〔南宋〕晁公武撰，孙猛校证：《郡斋读书志校证》，上海：上海古籍出版社，2011.07.

〔元〕马端临撰，上海师范大学古籍研究所等点校：《文献通考》，北京中华书局，2011.09.

〔元〕脱脱等撰：《宋史》，北京：中华书局，1985.06.

〔元〕陶宗仪等编：《说郛三种》，上海：上海古籍出版社，2012.12.

〔明〕焦竑撰，李剑雄点校：《焦氏笔乘》，北京：中华书局，2008.05.

〔明〕杨慎撰：《丹铅总录》，上海：上海古籍出版社，1992.

〔明〕胡应麟撰：《少室山房笔丛》，上海：上海书店出版社，2009.04.

〔明〕胡应麟撰：《少室山房集》，上海：上海古籍出版社，1993.06.

〔明〕吴承恩著：《西游记（李卓吾评本）》，上海：上海古籍出版社，1994.12.

〔明〕郭孔延撰：《史通评释》，上海：上海古籍出版社，2006.04.

〔明〕佚名辑：《明人百家短篇小说》，北京：北京图书馆出版社，1998.01.

〔清〕阮元校刻：《十三经注疏（清嘉庆刊本）》，中华书局，2009.10.

〔清〕彭定求等编：《全唐诗》，北京：中华书局，1960.04.

〔清〕王先谦撰，沈啸寰、王星贤整理：《荀子集解》，北京：中华书局，2012.03.

〔清〕董诰等编:《全唐文》，北京：中华书局，1983.11.

〔清〕严可均辑:《全上古三代秦汉三国六朝文》，北京：中华书局，1958.12.

〔清〕纪昀撰:《史通削繁》，台北：广文书局，1963.

〔清〕纪昀撰:《阅微草堂笔记》，上海：上海古籍出版社，1980.06.

〔清〕纪昀撰:《纪晓岚文集》，石家庄：河北教育出版社，1991.07.

〔清〕永瑢等撰:《四库全书总目》，北京：中华书局，1965.06.

〔清〕永瑢等撰，傅卜棠点校:《四库全书简明目录》，上海：华东师范大学出版社，2012.05.

〔清〕马国翰辑:《玉函山房辑佚书》，扬州：广陵书社，2005.11.

〔清〕章学诚撰，王重民通解，傅杰导读，田映曦补注:《校雠通义通解》，上海：上海古籍出版社，2009.06.

〔清〕钱大昕撰，杨勇军整理:《十驾斋养新录新注》，上海：上海书店出版社，2011.06.

〔清〕缪荃孙编:《藕香零拾》，北京：中华书局，1999.02.

〔清〕孙诒让撰，孙启治点校:《墨子间诂》，北京：中华书局，1986.02.

〔清〕赵尔巽撰:《清史稿》，北京：中华书局，1977.08.

〔清〕富察敦崇等撰，王碧滢、张勃标点:《燕京岁时记（外六种）》，北京：北京出版社，2018.08.

〔清〕陈衍撰，郑朝宗、石文英校点:《石遗室诗话》，北京:

人民文学出版社，2004.08.

2. 现当代个人著作：

陈清泉等编：《中国史学家评传》，郑州：中州古籍出版社，1985.03.

陈兰村主编：《中国传记文学发展史》，北京：语文出版社，1999.01.

岑仲勉撰：《隋唐史》，北京：商务印书馆，2017.12.

董乃斌著：《中国古典小说的文体独立》，北京：中国社会科学出版社，1994.02.

董乃斌编：《文学史学原理研究》，石家庄：河北人民出版社，2008.06.

丁锡根编著：《中国历代小说序跋集》，北京：人民文学出版社，1996.07.

杜云虹著：《隋书经籍志研究》，北京：文物出版社，2016.07.

傅振伦编：《刘知幾年谱》，北京：中华书局，1963.04.

傅璇琮、徐海荣、徐吉军主编：《五代史书汇编》，杭州：杭州出版社，2004.05.

郭绍虞编选：《清诗话续编》，上海：上海古籍出版社，1983.12.

何晖、方天星编：《一寸千思：忆钱锺书先生》，沈阳：辽海出版社，1999.04.

蒋伯潜撰：《校雠目录学纂要》，北京：北京大学出版社，1990.05.

鲁迅撰:《汉文学史纲要(外一种)》,上海:上海古籍出版社,2005.08.

鲁迅辑录:《唐宋传奇集全译》,贵阳:贵州人民出版社,2009.03.

鲁迅撰:《中国小说史略》,北京:商务印书馆,2011.12.

刘信芳、梁柱编著:《云梦龙岗秦简》,北京:科学出版社,1997.07.

逯耀东著:《魏晋史学的思想与社会基础》,北京:中华书局,2006.09.

李丰楙撰:《神化与变异:一个常与非常的文化思维》,北京:中华书局,2010.10.

吕海龙撰:《刘知幾及其〈史通〉文学观研究》,上海:上海古籍出版社,2017.11.

聂石樵撰:《唐代文学史》,北京:中华书局,2007.12.

浦江清撰:《浦江清文选》,北京:北京大学出版社,2010.10.

钱锺书撰:《管锥编》,北京:生活·读书·新知三联书店,2001.

钱穆撰:《先秦诸子系年》,北京:商务印书馆,2005.01.

饶宗颐编:《文心雕龙研究专号》,台北:明伦出版社,1971.

孙国栋撰:《唐代中央重要文官迁转途径研究》,上海:上海古籍出版社,2009.05.

宋靖撰:《唐宋中书舍人研究》,哈尔滨:黑龙江大学出版社,2010.04.

谭帆主编:《中国古代小说文体文法术语考释》,上海:上海古籍出版社，2013.03.

谭帆、王冉冉、李军均著：《中国分体文学学史（小说学卷）》，太原：山西教育出版社，2013.06.

王季思著：《玉轮轩古典文学论集》，北京：中华书局，1982.06.

吴汝煜、胡可先著：《全唐诗人名考》，南京：江苏教育出版社，1990.08.

汪春泓著：《〈文心雕龙〉的传播和影响》，北京：学苑出版社，2002.06.

王嘉川著：《清前〈史通〉学研究》，北京：社会科学文献出版社，2013.08.

许冠三撰：《刘知幾的实录史学》，香港：香港中文大学出版社，1983.

余嘉锡著：《余嘉锡论学杂著》，北京：中华书局，1963.01.

余嘉锡著：《四库提要辨证》，北京：中华书局，1980.05.

袁晖、宗廷虎主编：《汉语修辞学史》，太原：山西人民出版社，1995.12.

3. 现当代合编著作：

二十五史刊行委员合编：《二十五史补编》，北京：中华书局出版社，1956.06.

睡虎地秦墓竹简整理小组：《睡虎地秦墓竹简》，北京：文物出版社，1978.11.

上海古籍出版社编：《汉魏六朝笔记小说大观》，上海：上海古籍出版社，1999.12.

上海古籍出版社编：《唐五代笔记小说大观》，上海：上海古籍出版社，2000.03.

上海古籍出版社编：《宋元笔记小说大观》，上海：上海古籍出版社，2007.03.

上海古籍出版社编：《明代笔记小说大观》，上海：上海古籍出版社，2005.04.

《文学与文化》编委会编：《文学与文化》(第6辑)，天津：南开大学出版社，2005.12.

张家山二四七号汉墓竹简整理小组：《张家山汉墓竹简》，北京：文物出版社，2001.11.

4. 国外著作：

〔意〕贝奈戴托·克罗齐著，〔英〕道格拉斯·安斯利英译，傅任敢译：《历史学的理论和实际》，北京：商务印书馆，1982.09.

〔英〕E.M. 福斯特著，冯涛译：《小说面面观》，北京：人民文学出版社，2009.08.

〔美〕海登·怀特著，陈新译：《元史学：十九世纪欧洲的历史想象》，南京：译林出版社，2009.08.

〔美〕宇文所安著：《中国文学思想读本》，北京：生活·读书·新知三联书店，2019.07.

〔古希腊〕亚里士多德著，陈中梅译注：《诗学》，北京：商务印书馆，1996.07.

〔新加坡〕郑子瑜著：《中国修辞学史稿》，上海：上海教育出版社，1984.05.

论文类

1. 期刊文章：

陈文新：《“小说”与子、史：论“子部小说”共识的形成及其理论蕴涵》，《文艺研究》2012 年第 6 期。

董乃斌：《从史的政事纪要式到小说的生活细节化——论唐传奇与小说文体的独立》，《文学评论》1990 年第 5 期。

冯利华：《刘向〈列女传〉晋圉怀嬴故事考论》，《西部学刊》2019 年第 17 期。

贾平《论干宝〈搜神记〉的撰写意图及文体定位》，《民族文学研究》2014 年第 1 期。

刘畅：《三不朽：回到先秦语境的思想梳理》，《文学遗产》2004 年第 5 期。

马铁浩：《论〈史通〉之史籍流别观：兼与〈隋志〉史部比较》，《阜阳师范学院学报（社会科学版）》2010 年第 2 期。

潘建国：《“稗官”说》，《文学评论》1999 年第 2 期。

孙宗英：《转向闲适的日常：论〈归田录〉的体式创格及笔记史意义》，《海南大学学报（人文社会科学版）》2018 年第 3 期。

王嘉川：《胡应麟论刘知幾》，《史学月刊》2006 年第 4 期。

吴光兴：《论唐人“文章即诗歌”的文学观念》，《文学评论》2014 年第 6 期。

王炜：《唐代小说类例的建构与小说观念的变迁》，《文学评论》2018 年第 2 期。

许彰明:《胡应麟〈甲乙剩言〉论略——兼论胡应麟的小说史料价值观》,《学术论坛》2011 年第 4 期。

于涌:《从〈史通·杂述〉看刘知幾的史学分类意识及史料观》,《兰台世界》2015 年第 32 期。

2. 报纸文章:

吕景胜、郭晓来:《科研政策导向:社科研究应重视本土化》,《光明日报》2014 年 12 月 22 日第 7 版。

后　记

这部书稿的一些想法，甚至具体的字句，都可以追溯到十余年前。从这个角度来讲，书稿可以说是十年磨一剑了，虽然这把剑远远还谈不上锋利。

2011 年，我的博士论文《〈史通〉与刘知幾文史观研究》，初步探讨“文史分合”观。2017 年，上海古籍出版社出版拙著《刘知幾及其〈史通〉文学观研究》，探寻“分中有合”的“合”，刘知幾看来，文史从实质上，都注重“实录”性。而今天《〈史通〉文论研究》这本书侧重谈的是“合中有分”的“分”。认为刘知幾看来，“文”“史”二者并行不悖，有主次，是互补的关系。上述成果，初步构建成自成一体、前后赓续的研究脉络。形成彼此衔接、逐层深入、滚动产出的良好发展趋势。

对一个学习者来说，学术生命的载体和变形，大多数情况下，可能就是一本本的书。一本书的出版，是一段过往的总结，是对现有的反思。同时，又是对未来的展望。《〈史通〉文论研究》这本书的出版也是如此。

回顾十余年前，我的博士导师董乃斌先生，引领我进入《史通》研究领域。2014 至 2018 年，我的博士后合作导师谭帆先生，指引我更为关注相关小说方面的研究。我的这本书，正如在我书中的“余论”部分所说，是对两位先生观点的进一步阐发。这本书的完成，自始至终，都得到了两位先生的鼎力支持。这里首先向两位先生表示深深的感谢。

这本书的出版，还承蒙淮北师范大学余英华副教授、阜阳师范大学宋世瑞博士、南通大学王瑜锦博士的通力合作和大力支持。这几位老师是我主持完成的国家社科基金项目《〈史通〉文论研究》课题组的成员。对本书提出诸多宝贵修改意见的还有浙江警察学院的孟羽中副教授等。他们都是学术路上的同道好友，特别是后面三位还是我的同门，对这本书的完成，都提供了很大帮助。这里一并表示感谢。

此外，还须感谢我所在工作单位南通大学文学院的领导，院长钱荣贵教授、主管科研的副院长张学城教授等学院学术委员会成员，是他们从颇为紧张的学院国家一流专业建设资金中提供了部分出版经费，此书才得以出版。

这本书，无论是论点阐发、行文运笔还是逻辑组织，都还有很多我不太满意的地方。就像人生一样，回头望去总会有很多遗憾，然而这些不完美，又是未来的立足点和出发点，更好的永远是下一本。

吕海龙

2021 年 6 月于静海